Kontinuum der Zeichen

Udo Bayer / Karl Gfesser (Hrsg.)

Kontinuum der Zeichen

Elisabeth Walther-Bense und die Semiotik

Verlag J. B. Metzler
Stuttgart · Weimar

Die Deutsche Bibliothek - CIP-Einheitsaufnahme

Einen Titeldatensatz für diese Publikation ist bei
Der Deutschen Bibliothek erhältlich.

ISBN 3-476-45310-3

Gedruckt auf säure- und chlorfreiem, alterungsbeständigem Papier.

M & P Schriftenreihe für Wissenschaft und Forschung

Einbandgestaltung: Willy Löffelhardt unter Verwendung einer Grafik
von Jens Peter Mardersteig
Druck und Bindung: Ebner&Spiegel GmbH, Ulm
Printed in Germany
August / 2002

Inhalt

Vorwort

Elisabeth Walther-Bense zum Achzigsten: 10. 08. 2002

"... the entire Universe...is perfused with signs, if it is not composed exclusively of signs." (Peirce, CP 5.449)

Dieser Satz von Peirce, dessen Gedankenwelt den zentralen Bezugspunkt für Elisabeth Walter-Benses Lebenswerk darstellt, umreißt gleichzeitig auch die Bereiche ihrer Arbeit, eines Werks, das zeitlich eine Spanne von mehr als einem halben Jahrhundert umfasst. Zu den Zeichen zählen natürlich gleichermaßen auch ihre Veröffentlichungen zur Literatur, Übersetzungen eingeschlossen. Ihre ersten Arbeiten, deren Titel explizit auf die Semiotik verweisen, datieren zwar erst ab 1962, aber bereits die Dissertation über die Logik von Port-Royal lässt die spätere Richtung ihrer Forschungsinteressen vorscheinen. Die Bibliografie in der vor fünf Jahren zu ihren Ehren erschienenen Festschrift zeigt den Umfang dieses Lebenswerkes. Das größte in der Zeit seither realisierte Vorhaben ist die von ihr gestaltete vierbändige Auswahlausgabe aus den Schriften von Max Bense. Ein Band mit ihren gesammelten und teilweise überarbeiteten Aufsätzen ist in Vorbereitung, ebenso wie eine Bense-Biographie.

Wegen der kurzen Vorbereitungszeit für diesen Gruß zum achtzigsten Geburtstag war es uns nur möglich, eine beschränkte Zahl von Beiträgen aufzunehmen. Wir sind uns aber sicher, dass selbst der so umrissene knappe Ausschnitt das gesamte Panorama von Elisabeth Walther-Benses wissenschaftlicher Arbeit und die anregende Kraft, die von der Begegnung mit ihrer Persönlichkeit ausgeht, andeutungsweise repräsentieren kann.

Bekanntlich haben wir unsere Zeitschrift *Semiosis*, auf die auch die Jubilarin viel Energie verwendet hat, 1998 nach 23 Jahren eingestellt; dies war in dieser Zeit immer auch der publizistische Rahmen für Geburtstagsgrüße. So stellte sich uns das Problem, eine neue Plattform für einen Sammelband zum achtzigsten Geburtstag zu finden. Es ist der Initiative von Karl Gfesser – der auch die Redaktionsarbeit übernommen hat – zu verdanken, im Metzler-Verlag hierfür einen Partner gefunden zu haben. Daher gilt unser Dank gleichermaßen Dr. Bernd Lutz und Sabine Matthes, die das Erscheinen dieses Bandes ermöglicht haben.

Wir möchten im Namen der Freunde, Schülerinnen und Schüler und allen Elisabeth Walther-Bense im Universum der Zeichen Verbundenen der Jubilarin weiterhin Gesundheit und Schaffenskraft wünschen.

Udo Bayer

Frieder Nake

Werk, Kunstwerk, Information, Zeichen

Achtzig Sätze für Elisabeth Walther

Für einen Vortrag im Rahmen ihrer Lehrveranstaltung "Ästhetik und Information" an der Universität Lüneburg stellten Martin Warnke und Rolf Großmann mir folgende Fragen: Wie war das geistige Klima damals, zu Zeiten der Informationsästhetik, zu Zeiten der frühen Computerkunst, in Stuttgart? Was waren Eure Ansprüche und Hoffnungen? Und warum endete das irgendwann?

Ich glaube nicht, dass ich die Fragen im Vortrag bündig beantworten konnte. Ich beantworte sie hier schon gar nicht. Vielmehr nehme ich sie zum Anlass für einen Strauß aus Sätzen und Wörtern zum Geburtstag von Elisabeth Walther.

Das ist das Schöne an einem Strauß: er ist ein Ganzes, dessen Teile deutlich erkennbar bleiben, und er ist ein Ganzes, das jederzeit ein wenig größer oder kleiner ausfallen könnte und dennoch lange Zeit das bleibt, was er war und ist. So auch hier.

Werk

1.1 Die Künstlerin schafft ein Werk, stets nur ein *Werk*.

1.2 Die Künstlerin entscheidet über das Material für ihr Werk.

1.3 Das Material wird aus allem, was sonst in der Welt noch zur Verfügung stünde, selektiert.

1.4 Das selektierte Material wird komponiert, arrangiert, zusammengesetzt, aneinandergefügt, übereinander gelegt, in Form und Gestalt gebracht.

1.5 Das Material bildet als Werk eine Gestalt.

1.6 Die Künstlerin schafft mit dem Werk ein Objekt.

1.7 Das Objekt kann mehr Ding oder mehr Prozess sein.

1.8 Die Künstlerin erklärt das Werk für beendet; darin liegt ihr Schaffen.

1.9 Das beendete Werk muss keinesfalls vollendet sein; an ihm wird nur nicht weitergewirkt.

1.10 Das fertig gestellte Werk ist ein Hergestelltes.

1.11 Das hergestellte Werk kann ästhetisch betrachtet werden.

1.12 Es kann auch und mit gleichem Recht physikalisch, ökonomisch, historisch und auf einige weitere Weisen betrachtet werden.

1.13 Das ästhetisch betrachtete Objekt ist das ästhetische Objekt.

1.14 In der Betrachtung, nicht im Objekt, liegt das ästhetische Moment des ästhetischen Objektes.

1.15 Es wäre schön, wir könnten genau sagen, was die Ästhetik am Werk ausmacht.

1.16 Die Ästhetik am Werk berührt das Wahrnehmungsangebot des Werkes: sein Verhältnis von Form und Inhalt.

1.17 Wir sehen (hören, lesen, riechen) etwas am Werk, vom Werk, in das Werk hinein, aus dem Werk heraus, neben dem Werk, um das Werk herum.

1.18 Das fertig gestellte Werk wird zum Hingestellten, indem es ausgestellt wird.

1.19 Ausgestellt wird das Werk, um wahrgenommen zu werden.

1.20 Selbstverständlich möchte die Künstlerin mit ihrem Werk ein Kunstwerk geschaffen haben.

Kunstwerk

2.21 Erst die Gesellschaft schafft das Kunstwerk.

2.22 Ohne im Werk der Künstlerin einen Anlass zu haben, schafft die Gesellschaft das Kunstwerk nicht.

2.23 Ohne die Gesellschaft aber bleibt das Werk eine brotlose Kunst.

2.24 Das Brot (und der Wein) entscheidet demnach über die Kunst, genauer: das Eintreffen von Brot und Wein.

2.25 Die Gesellschaft – das sind hier Galerien, Kuratoren, Kritiker, Publikum, Zeitungen, Zeitschriften, Verlage, Mäzene, Sponsoren, Käufer, Schulen, Museen, kurz: alle, die die Werke ausstellen, anschauen, beurteilen, weitergeben, vermitteln.

2.26 Die Frage der Kunst ist die Frage der Wertschätzung.

2.27 Die Frage der Wertschätzung ist die Frage der Maßstäbe und der Vorurteile.

2.28 Das Kunstwerk wird gemacht, genauso wie das Werk gemacht wird.

2.29 Jedes beliebige Werk kann zwar nicht zum Kunstwerk gemacht werden, weil es eine Geschichte und Tradition und Situation gibt; doch die Kriterien für die Kunst am Werk erscheinen beliebig.

2.30 Die Wertschätzung eines Werkes als Kunstwerk unterliegt der Zeit, sie verblasst und blüht auf.

2.31 Viele wünschen sich trotz aller erwiesenen Vergeblichkeit immer wieder eine bündige Definition der Kriterien, nicht nur deren Erläuterung.

2.32 Kunst ist, was in den Museen ist, hat Abraham A. Moles definiert. Das ist ein operationales und entscheidbares Kriterium.

2.33 Man kann das Werk rein als Material betrachten, das Kunstwerk aber ist schon immer Zeichen.

2.34 Im Kunstwerk zeigt sich und geschieht die Dialektik von künstlerischem Individuum und sozialem Kollektiv.

2.35 Diese Dialektik ist auch die von Produktion und Konsumtion.

2.36 Im Kunstwerk begegnen sich zwei Arten von Kreativität: die herstellende und die feststellende, Konstruktion und Interpretation.

2.37 Es scheint zwar unsymmetrisch zuzugehen zwischen Werk und Kunstwerk, Künstlerin und Gesellschaft, doch sie sind beide aufeinander angewiesen.

2.38 Weil die Kunst am Werk ein Gemachtes ist, kann sie auch vergehen.

2.39 Man kann schlecht sagen, wann die Gesellschaft damit fertig geworden ist, ein Werk zum Kunstwerk zu transformieren.

2.40 Der Prozess zwischen Werk und Kunstwerk ist Ursprung für Information.

Information

3.41 Information ist das, was einen Unterschied macht.

3.42 Information ist die Beseitigung von Unsicherheit und Ungewissheit.

3.43 Information ist eine vom Zufall, von der Wahrscheinlichkeit abhängige Größe.

3.44 Information ist ein Maß für die Kapazität eines Übertragungskanals in einem technischen Kommunikationssystem.

3.45 Das nachrichtentechnische Schema setzt eine Situation von Sender / Kanal / Empfänger voraus.

3.46 Vom Sender wird angenommen, dass er einen unendlichen Signalstrom produziert, bei dem jedes der überhaupt zugelassenen Signale mit einer bestimmten Wahrscheinlichkeit auftritt.

3.47 Vom Empfänger wird angenommen, dass er einen unendlichen Signalstrom interpretiert, wobei jedes eintreffende Signal mit einer bestimmten Wahrscheinlichkeit zugeordnet wird.

3.48 Die Verständigung dieser technischen Teilsysteme besteht darin, dass sie ihre Wahrscheinlichkeits-Schemata einander anpassen.

3.49 Mit Kommunikation im Sinne menschlicher Kommunikation hat das nachrichtentechnische Schema nichts, aber auch gar nichts zu tun.

3.50 Auf die absolute Ferne zu allen Fragen nach «Bedeutung» hat bereits Claude Shannon hingewiesen, einer der Begründer dieser Theorie.

3.51 Schon Shannons Mitautor Warren Weaver hat sich um das Verdikt der Bedeutungslosigkeit nicht gekümmert.

3.52 Der immerwährende Versuch, die Welt aus Einem heraus zu erklären, führte zum heroischen und hoffnungslosen Versuch, den statistischen Informationsbegriff auf Kunstwerke anzuwenden.

3.53 Die Informationsästhetik ist eine radikale Objektästhetik.

3.54 Ihre revolutionäre Geste negiert das wahrnehmende Subjekt in seiner Befindlichkeit und reduziert es auf ein abstraktes Schema.

3.55 Die Messverfahren, die die Informationsästhetik auf Kunstwerke anwendet, sind von gleicher Art wie die Messverfahren, die die Physik auf Phänomene unserer Umwelt anwendet; die Raumtemperatur in Celsius sagt wenig darüber aus, wie unterschiedliche Menschen die Wärme im Raum empfinden.

3.56 Die Frage nach dem Messen ist nicht die Frage nach dem Werten.

3.57 Die Frage nach dem Informationsgehalt eines Signalangebots wirft die Frage nach dem Repertoire auf, über dem gemessen werden soll.

3.58 Die Informationsästhetik mündet so im wesentlichen in einer Erforschung der Repertoire.

3.59 Im Fall des Bildes ist eine kontextabhängige (also das Bildgeschehen beachtende) und eine kontextunabhängige (also von den Bildbesonderheiten abstrahierende) Kaskadenmessung über einer Serie von Repertoires möglich: an einem Ende dieser Serie ist das ganze Bild das einzige auftretende Signal, am anderen Ende sind es die Pixel. Dazwischen tut sich etwas.

3.60 Die Information ist in ihrer Repertoire-Abhängigkeit eine Funktion über Zeichen.

Zeichen

4.61 Zeichen ist Relation, nicht Ding; das kann nicht kräftig genug betont werden.

4.62 Zeichen ist gemacht und nicht gefunden.

4.63 Zeichen ist beliebig und deswegen Prozess.

4.64 Das individuelle Zeichen gibt es nicht; es liegt immer schon ein Zeichen vor und es folgt immer schon ein Zeichen nach.

4.65 «Zeichen» ist der analytische Begriff, mit dem sich der Begriff des «Zeichenprozess», der Semiose, einführen lässt.
4.66 Zeichen existieren nur in Semiosen, Semiosen existieren nur durch Zeichen.
4.67 Peirce führt das Zeichen als dreistellige Relation ein, nicht als zweistellige (de Saussure) oder als doppelt zweistellige (Hjelmslev).
4.68 In der Dreistelligkeit des Peirceschen Zeichens schlummert seine begriffliche Rückbezüglichkeit.
4.69 Rekursiv im Begriff ist das Peircesche Zeichen insofern, als der Interpretant, will ich ihn fixieren, sich wieder als Zeichen erweist, usf. ad infinitum.
4.70In seiner begrifflichen Rekursivität liegt die nie endende Interpretationsfähigkeit und der nie befriedigte Interpretationszwang des Zeichens.
4.71 Die rekursive Struktur des Zeichenbegriffes macht ihn zum *citizen first class* für die Informatik und die Theorie digitaler Medien.
4.72 Die Informatik erscheint dann, auf ihren Begriff gebracht, als eine Technische Semiotik, als *computational semiotics*.
4.73 Das Kunstwerk erscheint als komplexes Zeichen.
4.74 Die semiotische Analyse fragt nach den elementaren Zeichen, über denen das Kunstwerk realisiert, und nach den Strukturen und Regeln, mit denen es zum komplexen Zeichen aufgebaut wird.
4.75 Die semiotische Analyse findet ihren Hauptpunkt in der Betrachtung der Semiosen, in denen das Werk gesehen werden kann.
4.76 Zu jedem Zeitpunkt können es immer nur einige Semiosen sein, die konkret betrachtet und so zum Kontext des Werkes, zu Bestandteilen seiner Bedeutung gemacht worden sind: «Bestandteile des Vorüber».
4.77 Die semiotische Analyse findet ihre Fluchtpunkte in den Semiosen, die über Interpretanten-Ketten laufen.4.78 Der semiotische Aspekt des Kunstwerkes erscheint wesentlicher als der informationstheoretische Aspekt.
4.79 Das geistige Klima im Stuttgart der Informationstheorie und Semiotik war geprägt von einer heroischen Borniertheit, die den fruchtbaren Grund für eine überbordende Kreativität und Lebensfreude bildete und aus einer Haltung prinzipiell-kritischer Rationalität und Opposition ihre erstaunliche Kraft zog.
4.80 Die Informationsästhetik als der grandiose Vorwurf einer ganz am Objekt orientierten Ästhetik, die dem schwülstigen Geschwafel der etablierten Kunstkritik den Garaus machen wollte, musste enden, weil sie die prinzipielle Prozesshaftigkeit des Zeichens nicht ernst, sondern als abstraktes Bekenntnis nahm, das vermutlich wenige wirklich erfassten; weil sie die Dialektik des Kunstwerkes durchschnitt; weil ihr Ansatz keinen Raum für Entfaltung, sondern nur für Verengung bot.

Georg Nees

Acht mal die Eins

Acht mal die Tetraktys und Glückliches mehr für Frau Professor Dr. Elisabeth Walther!

„Omnibus ex nihilo ducendis sufficit unum"
„Eins genügt, um alles aus dem Nichts hervorzurufen"
Ein Medaillenmotto

1 Pytagoras: Die Ur-Eins atmet das Unbegrenzte ein

Pytagoras lebte zwischen 600 und 500 v. Chr. und erreichte vermutlich hohes Alter. In Ägypten soll er in die Mysterien eingeweiht und auf einer Alabasterplatte beschnitten worden sein. Jemand dichtete ihm eine Nacht mit der Pythia von Delphi an. Pytagoras begründete eine ordensartige Schule, die sogar politischen Einfluss erlangte, allerdings mehrfach Verfolgungen ausgesetzt war.

Er selbst hinterließ keine Schriften, aber das Altertum berichtet reichlich über ihn. Heraklit - um 500 v. Chr. im Mannesalter - erwähnt ihn kritisch, würdigt jedoch sein großes Wissen. Die wichtigsten Quellen sind Aristoteles und der Pytagoreer Philolaos, der um 425 v. Chr. ein Buch über die Lehren des Meisters veröffentlichte.

Pytagoras dachte universell, freilich ist er uns heute in der Regel durch die Entdeckung des „Pytagoreischen Lehrsatzes" vertraut. Er soll vor Freude darüber eine Hekatombe - 100 Ochsen - geopfert haben. Uns beschäftigen drei Themen aus seiner Lehre und der seiner Anhänger: 1. Die kosmische Rolle der Eins. 2. Eine „Vorausahnung" der Gödelschen Zahlen. 3. Die numinose Funktion der „Gruppe von Vier", der „Tetrakty".

Dies wissen die Pytagoreer: Inmitten von allem ist die Zahl und inmitten der Zahlen die Eins. Die Zahlen schließen die Prinzipien des Unbegrenzten (apeiron) und des Begrenzten ein. Die Eins steht als Ur-Eins ganz am Anfang, was dadurch unterstrichen wird, dass die einen Pytagoreer ihre Herkunft nicht erklären. Andere jedoch haben von einer „Fügung" gesprochen, wofür im Griechischen „harmonia" steht. Dies lässt auch uns Heutige auf ein tiefes Verlangen nach Symmetrie im Kreis des Pytagoras schließen.

Wie kommt die Welt der Dinge und Töne zustande? Mindestens durch Xenophanes (ca. 580-485) ist überliefert, dass die Ur-Eins das apeiron „einatmet". Durch das Einatmen wird das apeiron begrenzt. Eine pytagoreische Überlieferung verbindet diesen Akt mit dem scharfen Ton frisch brechenden Brots. Ein Urknall? Die Eins hat jedenfalls die aktive Kraft, dem Unbegrenzten einen unbedingten, jedoch schöpferischen Zwang aufzuerlegen. Denn dieser Zwang beschränkt sich nicht auf die Eins, sondern vererbt sich auf die gesamte Folge der natürlichen Zahlen. Diese begründen alle Dinge in einer sehr direkten Weise. So musste für den überzeugten Pytagoreer z.B. die Einehe die Zwei sein, oder bis nahe an die Identität nachahmen. Gehören nicht zwei zur Ehe?

Wie weit sind die Dinge Zahlen? 1931 veröffentlichte Gödel seine Erfindung der „Gödelzahlen“ (Davis 1958). Man kann sie so erklären: Nehmen wir z.B. an, eine ganze Fabrik sei durch eine sicher lange Folge Fa von N natürlichen Zahlen z1 ... zN total vermessen und verdatet worden. Ferner bezeichne p(i) die i-te Primzahl, „x“ die Multiplikation. Dann nennt man das arithmetische Produkt

(1) g(Fa) = (2 hoch z1) x (3 hoch z2) x ... x (p(i) hoch zi) x ... x (pN hoch zN)

die Gödelzahl der Fabrik. Das „Fundamentaltheorem der Arithmetik“ sichert die Eindeutigkeit von g(Fa): Ist nämlich h(Fb) ein Produktausdruck der Art (1) und ist h(Fb) = g(Fa), d.h. sind die Gödelzahlen gleich, dann ist auch Fb = Fa, d.h. die fabrikbeschreibenden Folgen sind identisch. Eine einzige Gödelzahl kann daher jede riesige Struktur eindeutig konservieren. Die Gödelzahlen sind ein wichtiges Werkzeug der mathematischen Logik und der theoretischen Informatik. Wie mächtig ist doch das Gerüst der Primzahlen unter den Zahlen!

Den zweithöchsten Platz hinter der Eins hat die Zehnzahl. Sie kommt durch die „Tetraktys“ genannte pyramidenartige Verbindung mit der Geometrie zustande:

(2)
```
      I
     I . I
    I . I . I
   I . I . I . I
```

Ist die Eins der Ursprung, so erreicht die Zehn die Perfektion. Diese Vollkommenheit kommt der Numinosität gleich. Deshalb schwören die Pytagoreer „Bei der Tetraktys“. Dies rührt uns noch ernsthafter an, als das nicht seltene beiläufige „Bei Zeus“ in den Sokrates-Dialogen.

2 Parmenides: Die Seinskugel

Parmenides stammte aus Elea in Unteritalien. Er wurde um 440 v. Chr. geboren und starb nach 480 v. Chr. Wenn die Ansichten der Pytagoreer eine Mischung zwischen solidem Wissen und reichlich Aberglauben darstellten, so wagt Parmenides einen einschneidenden Schritt: Er trennt was die Leute so meinen von der absoluten Wahrheit des Seins, das nur durch das Denken aufgedeckt werden kann. Das erste nennt er „doxa“, das zweite „aletheia“. Für den Philosophen allein verbindlich ist die aletheia.

Solange freilich der Mensch sein Leben lebt, ist er der Sinneswahrnehmung unterworfen, die ja nicht nur Zweifelhaftes vermittelt, wie anders könnte das Dasein funktionieren? Deshalb springt Parmenides über den eigenen Schatten und teilt auch Wissen seiner Zeit mit, das uns allerdings staunen macht. So ist ihm die Beleuchtung des Mondes durch die Sonne bekannt gewesen. Ausserdem war er vermutlich der erste, der den Kern der Erde als feuerflüssig annahm. Letzten Endes gehören für ihn jedoch alle diese Einzeldinge der beweglichen Vielheit an, die nicht eigentlich wirklich ist, sondern Trug und Schein.

Was Parmenides am Herzen liegt, muss ihm durch eine Entrückung oder Erleuchtung klar geworden sein, die an verwandte Erfahrungen erinnert; man denke z.B. an Johannes auf Patmos. Parmenides geht in einem von Stuten gezogenen Wagen auf eine atemberaubende Reise, die ihn schließlich durch ein Tor zu Dike, der Göttin des Rechts führt. Diese offenbar ihm das Wesen des Seins, das sie als eine vollkommen gleichförmige Kugel beschreibt. Diese Kugel ist zugleich Weltkörper und Weltgedanke.

Uns beschäftigen Einheit als auch Gegensätze in dieser Aussage. Zunächst ist die „Seinskugel“ von so überragendem Gewicht und Tragkraft, dass man sie als ein Prinzip 1 auffassen muss. Jedoch verwirrt die Zusammenführung mit dem Reich des Gedanklichen. Parmenides vermag den Widerspruch nicht aufzulösen, will es auch nicht. Er bringt aber einen relativen Denk-Begriff ins Spiel, der so beschrieben werden kann: „Entstehen und Vergehen, Sein-*und*-Nichtsein, Sichbewegen und Sichändern, alles Eigenschaften, die in Hinblick auf das Seiende nur als verneinte Gültigkeit haben, sind nichts als bloße Namen.“ (Mansfeld: 300)

Damit sind wir bei einer Zeichentheorie. Es eröffnet sich eine moderne Variante des parmenideischen Ansatzes, wenn man zugibt, dass zwar aletheia den Namen der Dinge die Vollgültigkeit verweigert, jene geometrische Seinskugel gleichwohl Namen als auch Dinge tragen muss. Man vergleiche mit einer Theorie Max Benses: Assoziieren wir doch die Seinskugel mit seinem Möbiusband in der Rolle eines kosmischem Zeichenträger (Bense 1992)! Das Zeichenband ist ebensowenig stofflich, wie die Seinskugel des Parmenides dem Mond materiell ähnlich. Die Kühnheit der kosmischen Überlegungen beider Philosophen wird nur noch durch die Ernsthaftigkeit ihrer Überzeugungen übertroffen.

3 Platon: Die Eins

Parmenides hat im Kreis des Sokrates höchstes Ansehen genossen. Dies folgt schon aus der Existenz des Parmenides-Dialogs, den Platon spät niedergeschrieben hat. Im Dialog treten Parmenides (um 400 v. Chr. im reifen Alter), Zenon (etwa 490-430 v. Chr.) und der junge Sokrates (469-399 v. Chr.) einander gegenüber. Der gesamte schwierige Diskurs handelt von einem allein: Der Eins. Diese Eins ist im begrifflichen Kern wiederum die Seinskugel des Parmenides, wenn man überhaupt von einem „Kern" zu sprechen wagt.

Man kann folgende Ideen-Identifizierungen des alten Platon und seiner Nachfolger erschließen, die bis Pytagoras zurückverfolgbar sind (Windelband: 104): Die Idee des Guten ist auch die Eins. Daraus wird die Zweiheit als Gegenüberstellung von Einheitlichem und Mannigfaltigem, ferner des Masses und des Unendlichen, des Geraden und des Ungeraden abgeleitet. Die geschichtliche Konsequenz war später die Entfaltung der Theorie einer bei der puren Eins beginnenden Stufenleiter von Materialität bis hinab zur niederen Körperwelt. Folgerung sowie Herausforderung oder Versuchung, war die Gleichsetzung von Realitätsgraden mit Wertmassstäben. Der Imperativ liegt nahe: „Dein Weg sei beharrliche Rückkehr zum Anfang!" Dogmatisierung ist natürlich nicht fern (s. Bense 1960). Eine radikale, ebenso bei der Eins ansetzende Alternative, ist die Nutzung der Zahlen 1 2 3 als „Leit-Zeichen" in der triadischen Zeichentheorie von Peirce und Bense. Die Ergänzung durch mathematisch definierbare Semiotope (s.a. Nees 1980: 16), z.B. das Möbiusband, erweist sich hier als fruchtbar.

Zurück zu Platon, dem es im Parmenides-Dialog um ein für seine Ideenlehre sehr bedeutsames Ziel ging, nämlich die Strukturierung der unhandlichen Seinskugel in einen Thesaurus von Entitäten idealer Vorbilder für die Dinge, die wir diesseits antreffen! Parmenides selbst wird dieser Versuch einer Versöhnung zwischen „Hier" und „Dort" nachgesagt: „Unter Alles also, welches als Vieles ist, ist das Sein verteilt und verlässt nichts von allem Seienden, weder das kleinste noch grösste? Oder ist das wohl unvernünftig erst zu fragen? Denn wie könnte wohl das Sein etwas Seiendes verlassen? - Auf keine Weise.- Zerschnitten also ist es in Kleinstes und Grösstes und auf jede mögliche Art Seiendes, und es ist mehr als alles geteilt, und es sind unzählige Teile des Seins.- So verhält es sich.- Als zahlreichste also sind seine Teile? - Freilich. - Wie nun? Ist unter diesen etwas , welches zwar Teil des Seins wäre, aber *kein* Teil? - Wie wäre wohl so etwas möglich? - Sondern wenn er ist, ist er notwendig, solange er ist, auch *einer*, keiner kann er unmöglich sein. - Unmöglich. - Jedem einzelnen Teile des Seins wohnt also das Eins bei und läßt weder von dem Kleineren noch von dem Größeren, noch von sonst einem." (Parmenides 144 b, c)

Im Timaios-Dialog darf man dem Weltschöpfer zuschauen, wie er sich die Eins vornimmt, so wie der Bäcker den fertigen Teig aus dem Trog. Nein, da ist etwas falsch, denn es gibt keinen Trog, nur den Teigbatzen selbst, schön homogen, von seinem innersten bis zum unendlichen Rand: „Zuerst entnahm er *einen* Teil dem Ganzen, dann das Doppelte desselben, als dritten das Anderthalbmalige des zweiten, aber Dreifache des ersten, ...“ Und hier ist bemerkenswert, dass nach ein paar Zeilen die Zahl 256 auftritt, d.h. 2 hoch 8 (Timaios 35 a - 36 b). Noch heute begleitet und diese 256 täglich als die Anzahl der Möglichkeiten des Byte in unseren Computern.

4 Descartes: Das Residuum und der Ursprung im Achsenkreuz

Die Kitharen der hellenistischen Epoche sind verklungen. Wir machen einen Zeitsprung bis ans Ende der Renaissance, beobachten freilich sofort, dass die Probleme rotieren wie eh und je. Rangen die Griechen und ihre nächsten Schüler um die Verankerung der vergänglichen Dinge im zeitlos Bleibenden, dann geht es jetzt um die Inaugenscheinnahme wesentlicher Aspekte der Ankerkette selbst, sprich: des erkennenden Bewußtseins.

René Descartes (1596 - 1650) eröffnet eine neue Epoche, indem er das Problem entschlossen und solide anpackt. Man kann seine Fragestellung bildlich so wenden: „Wo ist die Ankerkette zwar am dünnsten aber doch fest genug, um das schwankende Schiffe vor dem Wegdriften zu bewahren?“ Wir wissen, er hat den wunden Punkt in der grundsätzlichen Täuschbarkeit des wahrnehmenden und denkenden Individuums gefunden, die Lösung jedoch in der Erleuchtung, dass jede Täuschung jedenfalls *einer* Voraussetzung unterliegt: Selbst der Lüge gegenüber *denkt* der Belogene, kann erwägend zweifeln, in Frage stellen und sein Selbst von der Frage ausgehend rekonstruieren.

Der gedankliche Rekurs des Descartes bis zum unnachgiebigen Zweifel (eine Hartnäckigkeit, die seinem Charakter entsprach), diese Reduktion auf die Goldkörner des unauflöslichen Rests, ist eine neue Form der Suche nach der Eins. Prüft man allerdings die Rekonstitution durch diesen Philosophen historisch, dann findet man eine Doppelnatur in seinem Begriff von der Einheit: Die Im-Dasein-Erhaltung des denkenden Wesens, wie auch der ausgedehnten Welt, obliegt nach wie vor einer vorgeordneten, sogar unendlichen Eins. Anders ausgedrückt: Neben oder über der mit Descartes neugeborenen Erkenntnistheorie behauptet sich eine ältere Ontologie.

Descartes hat mit Pytagoras und Platon die mathematische Begabung und die Leidenschaft für die Zahl gemeinsam. Wenn wir weiter unten die Längsachse seines Lebens berühren, dann werden wir jene Talente nicht als biographischen Zufall werten. Als Mathematiker findet Descartes im Kreuzungspunkt von Koordinaten-Achsen einen zweiten - jetzt extensionalen - Ursprung. Er führt nämlich für geometrische Linien Symbole ein und deutet diese arithmetisch: „Dann hat man, ohne zwischen bekannten und unbekannten Linien irgendeinen Unterschied zu machen, in der Reihenfolge, die die Art der gegenseitigen Abhängigkeit dieser Linien am natürlichsten hervortreten lässt, die Schwierigkeiten der Aufgabe zu durchforschen, bis man ein Mittel gefunden, um eine und dieselbe Größe auf zwei verschiedene Arten darzustellen; dies ergibt dann eine Gleichung, weil die den beiden Darstellungsarten entsprechenden Ausdrücke einander gleich sind." (Becker 1990 :141)

Heute würde man Descartes einen Kybernetiker nennen. Als solcher gesehen, konnte er ein bis auf den heutigen Tag strittiges Problem nicht bewältigen, nämlich den existenziell fatalen Unterschied zwischen dem Schmerz des Leidenden und dem parallel zugehörigen kybernetischen Schmerzsignal, das wiederum dem behandelnden Arzt Kopfzerbrechen macht.

Wir sprachen vom Schicksal, zwar als natürlicher Freund der Mathematik geboren worden zu sein, jedoch keine Ruhe nur in dieser Liebe zu finden, sondern gleichzeitig vom philosophischen Zweifel geplagt leben zu müssen. Max Bense hat diesem Problem sein Buch „Ein Geräusch in der Strasse" gewidmet. Dort drückt er an einer Stelle die Doppelgesichtigkeit der Frage geradezu syntaktisch aus: „Der Zweifel, und zwar jeder Zweifel, konstituiert den Beweis als solchen, das heisst, er setzt den Beweis als einen neuen, ihn selbst limitierenden Vorgang ein." (Bense 1960: 78) Nun ist es eine geschichtliche Tatsache, dass viele mathematisch-philosophischen Zwienaturen ihr Lebensrätsel positiv konstruktivistisch gelöst haben. Ja mehr: Sie finden regelmäßig zu einem evolutiven Schluss, der eine Eins kosmogonischen Charakters involviert: Die griechische Kalokagathie, der „wahrste, klarste und deutlichste aller meiner Gedanken" (Descartes 1960: 42), die „notwendige Substanz" (Leibniz 1956: 43), Benses Kosmologie des unendlichen Zeichenbands (Bense 1992).

5 Leibniz: Die Null, die Eins und die Monade

Leibniz (1646 - 1716) lebt etwa zwei Generationen nach Descartes. Mit ihm teilt er jedoch nicht nur die Vorliebe für den mathematischen Ansatz, tatsächlich findet man bei beiden Denkern jeweils die zwei typischen Wege zum Ursprung: Einen über die Zahl, den anderen aus der Seinsfrage, den Seelen oder Monaden. Leibniz erfindet das Rechnen mit nur zwei Ziffern, der 0 und der 1. Und sofort überkreuzt er die beiden erwähnten Wege, indem er die Vollständigkeit der Arithmetik allein aus 0 und 1 mit der Komplettierung der Welt durch den Schöpfungsakt identifiziert: Die 1 oder Gott schafft aus dem Nichts oder der Null die Zahlen und damit auch die Dinge. J. Mansfeld weist darauf hin, dass hier mit der 0 das pytagoreische apeiron wiederkehrt, das Unteilbare (Mansfeld 1983: 103). Aber sogar die parmenideisch-platonische 1, d.h. der numerische Kern des Gut-Schön-Wahren behauptet sich. Zum Neujahr 1697 schreibt Leibniz an den Herzog von Braunschweig über das Medaillenmotto, das wir an den Anfang dieser Arbeit gesetzt haben (Mansfeld a.a.O.).

Wo jedoch das Denken der beiden Mathematiker radikal divergiert, da findet man das so schicksalhafte Symbol und Gerät Uhrwerk. Uhrwerke sind kausale Systeme, jedoch auch die Umkehrung ist wahr. Für Descartes sind die Lebewesen Uhrwerke. Den nicht denkfähigen Lebewesen versagt er sogar das Bewusstsein. Leibniz hingegen hält daran fest: Die Lebewesen werden nicht bloss durch Kausalketten hindurchgestossen, modern gesagt *fallen* sie nicht einfach passiv durch physikalische Felder, sondern sie *streben Zielen entgegen, selbst wenn sie leiden.* In seiner „Monadologie" bedeutet uns Leibniz in wenigen Zeilen, was wir von unseren Mit-Wesen, sagen wir: „den kleinen Einheiten", wissen müssen: „Wollen wir alles, was in dem von mir oben erklärten allgemeinen Sinne *Perzeptionen* und *Strebungen* hat, ‚Seele' nennen, dann könnten alle einfachen Substanzen oder geschaffenen Monaden Seelen genannt werden. Da aber die Empfindung etwas mehr ist als eine einfache Perzeption, so mag für die einfachen Substanzen, denen nur diese zukommt, der allgemeine Name ‚Monaden' oder ‚Entelechien' genügen; die Bezeichnung *Seele* dagegen mag nur den Monaden vorbehalten bleiben, deren Perzeption distinkter und von Erinnerung begleitet ist." (Leibniz 1956: 35)

Was die Monadologie scheinbar so schwierig macht: *Die Monaden haben keine Fenster*. Wenn in ihnen etwas vorgeht, z.B. ihre visuellen Wahrnehmungen, dann wird der Vorgang durch ein Wesen bewirkt, das wiederum nichts anderes ist als „Die Nummer Eins": „So muss also der letzte Grund der Dinge in einer notwendigen Substanz liegen, in der die Eigenart der Veränderungen nur in eminenter Weise, wie in ihrer Quelle, enthalten ist: und diese Substanz nennen wir *Gott*". (Leibniz 1956: 43)

Kybernetische Modelle darf man getrost benutzen, solange man sich ihrer Grenzen bewusst ist. Eine kleine Monadenwelt kann man sich so vorstellen: Sie besteht aus 99 Computernutzern 2 bis 100, die in jeweils 1 Kammer eines verriegelten Hauses hermetisch eingeschlossen sind. Alles was jeder in dieser seiner Einheit sieht, ist der Bildschirm, und er betrachtet ihn mit Verlangen. Ein einziger *Chef* Nr. 1 dagegen besitzt sein Büro im gläsernen Penthouse des Gebäudes und verfügt über eine elektronische Kamera, durch die er den Nummern 2 bis 99 Bilder zuspielt, eben so viele wie sie zur Sättigung ihres optischen Hungers benötigen.

6 Peirce: Eine Einheit im Zeichen

Was wir von Charles Sanders Peirce (1839 - 1914) lernten, verdanken wir wesentlich der einfühlsamen Biographie dieses Philosophen aus der Hand von Elisabeth Walther (Walther 1989), ausserdem ihrer Übersetzung der berühmten „Briefe an Lady Welby“ (Peirce 1965). Überdies benutzen wir das „Wörterbuch der Semiotik“ (Bense, Walther 1973).

Den Eindruck von Universalität, den Leibniz vermittelt, dürfen wir zu Peirce mitnehmen. Man hat ihn ja auch als den „amerikanischen Leibniz“ bezeichnet. Beide Denker haben lebenslang eine intensive Beziehung zur Idee im allgemeinen, jedoch auch zur Logik und sogar den logischen Maschinen gepflegt und auf diesen Gebieten äußerst erfolgreich gearbeitet. Wir benutzen jedoch nur einige Assoziationen aus dem Denken von Charles Sanders Peirce und seiner besonderen Auffassung der Zeichen, die Max Bense, seine Schüler und Mitarbeiter, später zur „Peirce-Benseschen Semiotik“ ausgebaut haben.

Vielmehr beschäftigt uns ein primäres Problem, das zunächst sehr speziell erscheinen mag, jedoch die „zwingende Maschinerie“ der Peirceschen „triadischen“ Semiotik erhellt: Wie ist es möglich, dass in der existenziellen Einheit des Ich-Du-Erlebens, das Du so viele verschiedene Gestalten annehmen kann: Anwesend als Nachbar in der Realität des Tages, als Alp aber auch Tröster im Traum, auf der Leinwand des Kinos als Star, in einem Roman als Figur, in einer Vision gar als Gottheit. Neu in der Gegenwart hinzugekommen, jedoch von immer noch wachsender Bedeutung, sind die Partner mit künstlicher Intelligenz (vgl. Nees 1987). Alle diese Modalitäten ereignen sich ja wirklich, wie aber kommen sie unter das gemeinsame Dach der lebendigen Vergegenwärtigung einer einzigen Person? Die Antwort liegt in der „universellen Semiose“ selbst, sprich: in dem Zeichengeschehen, das als umfassende Einheit alle einzelnen Zeichenprozesse in sich einbegreift und zu unserer Welt integriert (hier wird man übrigens nicht zu Unrecht an die andere Lösung des Problems durch Leibniz erinnert, wo eine höchste Monade das Gesamtgeschehen steuert). Im „Wörterbuch der Semiotik“ heißt es - mit Bezug auf einen Wortlaut bei Peirce - die Semiose sei eine „cooperation of three subjects, such as a sign, its object and ist interpretant“, und erklärend: „d.h. jeder Prozess, der eine triadische Zeichenrelation *verwirklicht*, stellt eine Semiose, d.h. einen Zeichen*prozess* dar“ (Bense, Walther 1973: 91; s.a. den Weiterverweis auf „triadische Zeichenrelation“ a.a.O.).

Betrachten wir als Beispiel den Traum. Ich träume von meinem Vater; einen dieser Träume, wo man tatsächlich nicht weiss, dass man träumt. Ich bin der Träumende und somit der Interpretant des Zeichens, dessen Mittel der Traum selber ist (der Traum ist ein Medium - wie das Fernsehen). Am kommenden Tag höre ich, angeregt durch den Traum, die Stimme meines Vaters vom Tonband ab, das er noch selbst besprochen hat. Der Objektbezug der Zeichen bleibt gleich. Was jedoch integriert und verwirklicht die fortgesetzte semiotische Präsenz des Vaters in den beiden Fällen? Es sind mindestens zwei miteinander verwobene Semiosen, die prozessual am Geschehen beteiligt sind, die Triaden „verwirklichend" (s. Bense, Walther 1973 a. a. O.): Die eine, die übergeordnete Semiose sorgt für die modale Gleichheit der Vatergestalten, die anderen und eingeordneten Semiosen - der Traumvater, der Tonbandvater, der aus einem seiner aufbewahrten Briefe - halten die Modalitäten auseinander. Wie dramatisch real diese Abläufe „aus dem Ruder laufen können", zeigt die Möglichkeit der Verselbständigung der Stimme des verstorbenen Vaters in einer Psychose, wo das vertraute Gefüge der Semiosen zusammenbricht.

7 Bense: Das Ur

Max Bense lebte von 1910 bis 1990. In Elisabeth Walthers Einleitung zu Benses „Ausgewählten Schriften" (Bense 1997: XI) lesen wir, dass Max Bense sein erstes Buch im Jahr 1933 beendete. Die Betrachtung einiger Absätze aus diesem Buch genügt bei unserer Standardfrage nach dem Wesen der Einheit, die auch diesen damals ja noch sehr jungen Denker leidenschaftlich beschäftigt hat. Dabei werfen wir Blicke auf andere Phasen aus Benses Forscherleben.

Sehr eindrucksvoll sind die musikalischen Stimmungen in Dur und Moll, die Benses erstes Buch durchziehen. Nietzsche hätte bei vielen Seiten wohl von einem „jauchzenden Philosophieren" gesprochen, einen Ausdruck, den er einmal auf das begeisterte Praktizieren der eben von den Griechen der Zeit Platons erfundenen Diskussionslogik angewandt hat. Bei anderen Wendungen stoßen wir auf tiefes Erschrecken des Autors. Lassen wir uns von Bense selbst assoziativ führen, denken wir einmal an das Wort „Chaos"! Dazu sagt das „Herkunftswörterbuch" des deutschen Duden „ungeformte Urmasse der Welt", erwähnt jedoch als indogermanischen Stammbereich das Verb „gähnen", im Sinn des aufgesperrten Mauls. Das Chaos wäre nach dieser etymologischen Ableitung ein Verschlingen drohender Rachen, im Prinzip bereit den Kosmos zu schlucken. Als sitze ein pickender Vogel - aus Gewohnheit vertrauensvoll - zwischen den klaffenden Kiefern eines Krokodils.

Das erste Kapitel von Benses Buch trägt die Überschrift „Abgrund und Urgrund". Wir bringen eine Stelle aus der ersten Seite, wo sich die tief und hochgestimmten Tonarten überkreuzen und gleichzeitig vermählen: „Vor dem Raum als Urgrund der Welt empfängt das Wesen die philosophische Sehnsuch nach Ur, das

Glücksgefühl in der Ahnung einer letzten Tiefe. Aber vor dem Raum als Abgrund muss das Wesen erschrecken, empfängt es Angst und Einsamkeit, angesichts von so viel Schweigen und dunkler Masslosigkeit." Setzt man hier Bense mit Descartes in Verbindung, dann kann man mit gehörigem Respekt vor den beiden Denkern und ohne Paradoxien aus dem Weg gehen zu wollen, die kartesianische letzte Gewissheit ergänzen zu: „Ich fühle das Glück des Philosophierens, aber ich bedenke den Schrecken der Welt, deshalb bin ich." Und wenn man sich einen weiten Schritt voran wagt: „Ich erkenne nur dunkel, dass die Invarianz meines Selbst an einem gewissen Punkt meiner Finsternis aufgehört hat, aber zugleich auch wieder begann." (Bense 1991: 10)

Die Einheit schaffenden Wörter im Text Benses sind also „Ur" und dessen Verbindungen. Den Terminus „Urseiendes" findet man bei Max Scheler, von dem Bense eine Zeit lang gelernt hat. Bense benutzt nacheinander „Urgrund", „Urerlebnis", „Urgefühl", „Urseele", „Urnacht", „Urphänomen", „Urgedicht", „Uranfang". Das Buch beginnt mit diesen Zeilen: „Es gibt ein Urerlebnis des Menschen, und dieses Urerlebnis ist der Raum, und in allem Wirklichen muss das Wesen des einen Raumes wieder erscheinen." Ist daher der kartesianische Rückgang bis zum reinen Denken in der Stille der Klausur vollziehbar, so stellt man sich den Philsosophen, von dem wir jetzt sprechen, besser als Feldgeometer vor, der in einer Wildnis gelandet ist, die ihn anfangs wüst empfängt; der dort seine Theodoliten aufstellt, mit dem Vermessen beginnt, mit den Dingen und Zeichen werkt, die er findet. Der so fortschreitend die geometrischen Gitterlinien und Flächenerstreckungen als schön und oft mit dem Gefühl überwältigenden Glücks einzeichnet. Sogar das Wort „Einheit" kommt vor: „Urphänomen bedeutet die Einheit von Form und Wesen, die an jedem Seienden haftet." Max Benses Denken ist kosmogonisch und war es vom Usprung bis in seine letzten Tage. In der Liebe zu seiner Welt erinnert er an den Demiurgen im Timaiosdialog des Platon.

8 Bill: Die Eine Seite und die Spirale

Mit der Erwähnung des Weltschöpfers nähern wir uns gleichzeitig der Grenze, die zwar keine Linie ist, dennoch zwei Weisen der Welterschließung voneinander trennt. In der einen Region wird die Welt betrachtet: theoria des Weisen; auf der anderen wird sie gemacht: poiesis, der Werkvollzug des Handwerkers, Künstlers, Ingenieurs. Max Bill (1908 - 1994) und Max Bense (1910 - 1990) sichten einander von hüben und drüben, jeder aus seiner Position, ausserdem jeweils Exklaven im jenseitigen Gebiet besetzend. Bense sagt über Bill: „Wie in der Mathematik, so werden auch in der künstlerischen Arbeit Ideen entwickelt, durch die ungewöhnliche *Entitäten* sichtbar werden. So etwa könnte man die Formulierungen Bills noch einmal zusammenfassen, und diese Meinung ist vielfach akzeptiert worden, gelegentlich auch von Künstlern." (Bense 1979: 28) Eine dieser Entitäten, über die wir noch sprechen werden, zeigen wir im Bild in diesem Aufsatz.

Aber wir wollten von der Eins reden! Diese Eins sieht zunächst ungewohnt aus, hat jedoch eine Verbindung zum logos. Max Bill bringt es nämlich fertig, in einem Aufsatz von einer einzigen Seite seine Meinung über seine und die Kunst seiner Zeit zu formulieren (Bill 1967). Mehr braucht er nicht. Sogar die Überschrift ist einzigartig, insofern sie durch die folgende Frage verrät, dass der Verfasser in der Rolle des Theoretikers nicht behauptet, unbedingt alles über die Kunst zu wissen: „struktur als kunst? kunst als struktur?" Ja erstaunlicher: Fast in der Mitte dieser Seite steht eine Gleichung, so sehr Behauptung wie Herausforderung: „kunst = ordnung". Wir vermerken, diese Gleichung stehe auf derselben Ebene der Wichtigkeit, wie die Behauptung des Parmenides, die Welt sei eine homogene Kugel, und lassen es damit bei dieser ersten Billschen Eins bewenden.

Jetzt schreiten wir zu einer weiteren Demonstration der unerhörten Einfachheit fort, mit der Bill die Welt als Struktur angeht: Wir werden ihn nämlich beim Zählen beobachten. Der Kunstphilosoph Dietrich Mahlow hat in seinem wunderbaren Film „chAosOrdng" auch Max Bill besucht und befragt (vgl. Mahlow 1992). Dazu schaue man unser Bild der berühmten „Billspirale" an und verfolgen den Dialog zwischen Mahlow und dem Künstler:
Mahlow: Sie gehen bei Ihren Variationen vom Oktaeder aus.
Bill: Das ist das eine, das war der Anfang.
Mahlow: Das war doch nur eine kleine Öffnung des Oktaeders.
Bill: Ja, und das ist natürlich so: Das ist außen ein Oktaeder und innen drin ist es ein Tetraeder.
Mahlow: Ja.
Bill: Das heißt aber, es sind Linien, das heisst es ist ein Dreieck und es ist ein Achteck. Und vom Dreieck geht durch eine Methode, indem man immer wieder ein Stück einer Linie weglässt und die nächste dranhängt. Das geht von einem Dreieck in ein Quadrat in ein Pentagon in ein Hexagon in ein Siebeneck und am Schluss in das Achteck, und das Achteck ist dann offen, weil eigentlich jedes Mal bei einem, sagen wir bei einem Quadrat, ist eine Linie weggelassen. Weil dort das Fünfeck angehängt ist. Und beim Fünfeck ist wieder eine - die Schlusslinie - weggelassen, geht über in ein Sechseck. Also das, das ist das Prinzip dort.
Mahlow: Und die Variationen, die daraus entstanden?
Bill: Die sind dann entstanden, durch Hinzufügung.

Haben wir hier nicht Denken vom echten pytagoreischen Stil vor uns? Verbindet diese geistige Erbschaft nicht überhaupt alle Gelehrten und Handelnden, denen wir uns zugewandt hatten? So dass ein mathematischer Denk-Zirkel - oder ein um sich selbst gewundenes Band - als letzte Idee alles miteinander verschweisst.

Was geschieht eigentlich, wenn man die Bill-Spirale über das Achteck hinaus immer weiter treibt? Unser Bild will das ahnen lassen: Der Prozess nähert sich vielleicht einem Kreis, der sich sehr langsam ausweitet. Wie weit?

Literatur

Becker, Oskar (1990). *Grundlagen der Mathematik: in geschichtlicher Entwicklung*. Frankfurt am Main: Suhrkamp

Bense, Max (1960). *Ein Geräusch in der Strasse. Descartes und die Folgen II. Mit einem Anhang: Descartes und die Folgen I.* Baden-Baden und Krefeld: Agis

Bense, Max (1979). *Das Auge Epikurs: Indirektes über Malerei.* Stuttgart: Deutsche Verlags-Anstalt

Bense, Max (1991). *Der Mann an den ich denke. Ein Fragment. rot* 53. text 53. herausgeber max bense, elisabeth Walther. Suttgart

Bense, Max (1992). *Die Eigenrealität der Zeichen. Aus dem Nachlaß herausgegeben von Elisabeth Walther.* Baden-Baden: Agis

Bense, Max (1997). *Max Bense: Ausgewählte Schriften: in vier Bänden /* Max Bense. Hrsgegeben und mit Einleditung, Anmerkungnen und Register versehen von Elisabeth Walther. Stuttgart; Weimar: Metzler. Band 1. Philosophie

Bense, Max und Elisabeth Walther (Hrsg.) (1973). *Wörterbuch der Semiotik.* Köln: Kiepenheuer & Witsch

Bill, Max (1967). „struktur als kunst? kunst als struktur?“. In: Gyorgy Kepes (Hrsg.). *Struktur in Kunst und Wissenschaft.* La Connaisance, Brüssel. Paris: Alleinauslieferung Weber

Davis, Martin (1958). *Computability & Unsolvability*. New York: McGraw-Hill

Descartes, René (1960). *Meditationen über die Grundlagen der Philosophie.* Hamburg: Felix Meiner

Frischeisen-Köhler, Max; Willy Moog (1953). *Friedrich Ueberwegs Grundriss der Geschichte der Philosophie. Dritter Teil. Die Philosophie der Neuzeit bis zum Ende des XVIII. Jahrhunderts.* Tübingen: E. S. Mittler & Sohn. Lizenzauflage der Wissenschaftlichen Buchgemeinschaft

Leibniz, Gottfried W. (1956). *Vernunftprinzipien der Natur und der Gnade. Monadologie.* Hamburg: Felix Meiner

Mahlow, Dietrich (1992). „Der Zufall, das Denken und die Kunst“. In: Holeczek, Bernhard; Lida von Mengden (Hrsg.). *Zufall als Prinzip. Spielwelt, Methode und System in der Kunst des 20. Jahrhunderts.* Wilhelm-Hack-Museum Ludwigshafen am Rhein: Edition Braus

Mansfeld, Jaap (1983). Die *Vorsokratiker I.* Stuttgart. Philipp Reclam Jun.

Nees, Georg (1980). „Fixpunktsemantik und Semiotik“. *Semiosis* 17/18: 10-18

Nees, Georg (1987). „ANIMA REANIMATA“. Frau Professor Dr. Elisabeth Walther zum 65.

Geburtstag gewidmet“. *Semiosis* 46/47: 54-66

Peirce, Charles S. (1965). *über zeichen.* rot 20. text 20 aus dem amerikanischen übersetzt, mit nachwort und anmerkungen versehen von Elisabeth Walther. herausgeber max bense, elisabeth walther. Stuttgart

Perls, Hugo (1966). Plato. *Seine Auffassung vom Kosmos.* Bern: Francke

Platon (1959). *Sämtliche Werke I-VI.* Hamburg: Rowohlt Taschenbuch Verlag

Praechter, Karl (Hrsg.) (1953). *Friedrich Ueberwegs Grundriss der Geschichte der Philosophie. Erster Teil. Die Philosophie des Altertums.* Tübingen: E. S. Mittler & Sohn. Lizenzauflage der Wissenschaftlichen Buchgemeinschaft

Walther, Elisabeth (1989). *Charles Sanders Peirce. Leben und Werk.* Baden-Baden: Agis

Windelband, Wilhelm; Heinz Heimsoeth (Hrsg.) (1950). *Lehrbuch der Geschichte der Philosophie.* Tübingen: J. C. B. Mohr (Paul Siebeck)

Gerd Jansen

Von der argumentischen Funktion der Empfindung

für Elisabeth Walther-Bense von Jan Gerd / Lüneburg

1 Prolog

Dem empfindungsbegründete Handeln soll zu Beginn Ausdruck gegeben werden. Gleichsam als Widmung für Elisabeth Walther-Bense gebe ich das Bild und wähle die Worte aus dem Tao-Te-King von *Lao-tse* zu ihrem 80. Geburtstag:

Lao-tse:
Hohe und niedere Formen sittlichen Wirkens

…
Liebe drängt zwar zum Handeln,
aber sucht nichts für sich.
Gerechtigkeit drängt auch zum Tun,
fordert aber Geltung.
Bloße Moral muss ebenfalls wirken;
folgt man der öffentlichen Meinung nicht,
zwingt sie einen dazu.

Darum erkenne:
Wer nicht mehr im Unergründlichen gründen kann,
der lebe aus seines Herzens Ursprünglichkeit.
Wer seines Herzens Ursprünglichkeit verlor,
der lebe aus der Liebe.
Wer nicht mehr liebend zu leben vermag,
der handle wenigstens gerecht.
Wer selbst dies nicht mehr kann,
der lasse sich von Brauchtum und Sitte bändigen.

Das Abhängigwerden von der öffentlichen Moral
ist aber die unterste Stufe der Sittlichkeit,
schon Ausdruck des Zerfalls.

Wer dann noch glaubt, durch Verstandesbildung
einen Ausgleich für die Herzensbildung
schaffen zu können,
der ist ein Tor.

Darum merke Dir:
Der echte Mensch
folgt seinem innersten Gesetz
und keinem äußeren Gebot;
er hält sich an den Quell
und nicht an die Abwässer;
er meidet diese
und sucht immer das Ursprüngliche.

Etwa in seinem 8. Lebensjahrzehnt wollte der chinesische Philosoph sein Land verlassen. Beim Übergang in eine andere Lebensumgebung, außerhalb Chinas, wurde er am Grenzpass Han Gu von Yin-Hsi, dem Grenzbefehlshaber, erkannt und aufgefordert seine Weisheit niederzuschreiben. Dem kam Lao-tse nach. Er schrieb das Tao-Te-King.

Seine Geburt datiert man in das Jahr 604 v. Chr. In Verbindung mit seinem Namen lässt sich sein Lebensprinzip und seine Philosophie interpretieren:

Sein Vorname war Er oder Erl, das bedeutet *„Ohr“*. Nach seinem Tode wurde er Lao-Tan genannt. Tan kann dabei einmal der Hinweis auf ein besonderes körperliches Merkmal sein; denn es bedeutet übersetzt etwa *„Ohr mit herabhängenden Läppchen“*. Zum anderen ist Tan als Wort auch Zeichen für Lebensgehorsam und Weisheit. Das große Ohr ist Sinnbild für die große Bereitschaft seines Besitzers, auf das *kaum Wahrnehmbare zu lauschen* (vgl. *Rudolf Backofen*: 1975).

2 Das Zusammenspiel von Ästhetik – Ethik – Logik

2.1 Bei diesen Gedanken geht es um die Entwicklung eines Modells, welche es leistet, das anthropologische Phänomen der Empfindung (als Erstheit) in den Bewusstseinsbereich wissenschaftlichen Denkens (als Drittheit) zu involvieren.

2.1.1 Der Verstand (die Kognition) wird in diesem Kontext verstanden als ein Organ, welches für das Überleben der Spezies Mensch von notwendiger Bedeutung ist. Der Verstand ist damit *„Überlebensorgan“*.

2.1.2 Das kybernetische System *homo sapiens* bedarf wesentlicher Impulse, die nicht systemimmanent sind, um sich im Erkenntniszuwachs zu entwickeln.

Als „Erkenntnisorgan“ fungiert die Empfindung, welche dem Menschen den Zugang zu universalen Zusammenhängen ermöglicht, die von der Logik kategorisiert, objektiviert und kommunizierbar aufbereitet werden müssen, damit sie als Wissensrepertoire in menschlicher Gesellschaft genutzt und tradiert werden können.

2.2 Auf Empfindung/Ästhetik gegründetes Handeln erwächst aus Erkenntnissen, die mit linearen Analyse- und Betrachtungsmethoden nicht zu fassen sind.

2.3 Charles S. *Peirce* (1976: 543) weist auf den Zusammenhang von ÄSTHETIK und ETHIK hin:

Der Handlungsurgrund von Ethik und Ästhetik ist möglicherweise auch Ausgangspunkt sprachlicher Begriffsbildung des Menschen.

In Briefen an *William James* spricht dies *Charles* aus:

„... Meine eigenen Anschauungen waren 1877 roh. Selbst als ich meine Vorlesungen in Cambridge hielt, war ich der Sache noch nicht wirklich auf den Grund gegangen oder hatte die Einheit des Ganzen noch nicht gesehen. Das war nicht eher der Fall, als bis ich den Beweis erhielt, dass Logik auf die Ethik gegründet sein muss, von der sie eine höhere Entwicklung ist. Selbst damals war ich für einige Zeit so dumm, nicht zu sehen, dass die Ethik in gleicher Weise auf dem Fundament der Ästhetik beruht. ..."

Abd-ru-shin (1961/62: Bd. III: 114) stellt fest, dass uns mit dem fehlenden Wissen um den Zusammenhang von Ästhetik und Ethik dem Menschen eine wichtige Orientierungshilfe genommen ist:

„... *Sonst würdet Ihr in allen Lebenslagen und an allen Orten stets sofort empfinden, wissen, wo etwas nicht stimmt, weil überall, wo Euer Schönheitssinn nicht freudig schwingen kann, die schöpfungsmäßige streng bedingte Harmonie nicht so vorhanden ist, wie sie sein soll. Und wo die Harmonie fehlt, ist auch Schönheit nicht.*"

2.4 Wenn wir zudem Ästhetische Bildung gleichsetzen mit der Entwicklung und Pflege des Schönheitssinnes, so geben wir durch die Ansprache des Schönheitssinnes Zeichen einer ethischen Orientierung.

2.4.1 Der Satz 2.4 setzt allerdings eine spezifische Definition von Schönheit voraus:

Üblicherweise lässt sich feststellen, dass Schönheit als solche erkannt wird, wenn ein wahrnehmbares Phänomen in harmonischer Übereinstimmung mit einem anerkannten gesellschaftlichen Handlungsrahmen steht. Auf Grund wechselnder Konventionen ändert sich demnach auch das Ideal der Schönheit.

2.4.2 Für unsere Überlegungen muss sich Schönheit orientieren an der harmonischen/widerspruchsfreien Übereinstimmung mit den Universalgesetzen, die auch Ursprung für Ästhetik/Ethik sind. Schönheit ist dann ebenso rückführbar auf einen Urgrund menschlichen Bewusst-Seins.

(Lao-tse: ... Darum merke Dir: Der echte Mensch folgt seinem innersten Gesetz und keinem äußeren Gebot; er hält sich an den Quell und nicht an die Abwässer; er meidet diese und sucht immer das Ursprüngliche.)

2.5 Empfindung und Gefühl wird umgangssprachlich synonym gebraucht. Beide werden als Erstheit kategorisiert, doch gilt es für die vorliegende Überlegung, eine Differenzierung vorzunehmen.

2.5.1 Empfindung bedeutet die innere Öffnung für das Fundament der Ästhetik: Es sind die universalen Gesetzte, die in ihrer Widerspruchsfreiheit im Erkenntnisprozess zu ergründen sind. Die Empfindung ermöglicht uns das *Lauschen auf das kaum Wahrnehmbare* (s. Prolog). Gleich einem Fenster, welches eine Öffnung von innen heraus erfordert, bedarf die Empfindung der Eigenbewegung, um als Erkenntnisorgan zu wirken (vgl. 2.4.2).

2.5.2 Gleich einer Tür, welche von außen geöffnet werden kann, wird das Gefühl bestimmt von konventionellen Einflüssen, die das Bewusstsein beeindrucken, um so als Überlebensorgan zu wirken. Im Gegensatz zur inneren Öffnung, wird das Gefühl von außen stimuliert und findet auf diese Weise den Zugang zu unseren Denkhandlungen. Es ist stärker der ausschließlichen Kognition zugeordnet und von daher manipulierbar. (Lao-tse: ... *der lasse sich von Brauchtum und Sitte bändigen*... s. Prolog)

3 Der Begründungszusammenhang

3.1 Für ein bewusstes Handeln ist das Zusammenwirken des „Erkenntnisorgans“ und des „Überlebensorgans“ erforderlich (s. 2.1); d.h. das Erkenntnisorgan (Empfindung) führend, das Überlebensorgan (Verstand) als Werkzeug ausführend.

3.1.1 Denkprozesse werden interpersonell erfassbar, wenn sie logischen nachvollziehbar sich in ihrer Entwicklung darstellen lassen. Da für den Kommunikationsakt, für die Objektivation das Überlebensorgan in den Vordergrund tritt, wird ihm nicht selten die Dominanz in der Bedeutung zugemessen.

3.2 Es ist bekannt, dass die Gehirnsphären der rechten und linken Seite zusammenarbeiten. Nur dann ist ein komplexes Denken möglich, wenn beide Sphären wechselwirkend in Verbindung stehen. Die griechische Ganzheitslehre des Holismus kommt hier zu tragen.

3.2.1 Wenn wir von holistischem Denken sprechen, so handelt es nicht um eine gehirnphysiologische Bedingtheit, sondern der Begriff bezieht sich auf den philosophischen Ansatz aller Bereiche der Wahrnehmung, des menschlichen Denkens und den damit verbundenen Handlungen. Häufig wird in auch vom „ganzheitlichem Denken“ gesprochen. Ich wähle nicht diesen Wortgebrauch, weil unter ihm meist lediglich der Einbezug aller Sinne verstanden wird. (Der Bereich der Empfindung geht jedoch über die körperlichen Sinne hinaus.)

3.3 Die Existenz von Ästhetik und Logik führt zur Erkenntnisgewinnung nicht durch eine Koexistenz beider Phänomene; erst in einem Koprozess kann der Mensch sein Potential vollständig einbringen und nutzen. Es handelt sich hier um eine Lern- bzw. Erkenntnisphilosophie, die gepflegt werden muss und zu einer Kultur zu gestalten ist.

4 Das Phänomen der mitrealen Welt

4.1 Die unterschiedlichsten Wege sind bekannt, um zu Erkenntnissen zu gelangen. Historisch war es so, dass der Mensch den Gegenstand, den er erfahren wollte, um ihn für weitere logische Schlüsse zu nutzen, in seine Bestandteile zerlegte. Bei diesem analytischen Vorgang stellt man bekannterweise schließlich fest, dass beispielsweise das Ganze mehr ist als die Summe der Einzelteile. Die Faszination liegt allerdings nach wie vor darin, das durch den Vorgang des Zerlegens, die Ergebnisse der Forschung reproduzierbar sind; doch sie entsprechen lediglich der Reproduktion der Konstruktion einer Wirklichkeitssicht der Forschenden.

4.2 Nun kommen Forscher, Pädagogen, Philosophen oft zu erstaunlichen Ergebnissen, wenn sie einen unkonventionellen Weg der Aufschlüsselung einer Gegebenheit auf der Ebene der Empfindung beginnen (semiotisch formuliert: auf der Ebene der Erstheit). Diese Vorgehensweise nutzt ein Erkenntnispotential, welches Ausgangspunkt unserer Überlegungen ist, auf das im Folgenden eingegangen wird (s. 2.4).

4.3 Mit *Max Bense* wissen wir, dass bei jedem Formwerden einer Idee eine Umsetzung in eine andere Materialität erfolgt, bei in Kauf genommen werden muss, dass etwas von der Idee für den unmittelbaren Kommunikationsvorgang in der Objektivation verloren geht.

4.3.1 *Max Bense* spricht von der *Mitrealität.*

Diese Mitrealität ist zu erspüren, zu empfinden. (In China steht es im Zusammenhang mit dem Wort-Zeichen *Tan.*) Es gibt hierfür nur den Weg über die Erstheit (s. Prolog).

Holistisch haben wir Zugang zu den nicht für die interpersonell transformierten Teil der Idee, wenn mit der Schwingung des Rezipienten und des Nutzers von Stofflichkeit, in die die Substanz der Idee transformiert wurde, ein Gleichklang vorhanden ist. Ähnlich wie bei dem einfachen technischen Kommunikationsmodell von Sender und Empfänger, bei denen die Frequenz übereinstimmen muss.

4.2 Der mitreale Aspekt macht deutlich, dass nichts tatsächlich verloren geht; nur ist die Wahrnehmungsspur, die Erkenntnisspur von anderer Qualität. Die Aussage von *Max Bense* bezieht sich auf den Verlust der Ideenelemente, die sich nicht in die ausgewählte Stofflichkeit transformieren ließen. Diese Teile der Idee sind für den Rezipienten verloren, der sich nicht für das Mitreale zu öffnen vermag.

4.3 Zunächst scheint es so, als ob die Idee für den Rezipienten eine Reduktion erfahren würde, doch mit dem gleichen Logik müssen wir uns bewusst machen, dass die Umsetzung einer Idee in eine interpersonell wahrnehmbare Form auch auf Realitäten verweist, die unmittelbar für den Urheber der Ideenvermittlung nicht bewusst sind; möglicherweise handelt es sich um eine Mitrealität der Idee (als Zeichen im noch nicht kommunizierten Denkprozess), die bereits einem Transformationsprozess unterlag. Diese gilt es wiederum von dem Kommunikator zu erspüren.

4.4 Der Impuls, der Denker und Künstler veranlasst, Inhalte, die empfunden wurden, zu formulieren – in Form zu bringen - oder ästhetisch zu realisieren, schafft eine Objektivation, der er sich in eigener Betrachtung widmen kann, der er wiederum empfindend zu begegnen vermag. Diese Form der Transformation/ Verstofflichung bringt ihm möglicherweise neue Erkenntnisse, weil Mitreales seiner eigenen Ideen auf diese Weise für ihn erkennbar werden.

4.4.1 Diese Aussage enthält ein weiteres Phänomen:

Es bedeutet, dass die Idee, die sich im Kopf des Künstlers, des Denkers, des Philosophen manifestiert, bereits eine Transformation von Etwas sein kann, was außerhalb des Künstlers vorhanden ist (s. später: Epilog).

5 Der Zugang „zum kaum Wahrnehmbaren"

5.1 Es entstehen neue Fragestellungen:

· Woher kommt die Struktur der Ideen?

· Schöpfen wir sie aus einer universalen Umgebung?

· Sind es Verknüpfungen der verfügbaren Innenwelt (Bewusstsein) mit einer nicht-materiellen Außenwelt?

5.1.1 Aus einer Flut von inneren und äußeren Bildern in Verbindung mit einem Universum von Strukturen und Gesetzen, schafft der Künstler Objektivationen, die seiner Fähigkeit zur interpersonell wahrnehmbaren Transformation entsprechen (vgl. 4.4.1).

5.2 Ohne auf eine lange Argumentationsreihe an dieser Stelle einzugehen – es sprengte den Rahmen dieses Beitrages, möchte ich bildhaft auf ein Phänomen verweisen, welches wir beispielsweise in der Malerei erleben. Die sogenannt *abstrakte Kunst* stellt sich heute mit Hilfe von technischen Wahrnehmungshilfen schließlich dar als sehr konkrete bildhafte Darstellung von Strukturen und Formgebungen aus dem Mikro- bzw. Makrobereich einer natürlichen Wirklichkeit, die es schon immer gegeben hat. Nur haben wir sich nicht in unser funktional-gegenstandsbezogenen Denken einbezogen. Die Betrachtung des Menschen vollzog sich vielfach ausschließlich in Verbindung mit dem Überlebensorgan *Verstand*. Die Dinge dieser Wirklichkeit entzogen sich lange dem interpersonellen Zugang.

5.2.1 Mancher Künstler formt also auf der Grundlage von Gesetzen und Strukturen, die schon ewig vorhanden sind, arbeitet mit mosaikfähigen Elementen der verfügbaren Innenwelt und der immateriellen wie materiellen Außenwelt, fügt sie zusammen und bildet Ideen, welche eine augenblickliche Problemstellung, eine Lösung für eine gegebene Situation bedeuten.

5.2.2 Erkenntnisse gewinnen wir mit Hilfe des Erkenntnisorgans und fügen sie mit dem Überlebensorgan zusammen, kombinieren mit Elementen aus materiellen und immateriellen Gegebenheiten, bereiten sie auf für den interpersonellen Kommunikationsvorgang.

6 Die Erstheit mit der logischen Qualität der Drittheit

6.1 Da der Mensch Teil der Schöpfung, des Universums aller Gegebenheiten ist, vermag er Zusammenhänge zu empfinden und in seine Handlungen einzubeziehen. Steht er mit den Universalgesetzen im Einklang, haben seine Handlungen (Zweitheit) eine ethische Qualität über den historischen Augenblick hinaus (Laotse: *hohe Formen sittlichen Wirkens*).

6.1.1 Dabei kann er sich natürlich auch schon fertiger Gedankenformen bedienen, sie empfindend bewerten und sich selbst entschieden in die Tradition von Denk- und Denksystemen, Interpretationsreihen stellen.

6.2 Bindet sich der Mensch an die Wissensbilder aus dem Universum ewiger Gesetzte an, so erhält sein kognitiver Denkprozess eine neue Dimension. Er nutzt eine Quelle, *„die nicht versiegt"*.

6.3 Denk- und Handlungsprozesse erhalten somit ihre Impulse und auch ihr Korrektiv durch Empfindungen, die in ihrer logischen Abfolge *richtig bzw. immer richtig* sind.

6. Von der Logik aus betrachtet sind ästhetische Ereignisse und Empfindungen *rhematisch* und somit der Erstheit zuzuordnen. Für die dargelegte Gedankenfolge entsteht nun das Paradoxon, dass die Empfindung in der Funktion des Argumentischen wirkt.

6.4.1 Das bedeutet: Auf Grund der gezielten Einstellung auf die Universalitäten, die uns umgeben, bekommt die Empfindungsebene (Erstheit) den logischen Stellenwert des Argumentischen (Drittheit).

7 Die ästhetikologische Welterschließung

7.1 *Baumgarten* (1735) betrachtete die Wege zur Erkenntnis über die Ästhetik (Empfindung) und über die Logik (Kognition) als gleichrangig. Nach seinen Überlegungen sollte der Weg einer Bewältigung von Gegenwart und Zukunft über eine *ästhetikologische* Weltzuwendung gehen. Sie bezieht sich auf das *bildhafte, empfindungsbegründete Denken und seinen Ausdruck* in Verbindung mit einer *mathematisch-logischen Wissenschaftsorientierung*. Seine *ästhetikologische Wahrnehmung* von Welt bedingt einen Verständniswandel in der Erschließung von ihr (vgl. 3.3).

7.2 Stellen wir die Kategorien der Erstheit, Zweitheit und Drittheit mit Hilfe der Möbiusschleife dar, so erkennen wir die Besonderheit des semiotischen Zusammenhanges in Bezug auf den Koprozess von Erkenntnisorgan und Überlebensorgan :

Das Möbiusband

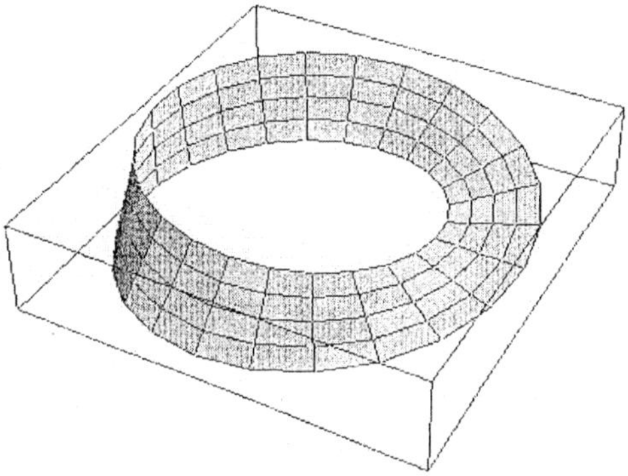

Quelle: Dr. Beatrice Amrhein Fri Feb 28 09:10:28 MET 1997.
www-sr.informatik.uni-tuebingen.de/ projects/IlluMath/PR/node18.html

Notieren wir auf dem Band die Bereiche Erstheit (Empfindung/Ästhetik), Zweitheit (Ethik) und Drittheit (Logik) und führen wir die Enden entsprechend der Konstruktion zusammen, so gibt es weder eine eindeutige Innen- noch Außenseite. Wir erhalten so eine Form, bei der man von einer auf die anderen Seite gelangt, ohne jemals den Rand zu überschreiten.

7.3.1 Die Verbindung von Erstheit und Drittheit wird deutlich und die Eindeutigkeit von *„weltinhärenten" und „bewusstseinsinhärenten"* Bereichen des Denkprozesses werden aufgehoben, nehmen wir Innen- und Außenseite als Zeichen für diese Einteilung (vgl. *Max Bense* 1975: 69).

7.4 Gleichsam als Beleg für die vorliegenden Überlegungen wähle ich ein Beispiel aus Tibet:

Den Klang des Wortes *Ohm* nutzen die tibetanischen Mönche zur Meditation. Gleichzeitig ist der Klang identisch mit dem Magnetton der Erde, den man mit heutiger Technik durch Oktavieren hörbar machen kann. Es ist in diesem Zusammenhang dann sicher nicht verwunderlich, dass auch die Farbe Orange der Bekleidung der Mönche, dieser Schwingung entspricht. Dieser Zusammenhang kann erst heute mit unseren technischen Hilfsmitteln ermittelt werden. Die Mönche habe schon längst empfunden (vgl. 5).

8 Die semiotische Klassifizierung und pragmatische Schlussfolgerung

8.1 Wenn wir an die Hierarchisierung der Zeichenklassen denken, so haben wir sie in Verbindung mit der logischen Einordnung im Interpretantenbezug zu sehen:

· die ERSTHEIT ist in ihrem rhematischen Bezug *weder richtig noch falsch*,

· die ZWEITHEIT ist in ihrem dicentischen Bezug *richtig oder falsch*

· und die DRITTHEIT ist in ihrem argumentischen Bezug *immer richtig, bzw. notwendig richtig*.

Die Erstheit steht für sich, die Zweitheit umschließt die Erstheit und die Drittheit involviert Zweitheit und Erstheit.

8.1.1 Dabei ist das argumentisch-symbolisches-Legizeichen als höchstes Zeichen aufzufassen.

Das Universum, die Schöpfung kann nur in dieser Zeichenklasse repräsentiert werden.

8.2 Bei gedanklichen Entwicklungen und Konstruktionen, die den Anspruch in ihrer logischen Bedeutung als *immer richtig, bzw. notwendig richtig* haben, sind widerspruchsfrei zu dem, was wir in der Forschung von Kybernetik und Geisteswissenschaft entdecken. So erfährt beispielweise Philosophie, aber auch Religion und Religionsvorstellungen des Menschen eine Korrektur, wenn die Forschung durch eine differenzierte holistische Wahrnehmung von Welt und deren Analyse zu Ergebnissen kommt, die dem vermeintlichen logischen Wissen philosophischer/religiöser Vorstellungen widerspricht.

8.2.1 Damit verbunden sind dann auch Aussagen zur Ethik, die unserem Handeln eine universale Orientierung bzw. Ausrichtung gibt.

8.3 Wenn wir nun auf Grund der Fähigkeit, die in der Erstheit liegt, argumentischen Denken richtungsweisend Perspektiven eröffnen können, ändert sich die logische Dimension (*weder richtig noch falsch*) in *immer richtig, bzw. notwendig richtig*, jedoch noch nicht mit den Mitteln gegenwärtiger wissenschaftlicher Instrumentarien, die mathematisch-logisch einen Nachweis führen können.

8.3.1 Um die richtungsweisenden empfundenen Erkenntnissen pragmatisch in einem wissenschaftlichen Diskurs nutzen zu können, bedarf es einer Transformation für eine interpersonell führbare Kommunikation. (Es wir wiederum deutlich, dass die Zeichenklassen ihre Aufgabe für die Erkenntnisvermittlung nicht in einer Koexistenz, sondern nur in einem Koprozess erfüllen.)

8.3.2 Hier thematisiert sich die Beziehung zu *Baumgartens* ästhetikologischen Überlegungen in Bezug auf das empfindungsbegründete Denken und seinen Ausdruck.

8.4 Die Sensibilisierung der Fähigkeit, mitreale Zusammenhänge zu erspüren, universale Bedingtheiten als Handlungsgrundlage zu nutzen, hat den Anschein, als handle es sich um eine Art Glauben, die die Maxime der Entscheidung bestimmt.

8.5 Nach den vorherigen Überlegungen ist es möglich, dass mancher religiöse Glauben auf der gleichen Grundlage seine Kraft entwickelt. Der Zusammenhang der sich mit dem Phänomen des Meditationston Ohm und der sog. abstrakten Malerei eröffnet, bekommt so den Aspekt, dass Glaube zur Überzeugung werden kann, wenn sein Ursprung gleichermaßen durch Ästhetik/Empfindung und Logik belegt werden kann.

8.6 Erkenntnisse, formuliert auf der Ebene der Drittheit, die empfundene universale Zusammenhänge von Wirklichkeit einschließen, gründen auf Wahrheit, die widerspruchsfrei zu neuen logischen Schlussfolgerungen führt.

8.7 Der Wissenschaftler der empfindend zu neuen Erkenntnisstrukturen gelangt, nutzt eine Quelle, die ihm richtungsweisend zu universalen Zusammenhängen führt.

Die Nutzung der Erstheit (Empfindung) für Arbeiten in der Drittheit (Kognition) lässt manche Irrwege vermeiden; von daher ist das Forschen auf der Grundlage der Empfindung argumentisch und zugleich ökonomisch.

8.7.1 Das empfindungsgeleitete Denken ist für den Außenstehenden nicht in jedem Fall nachvollziehbar, wenn die eigentlichen Zusammenhänge, die Begründung für Handlungsentscheidungen nicht stofflich kommuniziert werden (wie das Phänomen der Mitrealität). Zwar ist jeder Zeit und prinzipiell eine argumentative Anknüpfung möglich, doch für den Handlungszusammenhang (pragmatisch betrachtet) nicht in jedem Fall erforderlich.

8.8 Handlungen sind als praktizierte Interpretationen (vgl. *Jansen* 1978) ausgewählter Gegebenheiten und zu verstehen, als Objektivationen individueller Gedankenformen (sie stehen für die gedanklicher Verarbeitung von „Welt“) zeigen sie sich in einem ständigen Wechsel von Akkommodation und Assimilation. Der assimilative Pol bedeutet die Anpassung der Wirklichkeitssicht an das *kulturelle Ich*. Andere Handlungen - wie zum Beispiel Nachahmungen - sind dem akkommodativen Pol zuzuordnen, d.h. Anpassung des Ich an ausgewählte oder geforderte Interpretationen von Wirklichkeit.

8.8.1 Ästhetikologische Prozesse sind gekennzeichnet durch ein ständiges Ausbalancieren. Die Aquilibration ist hier demnach eine Aktivitätsform, in der Teile vorangegangener Erfahrungen wiederholt, variiert, umgeformt und so allmählich von den kognitiven Strukturen des Denkens durch Objektivationen einverleibt werden. Auf diese Weise wird ein Erkenntnisprozess gesichert und Bestandteil weiterer Verarbeitung.

8.9 Die Möglichkeit der Rückführbarkeit menschlicher Ausdrucksformen auf nicht-konventionell gebundene Ursprünge, ermöglicht Neuentwicklung, Korrektur und Neugestaltung innerhalb gesellschaftlich konstruierter Wirklichkeitssichten.

8.10 Der Sinn für ein Forschen auf der Grundlage empfundener Tatbestände, erwächst aus der Notwendigkeit, die Vielschichtigkeit menschlichen Bewusstseins und Erkenntnismöglichkeit anzusprechen.

8.11 Ästhetik als empfindungsbegründetes Denken und sein Ausdruck ist die personenbezogene und -gebundene Sicht auf die Welt (im Ganzen und in Ausschnitten). Sie stellen sich in der interpersonellen Kommunikation zunächst dar in wahrnehmbaren Objektivationen: als Abbild, Spiegelbild/Spiegelung, Icon in Interpretationen durch das Individuum. In der Rekonstruktion auf den Urgrund ihrer Entstehung wandelt sich ihr logischer Stellenwert vom Rhematischen zum Argumentischen, wenn im holistischen Sinn, die Semiose vollständig ist: Die Drittheit (Logik) involviert die Erstheit (Empfindung) und generiert die Zweitheit (Ethik).

8.12 Im Zusammenhang mit Überlegungen zur *Semiotik und die Grundlagen der Mathematik* führt *Cornelia Leopold* (1991: 248) aus:

„Mathematische Gegenstände sehen Platonisten bzw. Realisten als abstrakte Gegenstände, die unabhängig von Aktivitäten des Menschen (Handeln, Denken) existieren, die also weder durch Definitionen geschaffen, noch konstruiert oder postuliert werden. Sie werden wie Objekte der Natur ‚entdeckt' und ‚beschrieben'."

8.12.1 In Analogie lässt sich feststellen:

Empfundene Zusammenhänge lassen sich in ihrer Struktur klassifizieren - unabhängig von Aktivitäten des Menschen (Handeln, Denken); denn nach den obigen Überlegungen ist ihr Ursprung weder durch Definitionen geschaffen, noch konstruiert oder postuliert.

9 Epilog

In Anknüpfung an die Gedanken von Lao-tse im Prolog im Kontext der vorangegangenen Ausführungen, bildet die Aussage von *Abd-ru-shin* (1975: 40) den Ausklang (vgl. 4.4.1):

„Zuckt ein Gedanke in Dir auf, so halte ihn zurück, sprich ihn nicht sofort aus, doch nähre ihn; denn er verdichtet durch Zurückhaltung im Schweigen und gewinnt an Kraft wie Dampf im Gegendruck.

Der Druck und die Verdichtung zeugen die Eigenschaft einer magnetischen

Betätigung nach dem Gesetz, dass alles Stärkere das Schwache an sich zieht. Gleichartige Gedankenformen werden dadurch allseitig herangezogen, festgehalten, verstärken immer mehr die Kraft des eigenen, ursprünglichen Gedankens und wirken trotzdem so, dass die zuerst erzeugte Form durch das Hinzugesellen fremder Formen abgeschliffen wird, sich ändert und bis zur Reife wechselnde Gestalt bekommt. Du fühlst das alles wohl in Dir, doch denkst Du stets, es sei Dein eigenes Wollen ganz allein. Du gibst aber bei keiner Sache ganz Dein eigenes Wollen, hast immer fremdes mit dabei!"

Literatur

Abd-ru-shin: *Im Lichte der Wahrheit.* Verlag Stiftung Gralsbotschaft. Stuttgart 1961/62

Baumgarten, Alexander Gottlieb: *Meditationes philosophica de nonnullis ad poema pertinetibus.* Halle 1735

Bense, Max: *Semiotische Prozesse und Systeme in Wissenschaftstheorie und Design.* Agis, Baden Baden 1975

Jansen, Gerd: *Gegenstandsbezogene Handlung als Zeichenprozess.* Czwalina, Ahrensburg b. Hamburg 1978

Leopold, Cornelie: „Semiotik und die Grundlagen der Mathematik". In: *Zeitschrift für Semiotik* 13/3-4. Stauffenburg, Tübingen 1991

Peirce, Charles S.: *Vorlesungen über Pragmatismus.* Übersetzt, eingeleitet und herausgegeben von Elisabeth Walther. F. Meiner, Hamburg 1973

Peirce, Charles S.: *Schriften zum Pragmatismus und Pragmatizismus.* Hrsg. Karl-Otto Apel. Suhrkamp, Frankfurt 1976

Claus Dreyer

Zur Methodik der Architekturanalyse nach der Postmoderne

1. Die „Condition Postmoderne".

Eine Methodik der Architekturanalyse im strengen Sinne hat es weder für die Moderne noch die Postmoderne gegeben. Während die moderne Architektur jedoch mit den Mitteln der klassischen ikonologischen und ikonografischen Methode kunsthistorischer Provenienz sowie mit den in den sechziger und frühen siebziger Jahren entwickelten Mitteln des Strukturalismus und der darauf fundierten semiotischen Methode untersucht werden konnte (vgl. Dreyer 1990 a, 1990 b), ist in Zeiten der Postmoderne der methodische Boden schwankend geworden. Die herkömmlichen Methoden erweisen sich als zu ungenau, um die neuen Phänomene zu greifen, oder sie erscheinen schlicht als irrelevant, d.h. sie verfehlen ihren Untersuchungsgegenstand. Neuere Methoden der Analyse von Architektur gibt es nur im Ansatz: Sie existieren als (oft nur singuläre) Modelle, die verschiedene Weisen des Zugangs zum Analyseobjekt erproben oder gar vom Architekten selbst zur Erklärung und Interpretation seines Werks inauguriert werden (als besonders extremes Beispiel der Selbstinterpretation vgl. Libeskind 1995).

Dieser Zustand hat etwas zu tun mit der „condition postmoderne", die als durchgängige Bewußtseinslage quer durch alle einschlägigen Disziplinen, von der Architektur bis zur Erkenntnistheorie, so bestimmt werden kann (nach Hassan 1985 [1988]: 49-55), der damit vor allem den postmodernen Roman zu charakterisieren versucht):

1. „Unbestimmtheit" oder, genauer gesagt, Unbestimmtheiten. Hierunter fallen alle Arten von Ambiguitäten, Brüchen und Verschiebungen innerhalb unseres Wissens und unserer Gesellschaft.
2. „Fragmentarisierung", d.h. Vorliebe für Montage, Collage, das literarische „objet trouvé", Formen von Parataxe anstelle Hypotaxe, Metonymie statt Metapher, Schizophrenie statt Paranoia, Hinwendung zum Paradoxen, Paralogischen, zur Parabasis ,Parakritik, zur Offenheit des Zerbrochenen, zu unerklärten Randzonen.
3. „Die Auflösung des Kanons". Dies trifft im weitesten Sinne auf alle Kanons sowie alle konventionellen Autoritäten zu.

4. „Der Verlust von ‚Ich' und ‚Tiefe'„. „Das Ich, im Spiel der Sprache sich verlierend, in den Unterschieden, in denen Realität gemeinschaftlich erstellt wird, wird so zur Darstellung seiner eigenen Abwesenheit, und der Tod lauert bei all diesen Spielen im Hintergrund. Das Ich löst sich auf in eine Oberfläche stilistischer Gesten, es verweigert, entzieht sich jeglicher Interpretation." (Hassan 1985 [1988]: 50)

5. „Das Nicht-Zeigbare, Nicht-Interpretierbare". Die Kunst verweigert sich konsequent der Mimesis, sie bestreitet ihre eigenen Darstellungsweisen, sie sucht (paradoxerweise) das Nicht-Darstellbare.

6. „Ironie". „In Abwesenheit eines Grundprinzips oder Paradigmas wendet man sich in der Postmoderne dem Spiel, Wechselspiel, Dialog, Polylog, der Allegorie, der Selbstbespiegelung, kurz, der Ironie zu. Ironie dieser Art nimmt die Gestalt von Indetermanenz und Polyvalenz an, strebt nach Eindeutigkeit, der Eindeutigkeit der Entmystifizierung, dem reinen Licht der Abwesenheit." (Hassan 1985 [1988]: 51)

7. „Hybridisierung". Klischee und Spiel mit dem Plagiat, Parodie und Pastiche, Pop und Kitsch, sie alle bereichern das Feld der Repräsentation. In diesem Sinne kann das Abbild, die Kopie, dieselbe Gültigkeit besitzen, wie das Urbild.

8. „Karnevalisierung". Perspektivismus, die „fröhliche" Relativität der Dinge, lustvolle Teilnahme am wilden Durcheinander des Lebens, bedeutet „Immanenz des Lachens" als subversives Element, das Erneuerung verheißt.

9. „Performanz, Teilnahme". Theater wird zum dynamischen Prinzip einer parataktischen Gesellschaft ohne feste Kanons, die selbst als eine „Gesellschaft des Spektakels" schon „karnevalisiert" ist.

10. „Konstruktcharakter". Realität erscheint als Fiktion: Welten werden gemacht, sind nicht gegeben; verschiedene „Weisen der Welterzeugung" konkurrieren miteinander.

11. „Immanenz". „Dies ist die Zeit des Menschen als sprachliches Wesen, sein Maß ist die Intertextualität allen Lebens. Die Patina des Gedankens, der sprachlichen Zeichen, der Verbindungen, liegt über allem, was der Geist in seiner gnostischen Noo-Sphäre berührt. ... Das Ironische, das dabei allen ihren Bemühungen anhaftet, ist zugleich die auf sich selbst gerichtete Ironie des Geistes, der an jeder dunklen Ecke wieder sich selbst begegnet." (Hassan 1985 [1988]: 53)

Mit Blick auf die Architektur möchte ich Hassans Merkmalen noch zwei einflußreiche hinzufügen:

12. „Ent-Historisierung". Es besteht freie Verfügbarkeit über die Geschichte und ihre Manifestationen in Formen und Objekten sowie die zugehörigen Theo-

rien und Erzählungen. „Vergegenwärtigung" ist ein Programm ohne Verpflichtung zu Prinzipientreue (vgl. unten 2.2: Welsch).

13. „Kontextualisierung". Wichtig wird der Bezug zur materiellen und ideellen Umgebung durch Anpassung, Anspielung, Dialog, aber auch durch Kontrastierung bis zur Negierung (vgl. unten 2.4: Derrida).

Es kann nicht verwundern, daß auf diesem Hintergrund die Methoden der Architekturanalyse unsicher und ungenau werden (hatten sie doch auch schon früher keinen eigenständigen Status). Einige der Folgen sind:

- Innovative architekturtheoretische und methodologische Arbeit findet vor allem in praktischer Form statt (Zeichnen, Entwerfen, Bauen), weniger in Form von theoretischen Arbeiten im strengen Sinne, dafür umso mehr als Essay, Feuilleton, Kritik, Beschreibung und Interpretation.
- Nahezu jeder kann sich heute in die Debatte einmischen (und tut es auch). Positiv aus gedrückt: die theoretische Arbeit in der Architektur ist nach Disziplin und wissenschaftstheoretischem Fundament wissenschaftspluralistisch und damit Abbild des postmodernen Bewußtseins: Architekturtheoretiker, Kunstwissenschaftler, Sprach- und Literaturwissenschaftler, Philosophen, Sozialwissenschaftler, Psychologen – sie alle sind in die Architekturdebatte involviert, Grenzüberschreitung ist das methodische Prinzip.
- Architektur als die öffentliche Kunstform par exellence zieht alle Aufmerksamkeit auf sich: Von ihren Veränderungen profitieren Viele, unter ihren Folgen leiden Viele, in ihr fühlen Viele sich wiedergespiegelt oder abgestoßen, in ihren gelungenen Formen macht sie Öffentlichkeit und Gemeinschaft überhaupt erst möglich. Der Komplexität des architektonischen Wirkungs- und Bedeutungszusammenhangs wird die Komplexität der methodischen Zugänge zu deren Analyse entsprechen (müssen). Im Fogenden sollen vier einflußreiche methodische Ansätze zur Architekturanalyse, die dieser Komplexität gerecht zu werden versuchen, dargestellt und kritisch betrachtet werden.

2. Modelle der Architekturanalyse nach der Postmoderne

2.1 Charles Jencks und die doppelte Codierung

Als Charles Jencks im Jahre 1977 die „Sprache der postmodernen Architektur" entdeckte und beschrieb (Jencks 1977 [1980]), setzte er einen Paradigmenwechsel in der Architekturanalyse in Gang, der bis heute seine Wirkungen hinterläßt. Seine Hauptthese ist, daß Architektur wie eine Sprache verstanden und gehandhabt werden kann; sie soll etwas mitteilen (etwas, das über das reine Sosein und die

Funktionsbestimmung eines Gebäudes hinausgeht), sie soll sich an verschiedene Nutzer und Betrachter wenden und sie soll in den geschichtlichen und regionalen Kontext eingebunden sein. Um das zu leisten, soll sich Architektur einer Menge von zeichenhaften Elementen bedienen, die verschiedenen architektonischen Codes angehören und auf unterschiedliche Weise gelesen und interpretiert werden können, je nach Zugehörigkeit des Betrachters zu einer bestimmten „Geschmackskultur". Die Maxime heißt: „Doppel- oder Mehrfachcodierung" des architektonischen Gebildes, sodass sowohl architektonische Experten wie auch Angehörige der Alltags- und Massenkultur gleichermaßen angesprochen werden. Die daraus entstehende Mischung von Codes (die gelegentlich auch „Stile" genannt werden) macht das Charakteristikum der postmodernen Architektur aus, und die darauf bezogene Architekturanalyse muß diese unterschiedlichen Codierungen identifizieren und entschlüsseln. Da nur die historischen Codes (nämlich Stile) der Architektur wirklich codifiziert sind, liegt hier ein nicht zu übersehendes Risiko für die wissenschaftstheoretische Solidität dieser Untersuchungen. Ich möchte das an einer Analyse von Jencks selbst verdeutlichen, die sich mit einer der Inkunablen der Postmoderne, der „Piazza d'Italia" von Charles Moore in New Orleans, befasst.

Abb.1 Charles Moore: Piazza d'Italia in New Orleans (1976-79).

Jencks gibt dazu drei Kriterien an, die die Wahl eines Stils oder die Mischung von Stilen begründen sollen: „Der Kontext, in den das Gebäude passen soll, der Charakter der spezifischen Funktionen, der durch die Stilwahl betont werden muß, und die Geschmackskultur der Bewohner" (Jencks 1980 [1988]: 92-93). Nach diesen drei Aspekten analysiert er Moores Piazza folgendermaßen:

„Wie eine Bestandsaufnahme des urbanen Kontextes beweist, liegt die Piazza in einem Bereich von New Orleans mit gemischter Nutzung. Auf einer Seite steht ein modernes Hochhaus, dessen schwarzweiße Fassadenzeichnung übernommen wurde als Motiv für eine abgestufte Form von Ringen. Diese Kreisform, modernes ‚Bullauge' und barocke Stadtform zugleich (Place des Victoires in Paris), führt hinaus in drei Straßen und gibt dem Vorübergehenden einen Hinweis darauf, daß hinter den bestehenden Bauten etwas Ungewöhnliches passiert. Dieser Aufbau einer Erwartung und die Anwendung abschirmender Elemente, die zugleich aussagen und verbergen – der Bogengang, die Pergola – dramatisieren den Zugang. Wir werden zum Zentrum des Bullauges gezogen und erwarten, dort einen symmetrischen, kreisförmigen Kulminationspunkt zu finden. Was tatsächlich geschieht, entspricht und widerspricht dieser Annahme gleichermaßen. Es gibt in der Tat ein Zentrum und Kreisformen, aber anstatt barocke Zentralität zu betonen, lassen sie neue Erwartungen aufkommen. Die Kreise sind teils Scheiben, teils Säulenreihen, die sich asymmetrisch auf der Diagonale der Bewegung drehen in Richtung auf einen neuen Kulminationspunkt, den höchsten Punkt, einen Bogengang, in der Tat eine moderne Serliana. Diese Diagonale wird verstärkt durch die Vielzahl gebrochener Formen - den Stiefel Italien -, die sich auf der höchsten Ebene, den ‚Italienischen Alpen', konzentrieren. Wir haben eine klare Organisation von Form und Inhalt. Da Italien sich zu den nördlichen Alpen erhebt, so tun es auch die fünf Ordnungen italienischer Säulen, und sie kulminieren in einer neuen, sechsten Ordnung, die das zukünftige Restaurant einfaßt. Diese Erfindung für ein deutsches Restaurant (man wird Würste in die Fenster hängen!) nennt Moore die ‚Deli [Delikatessen]-Ordnung'. Neonketten um den Hals dieser Säulen deuten außerdem an, daß wir uns hier im zwanzigsten Jahrhundert befinden und der kommerzielle schlechte Geschmack ein Teil dessen ist. Moore hat eine Vorliebe für architektonische Einfälle und Scherze (er nennt seine wasserspeienden Metopen ‚Wetopen'!). Es ist das Verdienst seiner Teamarbeit, daß diese einkalkulierten Geschmacksverirrungen nicht die Oberhand gewinnen. Sie sind Teil einer reichen Mischung von Bedeutungen etwa in der Art, wie ähnliche Elemente in Shakespeares Dramen absorbiert werden. Für Historiker sind es die Bezüge auf das Theater Hadrians und die Triumphbögen von Schinkel, für die Sizilianer die archetypischen Piazzas und Brunnen; für den modernen Architekten ist es die Anerkennung des Hochhauses und die Anwendung moderner Technologien (Neon und Beton); für den Liebhaber reiner architektonischer Formen sind es die behauenen Kämpfer aus gesprenkeltem Marmor und eine sehr sensible Anwendung von poliertem Chromstahl. Die Kapitelle der Säulen aus diesem Marmor glänzen, wenn das Wasser aus den Akanthusblättern hervorschießt. Die strengen, gedrungenen toskanischen Säulen sind ebenfalls aus diesem Material geschnitten und vermitteln rasiermesserscharfe, paramilitärische Bilder, die Silhouetten griechischer Helme. Der Gesamteindruck schließlich ist sowohl ein sinnlicher als auch ein rhetorischer; er erscheint vielleicht gegenwärtig ein wenig übertrieben ... , aber in der Konzeption ist die Piazza ein überzeugendes Beispiel für radikalen Eklektizismus: sie paßt in den urbanen Kontext und erweitert ihn. Die verschiedenen Funktionen werden symbolisch und praktisch durch verschiedene Stile charakterisiert, und die Bezüge für Inhalt und Form stammen aus der lokalen Geschmackskultur, von der italienischen Gemeinde. Darüber hinaus liefert der Entwurf dieser Gemeinde ein Zentrum, ein ‚Herz', um das postmoderne Schlagwort zu wiederholen. Während er eine Massenkultur mit anerkannten Stereotypen anspricht, werden diese sowohl direkt als auch in auf phantasievolle Weise geänderter Form erfolgreich angewendet." (Jencks 1980 [1988]: 93-94)

Ob diese Analyse und Interpretation von Jencks im Einzelnen gelingt und überzeugt, mag fraglich sein, vor allem des Konzept der mehrfachen Codierung bleibt unklar. Kritiker Moore's (und der Jencks'schen Analyse) behaupten, daß bei der Piazza d'Italia diverse architektonische Versatzstücke zusammengestellt und nur einem einzigen Code unterworfen werden: dem der amerikanischen Konsum- und Warenhauswelt. „Von Mehrfach- oder auch nur Doppelcodierung kann hier ja gerade nicht mehr die Rede sein. Nur der vordergründigste Oberflächenanschein ist plural. Die Wirklichkeit ist kunststoff-uniform" (Welsch 1987: 117). Damit wird die Problematik der Anwendung des Jencks'schen Code-Modells in der Architekturanalyse deutlich (es ist gleichwohl weit verbreitet): Die Frage bleibt die Identifizierbarkeit aktueller architektonischer Codes.

2.2 Wolfgang Welsch und die Pluralität der architektonischen Sprachen

Die postmoderne Beliebigkeit mit ihrem methodischen Eklektizismus versucht Wolfgang Welsch mit einen philosophischen Ansatz zu überwinden, in dem er die Schaffung und Aufrechterhaltung von Pluralität im ästhetischen, sozialen und erkenntnistheoretischen Bereich zum Hauptmotiv der Postmoderne generell und im speziellen auch der postmodernen Architektur und ihrer Theorie erklärt. Diesem Anspruch kann die Architektur dadurch gerecht werden, daß sie sich in Mehrsprachigkeit artikuliert, wobei nicht nur das „Mehr", sondern vor allem auch die „Sprachfähigkeit" überhaupt pointiert wird. Es kommt darauf an, „daß die verschiedenen Sprachen wirklich als Sprachen erscheinen und daß nicht bloß Wortfetzen und Versatzstücke beliebig appliziert werden. Die spezifischen Logiken, anschaulichen Thesen und Weltentwürfe, die mit den Sprachen verbunden sind, müssen zur Anschauung kommen und in Interaktion treten. Der Dialog des Differenten, nicht das Tohuwabohu des Einerlei macht die Signatur gelungener Postmodernität aus." (Welsch 1987: 118) Sein Paradebeispiel ist die „Neue Staatsgalerie" in Stuttgart von James Stirling, an der er sein Konzept von Mehrsprachigkeit entwickelt.

„Diese ‚Architekturlandschaft' ist nicht Disneyland abgeschaut, sondern wirklich komplex strukturiert. Stirling verwendet sehr verschiedene Architektursprachen (nicht bloß Elemente davon). Sein Bau ist eklatant mehrsprachig. Da ist die klassische Sprache des Museumsbaus: die Sprache Schinkels – einschließlich der Rotunde, die hier freilich offen ist. Da ist die noble Sprache der Moderne – aber auf das Verwaltungsgebäude beschränkt. Da ist die Sprache der Pop-Kultur – aber nur für Bewegungsverläufe verwendet. Da ist die Sprache des Konstruktivismus – aber in ihrem skeletthaften Hervortreten aus dem Bau eher ins Ornamentale gewendet. Dazu kommen etliche Anspielungen architekturgeschichtlicher Art, von Hadrian über Weinbrenner und Bonatz bis zu Le Corbusier, Wright, Piano und Rogers. Man ersieht daraus zweierlei: Die Alternative zu Moores Italo-Burger mit Hollywood-Dressing ist keineswegs ein blanker Historismus. Stirling übernimmt keine der vorgegebenen Sprachen unverändert. Transformation ist für den Traditionsbezug auch seiner Postmoderne obligat. Nur geschieht die Transformation bei Stirling ganz anders las bei Moore. Moore unterwirft alles dem einen Kode des Hollywood-Arrangements. Stirling hingegen hat keinen Superkode, sondern artikuliert Eigentümlichkeiten der einzelnen Sprachen. Das hat vor allem zur Folge, daß diese Sprachen in ihrer Spezifität kenntlich bleiben – mit ihren je eigenen Ansätzen, Möglichkeiten, Entscheidungen, Konnotationen, Grenzen. Stirling verschleift sie nicht, sondern bringt sie eher überpointiert zur Darstellung. Seine Architektur ist mehr-sprachig in diesem wörtlichen und besten Sinn. Die Pluralität, die zur Essenz der Postmoderne gehört, kommt darin exemplarisch zum Ausdruck." (Welsch 1987: 117) Als Beispiel für die mit diesen architektonischen Sprachen verbundenen „anschaulichen Thesen und Weltentwürfen" nimmt Welsch die Rotunde in Stirlings Bauwerk.

Abb. 2 James Stirling: Rotunde, Neue Staatsgalerie, Stuttgart 1977-84.

„Ein zum Himmel geöffneter Rundbau und ein Block mit ‚curtain wall' verkörpern nicht bloß unterschiedliche Ästhetiken, sondern vertreten und evozieren unterschiedliche Sozialstrukturen (Zentralität/Egalität), psychische Dimensionen (gerichtet/offen), Naturverhältnisse (integrativ/distant), Rationalitäts- und Glaubensformen (Erzählung, Zyklik, Meditation, Aufschau/Analyse, Progression, Bewußtseinshelle, Ausschau). Erst dieser Weltausgriff gibt den vordergründig ‚nur' ästhetischen Sprachen Tiefendimension und verleiht dem Problem ihrer Auseinandersetzung und Koexistenz wirkliches Gewicht. In der ästhetischen Problematik erscheint das Grundproblem der plural gewordenen Gesellschaft. Daher kommt auch seiner ästhetisch-architektonischen Lösung paradigmatische Bedeutung für das Ganze zu. Diese Analogie macht die ästhetische Problematik postmodern so interessant. Bei Stirling ist es offenkundig, daß nicht bloß Stile kombiniert, sondern gegenwärtige Weltentwürfe und Lebensformen ins Verhältnis gesetzt werden." (Welsch 1987: 118)

Bis hierher scheint das Konzept der Mehrsprachigkeit immer noch etwas metaphorisch; um tatsächlich Sprachcharakter zu haben, müßten die Elemente „in Austausch und Auseinandersetzung eintreten, miteinander kommunizieren ..., einander kommentieren, bestreiten, umdeuten, ergänzen" (Welsch 1987: 119), kurz, miteinander in Dialog treten. Genau das will Welsch verdeutlichen an einer Schlüsselstelle des Baus, dem Eingangsbereich:

„Die Zweisprachigkeit ist dort evident. Schinkelsche Museumsarchitektur des 19. Jahrhunderts und moderner Konstruktivismus treffen aufeinander. Jede der beiden Architektursprachen ist in sich schon zugespitzt. Schinkels Neigung zum Runden wird durch das ägyptisierende Kranzgesims überdeutlich visualisiert. Andererseits wird am Konstruktivismus der demonstrative Gestus des Konstruktiven hervorgehoben. Vor allem aber kommt es dann zu einer wechselseitigen Kommentierung und Kritik der beiden Paradigmen: die souveräne Substanzialität Schinkels pointiert und kritisiert im Kontext die unorganische Erscheinung der konstruktivistischen Skelettarchitektur, die sehr künstlich und gewollt wirkt und unangenehme Spinnen-Assoziationen entwickelt. Diese Pointierungen sind zwar durchaus nicht freundlich, enthalten aber unbestreitbar kritische Wahrheit. Umgekehrt kommt es aber ebenso zu einem kritischen Stoß des Funktionalismus gegen den Schinkelschen Substanzialismus (auch wenn Stirlings Sympathien insgesamt etwas einseitig auf Seiten Schinkels liegen). Die Transparenz des konstruktivistischen Stahl-Glas-Gebildes wendet Konnotationen von Freiheit gegen den Burg-, ja Gefängnis-Charakter, der sich nun am Schinkelblock hervorkehrt, und das Bekenntnis zum konstruktiven Geist wirkt ehrlicher als die Propagierung steinerner Ordnungsmythen, wie sie aus Proportionierung und Gestik dieses Schinkelblocks spricht." (Welsch 1987: 119-120)

Ob dieses Modell der dialogfähigen architektonischen Mehrsprachigkeit, die architekturimmanente Auseinandersetzungen wie „Erläuterung, Übersetzung und Steigerung bis zu Kollision, Kritik und Negation" (Welsch 1987: 120) ermöglichen soll, tragfähig sind, müßte durch weitere genaue Analysen von Architektur untersucht werden. Diese liegen aber bisher nur vereinzelt vor (vgl. Dreyer 2001).

2.3 Heinrich Klotz und die Poetisierung der Architektur.

Ein weiteres theoretisches Modell zur Analyse und Interpretation von Architektur nach der Postmoderne wurde von Heinrich Klotz eingeführt, mit dem er einerseits die architektonische Postmoderne auf den Begriff zu bringen und sie gleichzeitig als eine erweiterte Moderne zu überwinden versucht (Klotz 1984, 1994). Er knüpft dabei an dem aus der Kunstwissenschaft tradierten ikonologischen Konzept von „Architektur als Bedeutungsträger" an, entwickelt dieses aber weiter in Richtung auf eine neu reklamierte „Sprachfähigkeit von Architektur" (Klotz 1984: 136), die es ermöglicht, „Architektur aus der Stummheit von ‚reinen Formen' und vom Lärm ostentativer Konstruktionen zu befreien, damit ein Bau wieder zu einem Gestaltungsanlaß werden kann, der nicht nur Fakten und Nutzungsprogramme berücksichtigt, sondern auch poetische Vorstellungen aufnimmt und dichterische Stoffe gestaltet. Das Resultat sind dann nicht länger nur Funktionsbehälter und Konstruktionswunder, sondern Darstellungen von symbolhaften Gehalten und bildnerischen Themen: ästhetische Fiktionen, die nicht abstrakt ‚reine Formen' bleiben, sondern gegenständlich in Erscheinung treten." (Klotz 1984: 17) Die Wahl der Mittel zu dieser Fiktionalisierung von Architektur ist für Klotz recht freizügig und unproblematisch, wenn nur das poetische Anliegen deutlich ist:

„Die Vokabularien können wechseln, sie können den unterschiedlichsten Darstellungsformen und unterschiedlichsten Inhalten genügen, sofern sie narrativ-fiktional eingesetzt werden, also auch Sinn und Bedeutung erbringen. ... Wir fragen allein danach, welche Stilmittel dazu taugen, einen bestimmten Inhalt zu veranschaulichen. Nicht die Entscheidung zur Begründung eines neuen Stildogmas – Romanik oder Renaissance – wird abverlangt, sondern allein die Entscheidung muß getroffen werden, ob die Architektur abstrakt bleiben oder ob ihre dichterischen Darstellungsmöglichkeiten wieder zur Geltung gebracht werden sollen. Wenn letzteres geschehen soll, so stellen sich unter dem Anspruch dieser leitenden Absicht die unterschiedlichen Stilmittel von selbst ein.“ (Klotz 1984: 136)

Die Frage nach einer besonderen Art, Beschaffenheit, Behandlung oder Kombination der architektonischen Mittel steht also nicht im Vordergrund. Der Analytiker und Interpret von Architektur muß also vor allem aus den realisierten architektonischen Zeichen den poetischen Gehalt rekonstruieren, der ihm fiktional präsentiert wird. Als Beispiel soll uns Klotz' eigene Analyse des Österreichischen Verkehrsbüros in Wien von Hans Hollein (das inzwischen wieder beseitigt wurde) dienen.

Abb.3 Hans Hollein: Österreichisches Verkehrsbüro, Wien 1978.

„Hinter einer harmlosen Altbaufassade unter einem im Hofinnern ausgespannten Glasdach hat Hollein ein Environment gestaltet, das auf vielfältige Weise Geschichten des Reisens erzählt und, selbst wie eine Bühne, auf Theater und Oper vorbereitet. Unmittelbar nach Betreten des Reisebüros steht man vor den Messingstämmen der Blechpalmen, die an exotische Länder erinnern; an der Wand steigen die Marmorquader einer Pyramide auf, die sich über den Raum hinweg ins Unendliche fortsetzen. Davor erhebt sich, inmitten der Messingpalmen, ein gipserner Säulenstumpf, aus dem ein Edelstahlschaft herauswächst und verfremdend die Wahrnehmung zwischen Antikensehnsucht und metallisch-technischer Gegenwart oszillieren läßt. So zieht auch der weiße Neonröhrenkreis unter der Decke die Erwartungen in sich ein, als solle das Fernweh von der sachlichen Kühle der Gegenwart gezügelt werden. Man geht auf die rot-weiß-rote Plastikflagge Österreichs zu, die für alle Zukunft im steifen Fahrwind weht. Links davon eine wirkliche Bühne mit zurückgerafftem Bühnenvorhang, so daß der Blick auf Serlios Szenenbild frei wird: hier gibt es Theater- und Opernkarten. In der Achse gegenüber steht das goldene Dach der ‚Entführung aus dem Serail', ein Pavillon, unter dem sich ausruhen läßt, ein gemalter Goldsternhimmel über einem Glühbirnenkreis in der Kuppel darüber. Im Hintergrund konzentriert sich die Dramatik der Fernreisen. Vor einem pastellblauen Himmel, von zarten Wolken überhaucht, kreist ein Adlerpaar: Flugreisen! Vor dem Wolkenhimmel hinter dem Tresen steht eine Staffelei mit einer Leinwand, die wiederum den pastellblauen Himmel mit federleichten Wolken abbildet, ein Bild im Bild, doppelte Illusion, die mit Ironie im Gegensatz zum wirklichen Himmel auf die Begrenztheit dieser großen Fiktion eines erzählenden Environments hinweist. Der Raum ist ein Bühnenraum, in dem sich der Besucher bewegt, als sei er bereits Teil eines Schauspiels, einer großen Fiktion. Die Architektur verbindet sich mit Bildern und bildhaften Gegenständen, Reisemetaphern, Theaterassoziationen. Der Bau ist nur Rahmen, ist nüchterne Halle, in der eine fiktive Welt entstanden ist, die zwischen Illusionierung und Illusionsbruch eine kaum widerstehliche Spannung schafft und die Architektur zum Erlebnisraum macht." (Klotz 1984: 140-141)

Ganz abgesehen davon, daß bei dieser Analyse und Interpretation der narrative oder poetische Gehalt fehlt, der doch den Einsatz der Mittel erst rechtfertigen sollte, wird der Prozeß der Fiktionalisierung selbst fraglich: wird nicht gerade in diesem Environment (wie übrigens bei Moore auch) jede scheinbare Fiktion durch Verfremdung, Illusionsbruch oder paradoxe Materialwahl wieder zurückgenommen und infrage gestellt? Ist nicht vielmehr das raffiniert Artifizielle dieser Elemente geradezu real präsent und macht dadurch ihre Wirkung aus? Vielleicht wäre es besser, eine Raumgestaltung wie diese als „Inszenierung" zu analysieren und zu interpretieren, in der allenfalls die Besucher und Nutzer sich als Akteure in einem fiktiven Theaterstück verstehen könnten (vgl. dazu Dreyer 1996).

2.4 Jacques Derrida und der Dekonstruktivismus

Nachdem bereits seit Mitte der achtziger Jahre zum „Abschied von der Postmoderne“ aufgerufen worden war, geriet in den neunziger Jahren eine Richtung der Architektur in den Mittelpunkt des allgemeinen Interesses, die zunächst als Teil der Postmoderne subsummiert worden war: die dekonstruktivistische Architektur, die spätestens seit der großen Ausstellung in New York 1988 als Avantgarde in der zeitgenössischen Architektur gilt (Johnson und Wigley 1988). Sie hat eine längere Vorgeschichte, die bis zum russischen Konstruktivismus der zwanziger Jahre zurückreicht, aber erst die Gebilde der postmodernen Architektur haben ihr den Rahmen gegeben, um gebührend in Erscheinung zu treten. Besonders bemerkenswert ist, daß es zu dieser Richtung der Architektur zeitgleich eine passende Theorie gab, ja, daß diese Theorie dem Prominentwerden dieser Architektur sogar förderlich war. Es kommt sogar zu der einzigartigen Konstellation, dass ein Hauptvertreter des theoretischen Dekonstruktivismus, Jacques Derrida, mit einem Hauptvertreter des architektonischen Dekonstruktivismus, Bernhard Tschumi, bei einem größeren Projekt zusammengearbeitet und dieses Werk analysiert und kommentiert haben. Die Rede ist von Tschumis Gestaltung des „Parc de la Vilette“ in Paris. Hier geht es besonders um die „Folies“, einzelne stark differenzierte Gebäude für spezifische Nutzungen, die in einem rasterartigen Verteilungsschema über das Parkgelände verstreut sind. Aus den verschiedenen Zonen des Parkgeländes, dem Netz der Wege, Achsen und Plätze, einem darüber gelegten geometrischen Raster und auf vielfältige Weise differenzierten Einzelgebäuden, den „Folies“, entsteht ein komplexes Ganzes, das mit seinen Brüchen, Überlagerungen, Durchdringungen und Kontrasten der kulturellen Situation der Gegenwart entsprechen soll. Tschumi selbst spricht von einer Methode der „Trennung“, die vorgegebene Ordnungen und Gefüge durch Brüche so zerlegt, daß Risse und Sprünge zu neuen Konstellationen oder Strukturen führen, die aber nie abgeschlossen und endgültig sind.

Die Methode der architektonischen „Trennung“ oder „Dissoziation“, die gerade im „Parc de la Vilette“ zur Anwendung kommt, beschreibt Tschumi folgendermaßen:

1.“Ablehnung des Begriffs ‚Synthese‘ zugunsten der Idee der Dissoziation der disjuktiven Analyse.

2. Ablehnung des traditionellen Gegensatzpaars, Benutzung und architektonische Form, zugunsten einer Übereinander- oder Nebeneinanderstellung zweier Begriffe, die unabhängig und auf ähnliche Weise identischen Methoden der Architekturanalyse unterzogen werden können.

Abb.4 Berhard Tschumi: „Folie“. Paris, Parc de la Vilette, 1983-1993.

3. Bei der Methode würde der Nachdruck auf Fragmentierung, Superposition und Kombination gelegt; daraus entstehen dissoziative Kräfte, die sich im ganzen architektonischen System ausbreiten, dessen Grenzen überschreiten und eine neue Definition nahelegen. Die Konzeption der Trennung ist mit einer statischen, autonomen, strukturellen Sicht der Architektur nicht vereinbar. Sie ist aber nicht antiautonom oder antistrukturell, sondern führt einfach zu ständigen mechanischen Operationen, die systematisch Dissoziationen (Derrida würde Differenz sagen) in Raum und Zeit bewirken, wobei ein architektonisches Element nur funktioniert, wenn es mit einem programmatischen Element, mit der Bewegung von

Körpern oder mit sonst etwas kollidiert. Auf diese Weise wird die Disjunktion zu einem systematischen, theoretischen Werkzeug für die Erzeugung von Architektur." (Tschumi 1988 [1989]: 177)

Diesem fast mechanischen Werkzeug zur Erzeugung von Architektur durch „Trennung" entspricht die analytische Methode der Entdeckung von Sinn aus der Erzeugung von „Differenz". Es kann hier nicht auf Derridas Werk und Theorie in extenso eingegangen sondern nur ein spezieller Ausschnitt betrachtet werden, der sich direkt auf Tschumis Arbeit bezieht (Derrida 1987 [1988]: 215-232). Derrida betrachtet Architektur als Text, den der Architekt mit Steinen (und allen weiteren geeigneten Materialien) schreibt. Damit ist die Beziehung zu allen anderen Sorten von Texten und Schriftlichkeit impliziert, die sich in der Analyse gegenseitig erhellen: „Der webende Architekt. Er erstellt ein Raster, und er verflicht die Fäden der Kette, seine Schrift stellt ein Netz auf. Immer noch ein Raster, Raster in mehreren Sinnen und jenseits des Sinns. Ein Netz-Stratagem, folglich ein singuläres Dispositiv. Welches?" (Derrida 1987 [1988]: 227). Das ist die Frage nach dem Sinn, der hinter der Auflösung, Rasterung und Fragmentierung der Formen steht. Die Antwort liegt für Derrida in der Freilegung der Differenz zur architektonischen Heterogenität.

„Ohne auf die dekonstruktive Affirmation zu verzichten, deren Notwendigkeit wir erprobt haben, um sie aufs Gegenteil zurückzuwerfen, hält diese Schrift das Disjungierte als solches aufrecht, verbindet sie das Dis-, indem sie die Abweichung aufrechterhält, versammelt sie die Differenz. Diese Versammlung wird singulär sein. ... Das Jetzt der Architektur wäre dieses singuläre Manöver, um das Dis- einzuschreiben und daraus ein Werk als solche zu machen. ... Von dieser Art wäre also die Aufgabe und das Wagnis, die Sorge des Unmöglichen: der Auflösung Recht geschehen zu lassen, aber sie als solche im Raum einer Versammlung zu bewerkstelligen. Es handelt sich um eine Transaktion hinsichtlich einer Verräumlichung und eines Sozius der Dissoziation, der im übrigen erlaubte, diese selbst, die Differenz, mit den empfangenen Normen, den politisch-ökonomischen Kräften des Architektonischen, der Herrschaft der Werkmeister zu vermitteln. Diese Schwierigkeit ist das Experiment Tschumis." (Derrida 1987 [1988]: 228) Das Verfahren, wie nun die Differenz von Tschumi experimentell ins Werk gesetzt wird, ist ein spezieller „Kniff", den Derrida so beschreibt:

„Die Erfindung besteht hier darin, das zur Architektur gehörende Motiv mit dem zu kreuzen, was es an Singulärem und Konkurrierendem in anderen Schriften gibt, die selbst in die besagte Verrücktheit [„Folie"] hineingerissen sind, in ihren Plural, den der photographischen, kinematographischen, choreographischen, ja sogar mythographischen Schrift. ... Eine zur Architektur gehörende Schrift interpretiert ... Ereignisse, die durch die Photographie oder die Kinematographie markiert sind. Markiert: provoziert, bestimmt oder umgeschrieben, befangen, auf jeden Fall immer in einer Szenographie der Passage mobilisiert (Übertragung, Übersetzung, Umschrift, Überschreibung von einem Ort zum anderen, von einem Ort der Schrift zum anderen, Pfropfung, Kreuzung). Weder Architektur noch Anarchitektur: Transarchitektur! Sie setzt sich mit dem Ereignis auseinander, sie bietet ihr Werk nicht Benutzern, Getreuen oder Bewohnern, Betrachtern, Ästheten oder Verbrauchern an, sie beruft sich auf das Andere, damit es seinerseits das Ereignis, Zeichen, Pfandzeichen oder Gegenzeichen erfindet: Sie ist um die Avance avanciert, die sie dem Anderen macht – und jetzt die Architektur!" (Derrida 1987 [1988]: 223-224).

Dieses jeweils „Andere" zu finden und zu beschreiben ist die Aufgabe der analysierenden Dekonstruktion, zu der die architektonisch-produktive Dekonstruktion den Vorwand oder das Komplement liefert. Es ist deutlich geworden, daß dieses Verfahren hochgradig riskant ist , weil es ohne das Netz einer kohärenten Theorie und Praxis operieren muß. Gleichwohl ist es eine Herausforderung für das analysierende Denken, in der „Differenz" den Sinn zu suchen.

3. Ausblick auf Methoden der Architekturanalyse nach der Postmoderne.

Alle hier gezeigten methodischen Ansätze der Architekturanalyse unterstellen der Architektur Sprachlichkeit, Sprachfähigkeit, Schriftlichkeit, Textualität. Diese Eigenschaft der Architektur scheint lange übersehen und immer noch nicht analytisch vollständig ausgeschöpft worden zu sein. In allen Fällen der hier betrachteten Methoden fanden sich Ungenauigkeiten und Unvollständigkeiten, die bis zu Widersprüchlichkeiten interpretiert werden können:

- bei Jencks Codierungen ohne präzise Codes;
- bei Welsch Sprechakte ohne konsistente Sprachen;
- bei Klotz Fiktionen ohne fiktiven Gehalt;
- bei Derrida Dekonstruktionen ohne konstruktive Basis.

Wenn man über diese Widersprüche hinwegsehen will (an ihrer Beseitigung müßte gearbeitet werden!), kann man aber auch ein positives Ergebnis formulieren. Danach wäre im methodischen Bereich der Architekturanalyse Pluralismus dringend angesagt: gegen die eine vermeintlich große Methode der Moderne (technisch-instrumentelle Funktionalität) stehen die vielen, auch divergenten Methoden nach der Postmoderne, die verschiedene Arten von Rationalität und Disziplinarität zulassen und intelligible Entitäten auch in Märchen, Träumen, Utopien, Ängsten, Verrücktheiten und Ekstasen finden können. Pluridisziplinarität und methodische Grenzüberschreitung erscheinen nötig, um der Komplexität zeitgenössischer architektonischer Kreationen gerecht zu werden (vgl. die „Transversale Vernunft“ bei Welsch 1987: 295-318). Daraus läßt sich abschließend auch ein Ethos für die architektonische Analyse in Theorie und Praxis formulieren: Architektur kann Pluralismus und Polykulturalismus fördern, indem sie ihre Sprachlichkeit und Kommunikativität erhöht und verfeinert.

Literatur

Derrida, Jacques (1987). „Am Nullpunkt der Verrücktheit – Jetzt die Architektur“. In: Welsch (1988): 215-232

Dreyer, Claus (1990a). „Architektur und Semiotik“. In: Koch, Walter A. (Hrsg.). *Semiotik in den Einzelwissenschaften* (= Bochumer Beiträge zur Semiotik 8, Halbbd. I). Bochum: Brockmeyer, 81-113

Dreyer, Claus (1990b). „Der wissenschaftstheoretische Status der angewandten Semiotik in Architektur und Design mit Rücksicht auf die Kunstwissenschaft“. In: Koch, Walter A. (Hrsg.). *Semiotik und Wissenschaftstheorie* (=Bochumer Beiträge zur Semiotik 14). Bochum: Brockmeyer, 80-90

Dreyer, Claus (1996). „Die Inszenierung des Raumes in der neueren Architektur“. *KODIKAS / CODE* 19 (4): 343-352

Dreyer, Claus (2001). „Politische Architektur als Bedeutungsträger: Ästhetik und Repräsentation“. *Wolkenkuckucksheim - Cloud-Cuckoo-Land – Vozdushnyl-zamok* 6 (1): 1-5 (= www.theo.tu-cottbus.de/wolke/deu/Themen/011/Dreyer)

Hassan, Ihab (1985). „Postmoderne heute“. In: Welsch (1988): 47-56

Jencks, Charles (1980). „Die Sprache der postmodernen Architektur“. In: Welsch (1988): 85-94

Johnson, Philip; Mark Wigley (1988). *Deconstructivist Architecture*. New York: The Museum of Modern Art

Klotz, Heinrich (1984). *Moderne und Postmoderne. Architektur der Gegenwart 1960-1980*. Braunschweig: Vieweg

Klotz, Heinrich (1994). *Kunst im 20. Jahrhundert. Moderne-Postmoderne-Zweite Moderne*. München: Beck

Libeskind, Daniel (1995). *Kein Ort an seiner Stelle. Schriften zur Architektur - Visionen für Berlin*. Dresden: Verlag der Kunst

Tschumi, Bernard (1988). „Parc de la Vilette“. In: Papadakis, Andreas (Hrsg.) (1989). *Dekonstruktivismus: eine Anthologie*. Stuttgart: Klett –Cotta: 174-183

Welsch, Wolfgang (1987). *Unsere postmoderne Moderne*. Weinheim: VCH, Acta humaniora

Welsch, Wolfgang (Hrsg.) (1988). *Wege aus der Moderne. Schlüsseltexte der Postmoderne-Diskussion*. Weinheim: VCH, Acta humaniora

Cornelie Leopold

Bewegung in der Architekturvisualisierung

Elisabeth Walther-Bense zum 80. Geburtstag

Die Architektur muss ihre Ideen, Konzepte und Entwürfe an Entscheidungsträger vermitteln. Wesentlichen Anteil an einer funktionierenden Vermittlung in der Architektur haben Visualisierungen. Mit Hilfe von Modellen und Architekturdarstellungen werden noch nicht existente Bauwerke repräsentiert. Architekturprojekte werden vorstellbar gemacht. Dabei beeinflusst die Art des Präsentationsmediums in entscheidender Weise die Vorstellung der projektierten Architektur. Am Beispiel der Villa Savoye in Poissy von Le Corbusier (1929–1931) sollen verschiedene Visualisierungsmöglichkeiten einander gegenüber gestellt werden (*Bilder 1*).

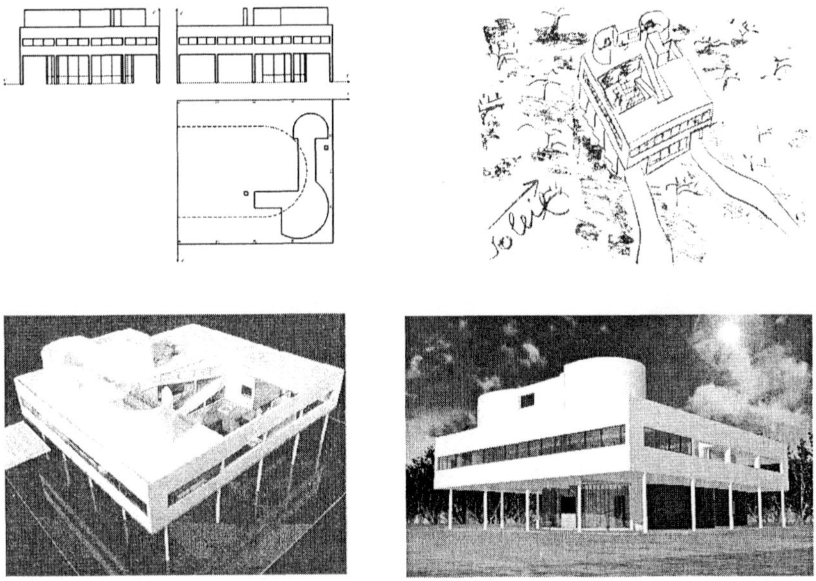

Bilder 1: Villa Savoye, Poissy, Le Corbusier, 1929-1931, Risse, axonometrische Skizze, Modellfoto, Perspektive – Computer-Rendering

In den Rissdarstellungen können die Abmessungen und Proportionen des Gebäudes deutlich werden. Durch Angabe eines Maßstabes werden diese Größen ins Verhältnis zum wirklichen Gebäude gesetzt. Die Betrachtung eines räumlichen Modells erzeugt die Vorstellung der räumlichen Verhältnisse, nicht jedoch im richtigen Verhältnis zum Betrachter. Es bedarf keiner Vorkenntnisse beim Modells im Gegensatz zu den Rissen, bei denen es einiges Fachwissens und Raumvorstellungsvermögens bedarf, um sich das räumliche Gebäude aus den Rissen zu erschließen. Die axonometrische Skizze kann Strukturen, Proportionen, Erschließung und Einbettung des Gebäudes in die Landschaft anschaulich darstellen, wohingegen die Perspektive, hier als Computer-Rendering, die Proportionen nicht wiedergeben kann. Die Perspektive ist in der Lage ein Foto des Gebäudes zu simulieren, da sämtliche visuellen Parameter wie Farben, Materialien, Licht und Schatten simuliert werden. Das Computer-Rendering ist häufig kaum von einem Foto des existierenden Gebäudes zu unterscheiden.

Bei Projekten, die eine starke Veränderung der gebauten Realität nach sich ziehen, erscheint eine Vermittlung durch entsprechende Visualisierungen als besonders notwendig. Ein Beispiel hierfür ist der Potsdamer Platz in Berlin. Die *Bilder 2* zeigen den belebten Potsdamer Platz in Berlin im Jahre 1930 und die Großbaustelle im Jahre 1996.

Bilder 2: Potsdamer Platz um 1930 und Baustelle 1996

Die Info-Box wurde extra gebaut, um dort mittels unterschiedlichster Medien die zukünftige Gestalt des Potsdamer Platzes der Öffentlichkeit vorzustellen und sie von den Bauvorhaben zu überzeugen. Ziel der Vermittlung war es, den Zustand im Jahre 2005, wenn alle Bauten am Potsdamer Platz fertiggestellt sind, so perfekt zu simulieren, dass man von einer real erscheinenden Vorwegnahme sprechen könnte. Ein Problem unterschiedlicher Vorstellungswelten in der Architekturdarstellung ist die Wahl des Mediums und die damit verbundenen Einschränkungen unserer Wahrnehmung. Der Produzent der Architekturdarstellung leitet den Blick des Rezipienten. Dies geschieht in allen Darstellungsformen, von der Zeichnung bis zur Computeranimation mit größerer oder kleinerer Einflussnahme. Eine Begleituntersuchung in der Info-Box zeigte, dass die verschiedenen Visualisierungen auf die Betrachter unterschiedliche Wirkungen erzielten. Thomas Fietz (1998) stellte die Untersuchungsergebnisse dar und analysierte den Zusammenhang zwischen realer Welt und der Architekturdarstellung. In der Info-Box wurden sowohl klassische Medien wie Zeichnungen und Modelle, als auch moderne Medien wie Filme und Computeranimationen eingesetzt. Bei der Umfrage in der Info-Box wurde untersucht, welche Medien bei den Besuchern besonders beliebt waren und wie sie diese bewerteten. Die *Bilder 3* zeigen die Info-Box sowie die Ausstellungselemente Modell und Videopräsentation.

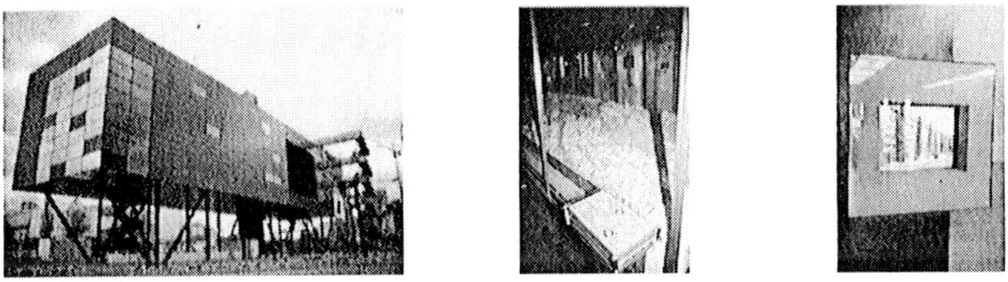

Bilder 3: Info-Box, Modell und Videopräsentation

An der Spitze des Besucherinteresses lagen die Modelle und mit etwas Abstand dahinter die Videopräsentationen. Die computeranimierten Filme führten bei jüngeren Besuchern, welchen eine große Erfahrung im Umgang mit virtuellen Welten unterstellt wird, zu großem Interesse. Vermutlich stellten die Betrachter erst gar keinen Vergleich mit der realen Welt an. Bei älteren Besuchern, die offenbar andere Sehgewohnheiten haben, führte die große Abweichung von der realen Welt, sowohl in Textur wie im Inhalt, eher zu Misstrauen und Ablehnung. So zeigte sich in der Info-Box der Zusammenhang zwischen Medium, vorgestellter Wirklichkeit und dem Betrachter.

Die großen baulichen Veränderungen in Berlin waren auch Auslöser für ein weiteres Visualisie-rungsprojekt. Yadegar Asisi (1995) zeichnete Panoramen von einigen wichtigen Stellen in Berlin, Spreebogen, Potsdamer Platz, Pariser Platz, Spreeinsel und Alexanderplatz. Diese am Ende des 18. Jahrhunderts geschaffene und im 19. Jahrhundert beliebte Methode eines 360° Rundumbildes kann als das erste Massenmedium betrachtet werden, das eingesetzt wurde, um historische Ereignisse wie z.B. Schlachten, ferne Landschaften oder Stadtvisionen einem Publikum vor Augen führen zu können. Götz Großklaus (1995) kennzeichnet das Panorama als "den simulatorisch-mimetischen Auftakt einer Visualisierung auf breiter Front, einer neuen Vorherrschaft der visuellen Verzeichnung der Welt."

Yadegar Asisi verknüpft diese alte Technik der Panoramen in Berlin mit computerge-stützten Techniken. In seinen Panoramen wird das Heute mit dem Morgen in Gemälden verknüpft. Diese Gemälde werden als abgewickelte Zylinderprojektionen hergestellt, um diese dann auf großen Stoffbahnen gedruckten Gemälde wieder auf der zylindrischen Fläche einer Rotunde anbringen zu können. Der Bezug zwischen den Gemälden und dem wirklichen Berlin wird über den Ort der aufgestellten Rotunden hergestellt. Der Betrachter stellt sich an den wirklichen Ort in Berlin und kann dort über die gemalten Panoramen das zukünftige Berlin an diesem Ort sehen (Bilder 4). In dieser Simulation des Umblickens an dem entsprechenden Ort wird versucht, die zukünftige Wirk-lichkeit dieses Ortes vorzutäuschen. Der Betrachter des Panoramas befindet sich im Bild und wird zum fiktiven Teilnehmer des Bildgeschehens.

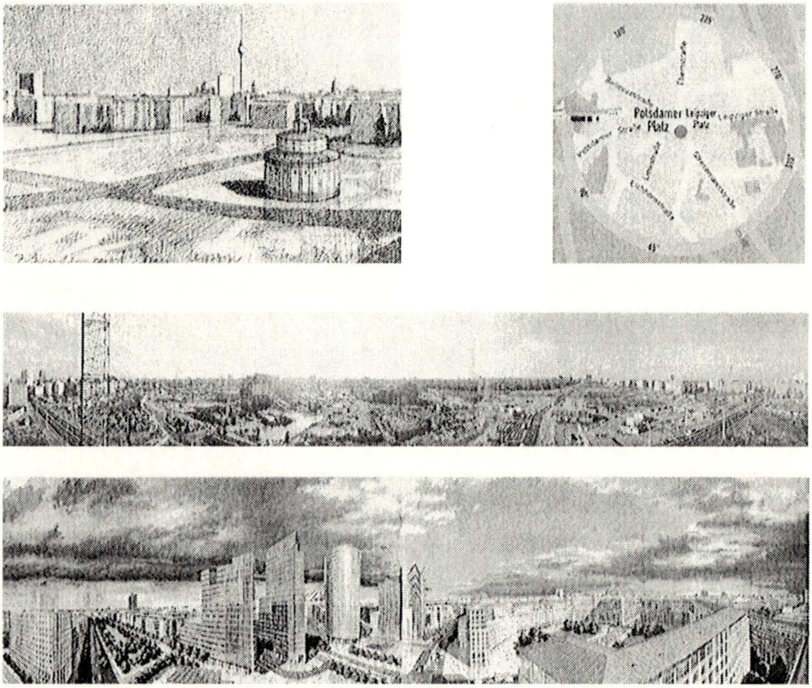

Bilder 4: Rotunde, Aufstellungsort am Potsdamer Platz, fotografiertes Panorama der damaligen Situation in Berlin und gemaltes Panorama vom zukünftigen Potsdamer Platz von Asisi

Heute sind solche fotografierten oder virtuellen Panoramen mittels computergestützter Techniken wieder eine beliebte Methode der Visualisierung geworden. Diese werden dann jedoch im allgemeinen vom Ort losgelöst, indem sie am Monitor betrachtet werden können, nicht in einer am entsprechenden Ort aufgestellten Rotunde. Die Verknüpfung zur Realität ist dann nicht über den Ort gegeben, sondern muss über andere Repräsentationen wie Text und Foto hergestellt werden. Trotzdem kann über dieses Medium das Umblicken in einer entworfenen Architektur simuliert werden. Die *Bilder 5* zeigen ein Beispiel von Studierenden (Tim Delhey, Christian Brost und Jan Kujanek) an der Universität Kaiserlautern, die einen Entwurf für ein Hotel mittels Panoramen visualisierten. Die einzelnen Panoramen wurden computergestützt erzeugt, über Links in der Panorama-Szene wird die Simulation eines Gangs durch das Gebäude möglich.

Bilder 5: Abgewickeltes Panorama des Hotelentwurfs, verlinkte Panoramen des Hotelgebäudes, der Hotellobby und der Hotelsuite im Viewer (Quick Time Player™)

Bei den Architekturvisualisierungen stellt sich einerseits die Frage nach dem Verhältnis zwischen Architekturdarstellung und der gebauten Wirklichkeit, andererseits nach der Wirkung der Architekturdarstellung auf den Betrachter sowie der Beziehung des Betrachters zum Dargestellten.

Bei einem Streit um ein Bauvorhaben war kürzlich in der Zeitung zu lesen:

„Der Bürgermeister wies darauf hin, dass es sich bei der Planung nur um eine bildnerische Darstellung des Bauwerks handele, die Wirklichkeit somit nicht hinreichend wiedergegeben werden könne.“ In dieser Äußerung wird eine scharfe Abgrenzung zwischen Architekturdarstellung und zukünftiger Wirklichkeit formuliert. Aber der Verweis auf die projektierte Wirklichkeit ist ja gerade der Gegenstand der Entwurfsvisualisierung. Gleichzeitig ist es richtig, dass das Zeichen für die Sache nicht mit der Sache gleichzusetzen ist. Durch die Architekturdarstellung wird eine Vorstellung des Projektierten im Betrachter erzeugt, keine Wahrnehmung der Wirklichkeit vermittelt.

Mit der Semiotik als der Philosophie der Vermittlung können diese Bezüge der Architekturdarstellung thematisiert und die Zeichenprozesse analysiert werden. Die Architekturdarstellung kann mit Hilfe der Semiotik als Zeichen im Vermittlungsprozess begriffen werden. Das Zeichen wird als triadische Relation verstanden, die drei Bezüge Mittel, Objekt und Interpretant umfasst. Die Bezüge zur gebauten Wirklichkeit bzw. der Planung und dem Betrachter, d.h. dem Interpreten sind also der Architekturdarstellung, die als Zeichen begriffen wird, immanent. Eine genauere semiotische Kennzeichnung des Architekturmodells und der Architekturdarstellung kann mit Hilfe der Zeichenklasse 3.1 2.1 1.2 (rhematisch-iconsiches Sinzeichen) und ihrer zugehörigen Realitätsthematik 2.1 1.2 1.3 (mittel-thematisierte Objektrealität) vorgenommen werden (Bense, 1986: 75f. und 104f.). Elisabeth Walther-Bense (1979: 82) beschreibt das rhematisch-iconische Sinzeichen als „ein Objekt oder Ereignis der Erfahrung, wobei die Idee des Objektes durch seine Qualitäten bestimmt wird. Es liefert jedoch keine vollständige Information über sein Objekt, sondern gibt nur Auskunft über einen Aspekt". Diese Beschreibung, angewandt auf das Zeichen der Architekturdarstellung, macht deutlich, dass es sich um keine vollständige Information über das Architekturobjekt handeln kann, sondern die visuellen Qualitäten des Architekturentwurfs vermittelt werden. Die Realitätsthematik des Zeichens „Architekturdarstellung" ist eine mittel-thematisierte Objektrealität, d.h. die Repräsentation der Architekturrealität durch das Zeichen über entsprechende Mittel ist entscheidend.

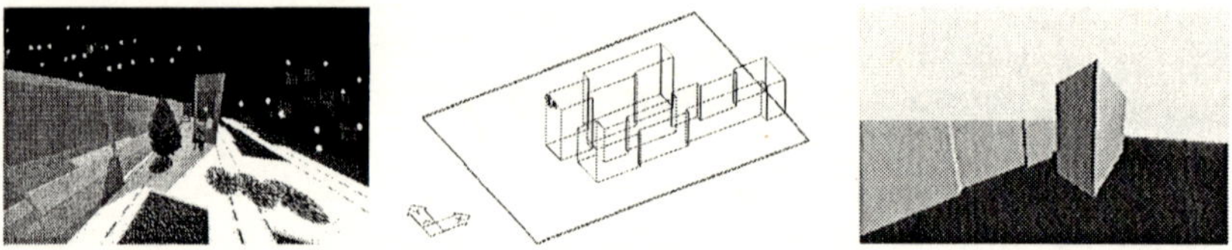

Bilder 6: Modellieren einer Architekturszene in einem CAD-Progamm (AutoCAD 2000™)

Die Architekturdarstellung eines Entwurfs kann als Simulation gekennzeichnet werden, denn die dargestellte Architektur ist nicht real. Doch aufgrund der Simulation ist eine Realität konstruierbar. Sie ist eine Vorwegnahme möglicher Wirklichkeiten (Schönberger, 1988). Voraussetzung für eine Simulation ist die Modellbildung. Ein Architekturentwurf kann mit Hilfe eines Modells oder von

Zeichnungen bzw. Bildern simuliert werden. Auch das erzeugen von Zeichnungen bzw. Bildern setzt ein Modellieren voraus. *Bilder 6* verdeutlichen die Modellierungsschritte mit einem CAD-Programm.

Die Modellierung, die der Architekturvisualisierung vorausgeht, setzt sich zusammen aus: geometrischem (Zergliederung der Architekturgestalt in geometrische Körper und Flächen), strukturellem (z.B. Boolesche Operationen) und physikalischem Modellieren (z.B. Farbe, Material, Reflexionsverhalten der Oberfläche, Transparenz), Modellieren des Lichts, der Umgebung sowie des Betrachterstandpunktes bzw. der Projektionsrichtung.

Die Architekturvisualisierung, die heute auch unterschiedliche Medien umfasst, kann nicht nur auf den Darstellungsaspekt, d.h. auf den Aspekt der Repräsentation bzw. der Information, reduziert werden. Sie muss besonders im Zusammenhang der Medien auch in ihrem Mitteilungsaspekt und der Wirkung auf den Betrachter gesehen werden.

Bilder 7: Aufeinanderfolgende Bewegungsgesten – Bewegungsbilder von Morley und Muybridge

Die neuen Medien bringen Bewegung in die Architekturvisualisierung. Die Wahrnehmung ist stärker als zuvor durch die Dimension der Zeit und die Bewegung geprägt. Werden nun auch bewegte Bilder, Animationen in die Architekturvisualisierung miteinbezogen, so können wir uns in der Reflexion auf die Merkmale des Films beziehen. Die kinematografische Sehweise wurde in der Mitte des 19. Jahrhunderts geprägt durch das neue Wahrnehmungserlebnis des Eisenbahnreisenden (Großklaus, 1995, S.120). Die Bewegung des Eisenbahnreisenden erscheint als die Bewegung der Landschaft. Die ersten Experimente, Bewegung durch Bilder zu simulieren, wurde mittels einer sich vor einem Spiegel drehenden Scheibe erreicht, der immer nur ein Bildsegment an den Betrachter hinter der Scheibe reflektiert. Der Film ist gekennzeichnet durch den Wandel des Bildes, die Bewegung der Kamera, Wechsel der Einstellungsgröße sowie den Wechsel des Bildgegenstandes. Die Darstellung der Bewegung von Personen wird erreicht durch eine Bildsequenz mit aufeinanderfolgenden Positionen oder Bewegungsgesten in der Szene (*Bilder 7*). Es handelt sich um Momentaufnahmen, „unbewegliche“ Schnitte. Aber die Bewegung ergibt sich immer in den Intervallen zwischen den Bildern.

Deleuze (1989) diskutiert in „Das Bewegungs-Bild" die auf Bergson zurückgehenden Thesen zur Bewegung. Die „kinematografische Illusion" beruhe auf „zwei komplementären Voraussetzungen: Momentschnitte, die Bilder genannt werden; eine Bewegung oder eine unpersönliche, einheitliche, abstrakte, unsichtbare oder nicht wahrnehmbare Zeit, die im Apparat ist und mit der man die Bilder vorbeiziehen lässt. Der Film liefert uns also eine falsche Bewegung, ..." (Deleuze 1989: 14). Diese wird als Illusion der Bewegung gekennzeichnet. Nach Deleuze gibt uns der Film aber kein Bild, das er dann zusätzlich in Bewegung brächte, sondern unmittelbar ein Bewegungs-Bild. Deleuze hat versucht unter Zugrundelegung der Peirce'schen Semiotik, den Film zu kennzeichnen. Dabei unterscheidet er Bildtypen, die den Zeichenklassen bei Peirce entsprechen. Deleuze ist der Meinung, das System Peirces nach unten und oben für den Film ausdehnen zu müssen. Das Wahrnehmungsbild markiere eine ursprünglichere Stufe der „Nullheit", das Reflexionsbild und das Relationsbild dagegen lägen jenseits der Drittheit des Bildes. Engell (2001: Vorlesungen 10 und 11) hat in seinen Überlegungen die von Deleuze geprägten Begriffe des Films auf das Peircesche Zeichenmodell zurückbezogen, indem er eine Neukategorisierung der Bildtypen nach der Systematik von Peirce vornimmt.

Sämtliche Aspekte des Films kommen bei der Architekturanimation nicht zum Tragen. Doch die Grundgedanken der Bewegungsdarstellung können übernommen werden. Bei der Architekturanimation spielt die Unterscheidung zwischen der Bewegungsdarstellung in der Szene selbst und der Bewegung des Betrachters bzw. der Kamera eine wichtige Rolle. In der Architekturszene können sich Personen bewegen oder es wird z.B. ein Konstruktionsprozess als Animation visualisiert. Die *Bilder 8* zeigen den Aufbau einer Baustellenüberdachung.

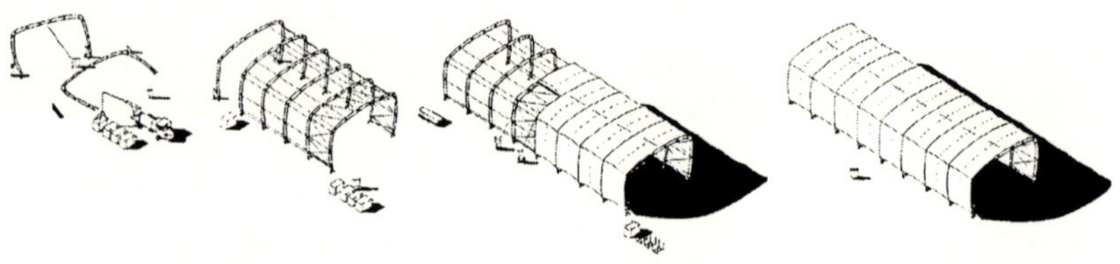

Bilder 8: Aufbau einer Baustellenüberdachung von Justus Thiede

Die auch im Film wichtige Bewegung der Kamera erhält in der Architekturvisualisierung die Rolle, das Sehen einer Architekturszene aus verschiedenen Betrachterstandpunkten und der Veränderung des Bildes zu simulieren. Die Simulation der Bewegung des Betrachters kann den Entwurf für einen späteren Nutzer „begehbar“ werden lassen. Andreas Matievits (2000) animierte den Entwurfsprozess vom Bild eines Strohtors in Budapest zu einer städtebaulichen Struktur (*Bilder 9*). Der Gang durch diese städtebauliche Struktur lässt diese räumlich plastisch erscheinen. Der Entwurfsprozess kann durch die Animation visuell nachvollzogen werden.

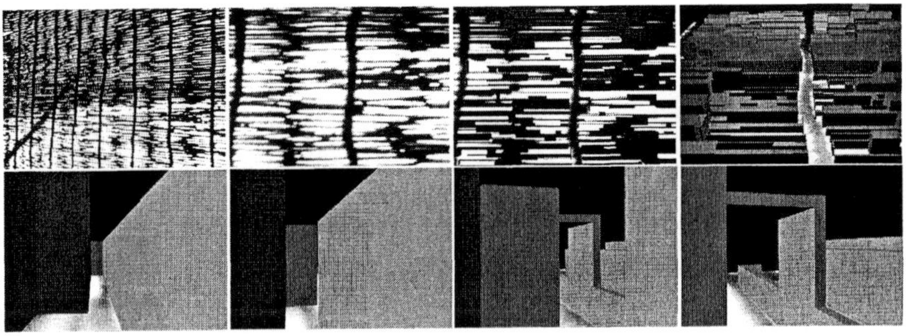

Bilder 9: Vom Bild des Strohtors zur städtebaulichen Struktur – Animation von Andreas Matievits

Indem bei der Erstellung von Perspektiven der Betrachterstandpunkt einen Weg zurücklegt entsprechend der Kamerabewegung im Film, kann das Durchlaufen und Erkunden einer virtuellen Architektur simuliert werden. Bei Animationen ist dieser Weg vom Produzenten der Animationssequenz vorgegeben. Die virtuellen Panoramen wie in den Bildern 4-5 können ein Umschauen des Betrachters simulieren. Im Viewer bzw. in der Rotunde kann der Betrachter selbst dieses Umschauen vollziehen. In diesem Rahmen des Umschauens ist also eine direkte Interaktion möglich. In interaktiven virtuellen Szenen kann der Betrachter selbst die verschiedenen Bewegungen in Echtzeit bestimmen und wird daher zum Akteur in der virtuellen Welt. Die prinzipiellen Bewegungsmöglichkeiten bleiben jedoch bestimmt vom Produzenten der Szene.

Die aktuellen Entwicklungen in der Architekturvisualisierung weisen große Veränderungen auf und ermöglichen neue Anwendungsfelder. Ein wesentliches Moment ist hierbei das Einbeziehen von Bewegung. Der Vermittlungsprozess im Verlauf des Architekturentwurfs und der Entwurfspräsentation bedarf daher einer neuen und grundlegenden Fundierung, die hier nur ansatzweise aufgezeigt werden konnte.

Literatur

Asisi, Yadegar (1995). *Berlin 2005 – Architekturpanoramen*. Berlin: Aedes East.

Bense, Max (1986). *Repräsentation und Fundierung der Realitäten*. Baden-Baden: Agis Verlag.

Boesiger, Willy (Hrsg.) (1964). *Le Corbusier et Pierre Jeanneret. Oeuvre complète de 1929–1934*. Zurich: Les éditions d'architecture.

Deleuze, Gilles (1989). *Das Bewegungs-Bild. Kino 1*. Frankfurt a.M: Suhrkamp Verlag.

Engell, Lorenz (2001). *Semiotik*. Bauhaus-Universität Weimar. Vorlesungen im WS 2001/2002.

http://www.uni-weimar.de/medien/ws01_02/semiotik/index.html

Fahle, Oliver & Engell, Lorenz (Hrsg.) (1997). *Der Film bei Deleuze*. Weimar: Verlag der Bauhaus-Universität.

Fietz, Thomas (1998). Das Echte und das Wahre in der Architekturdarstellung. Widerspruch zwischen künstlicher und realer Welt in der Architekturdarstellung. *Wolkenkuckucksheim*, 3. Jg., Heft 1.

Grossklaus, Götz (1995). *Medien-Zeit, Medien-Raum: Zum Wandel der raumzeitlichen Wahrnehmung in der Moderne*. Frankfurt a.M: Suhrkamp Verlag.

Leopold, Cornelie (2001). Dynamic Representations in Architecture – Visualization of Movement. *Proceedings of the IV International Conference on Graphics Engineering for Arts and Design*. Sao Paulo, Brasil: 1004-1013.

Leopold, Cornelie & Matievits, Andreas (2001). *Geometrische Projekte in der Architektur*. CD-ROM, Universität Kaiserslautern.

Matievits, Andreas (2000). *Bild und Architektur. Eine assoziative Entwurfsstrategie*. CD-ROM, Universität Kaiserslautern.

Plessen, Marie-Louise (Hrsg.) (1993). *Sehsucht, das Panorama als Massenunterhaltung des 19. Jahrhundert*. Frankfurt a.M. & Basel: Stroemfeld / Roter Stern.

Pevsner, Nikolaus; Honour, Hugh; Fleming, John (1992). *Lexikon der Weltarchitektur*. 3. Auflage. München: Prestel Verlag.

Rock, Irvin (1985). *Wahrnehmung: vom visuellen Reiz zum Sehen und Erkennen*. Heidelberg: Spektrum der Wissenschaft-Verlagsgesellschaft.

Schönberger, Angela (Hrsg.) (1988). *Simulation und Wirklichkeit*. Köln: DuMont.

Walther, Elisabeth (1974/1979). *Allgemeine Zeichenlehre*. Stuttgart: Deutsche Verlagsanstalt.

http://www.3dgrafix.net/images/Villa%20Savoye.JPG (Rendering der Villa Savoye – Bild 1)

http://www.a.tu-berlin.de/student/florian/bergsn.htm (Bilder 7)

Angelika Karger

„Sprachprimat und Zeichenvielfalt"
Erkenntnistheoretische Fundierungsaspekte

Semiotische Befunde: verbale und nonverbale Zeichen

Die Gewichtung und Bewertung der „verbalen Sprache", der gesprochenen Sprache im Verbund mit Schriftsprache, im Verhältnis zu anderen, nonverbalen Zeichen respektive Zeichensystemen ist eine immer wieder neu sich stellende Aufgabe, und zwar als die Frage nach klärenden theoretischen Grundlagen und nach für die Praxis relevanten Konsequenzen.

In der allgemeinen *Zeichenforschung*, der Semiotik als Grundlagenforschung, werden sowohl sprachliche als auch nicht-sprachliche Zeichensysteme wie Körpersprache[1], Bilder, Graphen, Musik, Zeichen der Architektur und des Designs usf. untersucht und grundlegend als *Relationen* definiert, *und zwar: als interpretierte und/ oder interpretierbare Repräsentations-, Ausdrucks-, Kommunikations-, Vermittlungs- Verhaltens- und auch Wirkungsrelationen*[2].

Zeichenrelationen, ungeachtet dessen, ob sie verbal oder nonverbal aktiviert werden, dienen den Lebewesen vor allem an der bedeutungsvollen *Schnittstelle zwischen Welt und Bewusstsein* i.w.S. (natürlich auch zwischen Bewusstsein und Bewusstsein): es geht um Zeichen *von* Welt und/oder von Bewusstsein, welche Lebewesen empfangen und verarbeiten, und um Zeichen *für* Welt und/oder Bewusstsein, welche Lebewesen selber konstituieren. Es geht um Schlussfolgerungen bewusster und unbewusster Art, die in Handlungen i.w.S. münden an der besagten Schnittstelle, die für die Koordination von Bedeutung ist.

Lebewesen müssen beständig primär die Leistung der Konstituierung von Zeichen zur Unterscheidung *von* und *für Innen- und Aussenwelt* erbringen.[3] Drastisch verdeutlicht: Lebewesen könnten sonst z.B. Gefahr laufen, den eigenen Fuß zu essen.

Zeichen des Selbstbewusstseins, ergo der Repräsentation des Selbst, stellen so verstanden mehr als nur einen Spezialfall der Selbstreferenz dar.[4]

Zeichen sind also als *Relationen* bestimmbar, d.h. einerseits als *„Zeichen von..."* und andererseits als *„Zeichen für..."*, und d.h. im Allgemeinen sowohl als *Zeichen von und für (Außen-)welt als auch als Zeichen von und für Innenwelt.* - wobei Welt sowohl ontologische als auch erkenntnistheoretische Objekte, Ereignisse und Relationen sowie Relationen über Relationen auf allen Metaebenen usf. einschließt.

Die Neurologen Matura und Valera sprechen deshalb m. E. zutreffend von der „Koordination der Koordinationen", die Lebewesen leisten müssen. [5]

Die *Schnittstelle zwischen Welt* und *Bewusstsein* möchte ich hier als die *fragile und zu stabilisierende Koordinationsstelle von Zeichenrelationen* bestimmen, an der das Gelingen der *„Koordination von Koordinationszeichen"* auch über Leben und Tod von den die Zeichen konstituierenden lebenden Systemen entscheidet.

D.h. die Art der Interpretation von Signalen und Informationen aus Innen- und Außenwelt kann als vorrangig binär wertend modelliert werden, z.B. die Interpretation eines Objektes oder Ereignisses als geeignete oder ungeeignete Nahrungsquelle, als geeigneter oder ungeeigneter Geschlechtspartner, als geeignete oder ungeeignete Behausung usf. Solche Wertungen, Interpretationen, können sich weiter in komplexe Bewertungs- und infolgedessen Handlungschemata verzweigen, die wie gesagt nicht immer bewusst werden müssen, also auch dann entschiedene Interpretationswirkung zeitigen können, wenn sie implizit bleiben. Hinzu kommt die Komplexität der geschafffenen artifiziellen Welt und Zeichenwelt.[6] Also: Interpretation verwandelt Signale in höherstufige Zeichen, z.B. auf der ersten Stufe im Sinne des Funktionskreises aus Merk- und Wirkwelt nach dem Biologen Jakob von Uexküll.[7] Die höherstufigen Zeichen sind in der theoretischen Semiotik seit Peirce hierarchisierbar, mathematisch präzisiert: in einem halbhierarchischen System der von ihm hergeleiteten Zeichenklassen, – d.h. je nach der gewählten Perspektive ergibt sich eine in sich hierarchische Matrix[8]. Sofern sie einen Ausdruck finden, der theoretisch, i.e. semiotisch thematisiert werden kann. (Eine Entität muß im Prinzip erst erkennbar sein, so dass diese hypothetisch zum Zeichen für den/die TheoretikerIn erklärt werden kann.) Und zwar z.B. auf den klassischen unterscheidbaren Bewusstseinsstufen *1. der Wahrnehmung,* (so z.B. die Perzeption bei Kant oder eben die Wahr-Nehmung bei Hegel), *2. der Beobachtung und Erfahrung (i.e. regelgeleitete Wahrnehmung* oder Apperzeption nach Kant*) und 3. des Wissens und Denkens: schlußfolgernde Repräsentation* oder *Reflexion* (alle drei in Einheit mit dem Handeln), die jeweils von den Peirceschen Kategorien der „Firstness" (Erstheit als das, was so ist, wie es ist, ohne Bezug zu etwas anderem), „Secondness" (Zweitheit, als das, was so ist wie es ist, in Bezug zu etwas anderem) und „Thirdness" (Drittheit, als das, was so ist, wie es ist, indem es ein Erstes und ein Zweites zueinander in Beziehung setzt) dominiert werden, keineswegs aber mit ihnen gleichzusetzen sind.[9] Andere Hierarchisierungskategorien, z.B. Modalkategorien, haben hingegen einen transsubjektiven (oder im Sprachgebrauch des 18. Jahrhunderts *objektiven, d.h. auf die Welt hin gerichteten*) Charakter: Möglichkeit, Wirklichkeit, Notwendigkeit können diesem Tableau zugrunde gelegt werden, um sodann Semiosen, semiotische Prozesse, multifunktional interpretieren zu können.[10]

Informationsverarbeitende Systeme (Menschen, andere Lebewesen oder Rechner und/oder anderes informationsverarbeitendes technisches Gerät) unterliegen einer Reihe von nicht stabilisierbaren Rahmenbedingungen, so dass zeichenerzeugende Semiosen nur schwer durchzuführen sind: z.B. müssen Möglichkeiten innovationserzeugender Selektion von geeigneten „Bewertungskriterien“, Selektionsmöglichkeiten von Speicherkapazitäten und nicht zu vergessen u.U. von Vergiß- oder Vergessens- bzw. Löschfunktionen usf. bestehen.

Grundsätzlich besteht die Aufgabe der Semiotik darin, in Zusammenarbeit mit allen Disziplinen (da jede ihre Spezialkenntnisse mittels disziplininterner Zeichen einbringt), vorrangig wegen der theoretischen Grundlegungen aber mit Sprach- und Kommunikationswissenschaften, Informationstheorie, Kognitionswissenschaften, Anthropologie, Kulturwissenschaften, Biologie und Mathematik, die Verschiedenartigkeit der Zeichen so exakt wie möglich mittels geeigneter komplexitätsreduzierender Kategorien zu klassifizieren. Damit gelingt es der theoretischen Semiotik mittels einer Metakategorisierung eine vermittelnde Rolle zwischen den Disziplinen einzunehmen. Aber darin erschöpfen sich keineswegs die Aufgaben, wie bedauerlicherweise Max Benses Intentionen in Hinblick auf das Aufgabenfeld der Semiotik manchmal mißverstanden wurden. Es gilt darüber hinaus für die theoretische Grundlegung semiotischer Analysen: 1. einen Gegenstand (hypothetisch) zum Zeichen zu erklären und dann mit geeigneten Zeichenklassen des (halb-)hierarchisierten Systems nach Peirce zu bestimmen, um 2. dann mittels dieser hypothetisch markierten Zeichenübergänge besser *derjenigen Aufgabe der Semiotik* gerecht weden können, welche vornehmlich darauf hinzielt, das synergetische Zusammenwirken evolutionärer und kulturkreativer Zeichenprozesse zu beschreiben, zu charakterisieren, zu rekonstruieren und zu erklären, und zwar als Metasemiosen in ihren kosmologischen, biologischen, kulturhistorischen, wissenschaftlichen, technischen, gesellschaftlichen und ethischen Zusammenhängen.[11]

Fundamentale Formen der Semiosen wie Selektion, Zuordnung, Iteration, Adjunktion, Konjunktion usw. lassen sich jedoch nicht so leicht hierarchisieren wie die Zeichen im halbhierarchischen System der Peirceschen Zeichenklassen und ihrer nach Max Bense dual abgeleiteten, dazugehörigen Realitätsthematiken. Auf diese Schwierigkeit haben Max Bense und Elisabeth Walther in ihren Vorlesungen immer wieder aufmerksam gemacht.

Grundlagenwissenschaftliche Beiträge der Semiotik, die der Komplexitätsreduktion dienen, sind der Anwendungsvielfalt wieder zuzuführen und in der Praxis zu erproben, sei es z.B. in der Medizin, in der Psychosomatik, - ich verweise z.B. auf die in der Peirceschen Semiotik fundierten Arbeiten des Begründers der Pyschosomatik in Deutschland:Thure von Uexküll[12] (Sohn des Biologen Jakob); sei es in der Kognitionsforschung und ihren Anwendungen, z.B. in der Robotik; in Konzepten und Theorien des Wissensmanagements; im Städtebau; in der Wirtschaft oder in anderen angewandten Wissenschaften.

Die Semiotik konnte zur *Grundlagenwissenschaft* allerdings erst avancieren, nachdem der amerikanische Wissenschaftstheoretiker, Mathematiker, Logiker und Philosoph *Charles S. Peirce (1839-1914)* erkannt hatte, dass alle Wissenschaften, ja alle Ausdrucks- und Darstellungssysteme in Zeichen fundiert sind, so dass z.B. auch die Mathematik, die als „königliche“ Kandidatin zur Begründung der tiefer zu legenden Grundlagen zur Wahl stand, ihrerseits der Fundierung in der Semiotik bedurfte (David Hilbert: „Am Anfang war das Zeichen“).

Aber mittels der Formalismen der grundlagenwissenschaftlichen Semiotik kann nicht das Metaebenenproblem der Theorienbildung beseitigt werden, die semiotischen Formalismen können aber helfen, dieses Problem präziser zu erfassen und zu beschreiben, denn die theoretische Semiotik wird sich auch wieder in Sprachzeichen über ihre Definitionen, Theoreme und Theorien usf. verständlich machen müssen: d.h. letztlich muß man trotz der Möglichkeit der Meta-Meta-, Meta- usf., Sprach- und Zeichenbildungsebenen, also einer Progression ad infinitum, letztlich immer wieder an die natürliche „Sprache“ anknüpfen.[13] Dasselbe gilt für jede Wissenschaft, denn selbstverständlich (bisher noch!) werden die TrägerInnen der Wissenschaft zuallererst in „natürlicher Sprache“ sozialisiert.

Um einige weitere Leistungen verbaler Sprache zu nennen: Nach Peirce sind wir nur in ihr zur „Symbolbildung“ fähig, weil sie das am höchsten entwickelte Zeichensystem darstellt, d.h. sie kann z.B. *nicht nur iconisieren und indexikalisieren, sondern auch a) symbolisch d.h. frei zuordnend bezeichnen* und *b) rein hypothetische Objekte i.w.S.* benennen, bezeichnen: z.B. Fiktives, aber auch Vergangenes, Rekonstruiertes oder Zukünftiges, antizipierte oder konstruierte Objekte und Ereignisse; virtuelle Teilchen wie in der Theorienbildung der Quantenphysik; Platonische Ideen wie z.B. die nur geistig erfaßbare Kategorie der Exaktheit. Max Bense erzählte zu diesem Thema gerne die Anekdote über den „konkreten“ Künstler und ehemaligen Gründungsdirektor der legendären Hochschule für Gestaltung in Ulm Max Bill, der sich mit der Annäherung an das mathematisch maximal exakt Darstellbare in der bildenden Kunst auseinandersetzte: Provokativ aufgefordert in einer seiner Gemäldeausstellungen über konkrete Quadrate ein „tatsächliches“ exaktes Quadrat zu zeigen, ließ Bill sich selbstverständlich nicht irreführen und soll schlicht auf ein Blatt Papier Folgendes notiert haben: „a^2“. Vollkommene Exaktheit kann also nur eine Kategorie des Geistigen sein, denn das Exakte ist zeichentheoretisch nur durch Zeichen repräsentierbar, welche im Objektbezug „symbolisch“ bezeichnen, d.h. drittheitlich im zweitheitlichen Objektbezug (2.3), d.h. nur als Gesetzmäßigkeit der Zuordnung in Hinblick auf das bezeichnete Objekt. Folglich wird nur durch die Besonderheit der symbolischen Repräsentationsfähigkeit im Meer wandelbarer Realität die platonische Insel idealer Stabilität zur Gewinnung von Erkenntnis bewohnbar.

Zudem kann in den logischen Strukturen der Sprache implizites Wissen *expliziert* werden: in Sprachzeichen sind wir fähig, a) zufällig wahre b) wahrscheinlich wahre und c) notwendig wahre Urteile darstellbar zu unterscheiden. Es muß jedoch betont werden, dass dabei gemäß unseren Wahrheitstheorien nur Sätzen, d.h. dicentisierbaren Zeichen über Realität Wahrheit zu- oder abgesprochen werden kann, nicht jedoch der Realität selbst.

Mit Peirce werden prinzipiell Zeichen als fundamentale und universale dreistellige *Relationen* mit drei Korrelaten, die weiter relational verzweigbar und abstufbar sind, definiert: *Erstes Korrelat:* die *Relation* zu den *Mitteln*, den Medien, als *materiell -energetischen* Zeichenträgern; *zweites Korrelat*: die *Relation* zu im Zeichen bezeichenbaren/thematisierbaren hypothetischen *Objekten i.w.S.* (reprä-sentierte Objekte können auch z.B. andere Zeichen, Relationen sein) und *drittes Korrelat*: *Relation* zu den *Interpretanten*, d.h. zu im Grunde *dynamischen* Zeichenverbindungen, die interpretierende Zeichenkonnexe bilden, welche so Bedeutung determinieren und so in Semiosen wirksam werden können.

Bedeutung kann dabei prinzipiell nach Max Bense auch als *Differenz oder Trennung von Zeichensituationen* verstanden werden, die durch den „Interpretations-vorgang“ in zu bestimmenden allmählichen Übergängen modifiziert oder radikal verändert werden: und zwar 1. z.B. quasi frei experimentierend (z.B. Versuch-und-Irrtum); 2. induktiv Erfahrungsregeln der Wahrscheinlichkeit bildend (z.B. Lernen) oder 3. deduktiv-ableitend, d.h. statisch wahrheitserhaltend usf.

Beispiele der trennenden Funktion von Zeichen: 1. *Ampelzeichen:* trennt die Situationen: Verkehrsfluß, Verkehrsstop; 2. Zeichen, die eine Vermählung/einen Todesfall etc. beurkunden, überhaupt juristische Akte (also performative Sprechakte im Sinne von Austin); oder z.B. Rituale, die wichtige Lebensphasen mar-kieren. Übergangssituationen entscheidender Lebensphasen werden in allen Kulturen rituell mit besonderen Zeichen geradezu „angereichert“ und in einer Mythenkomposition aufgehoben.

Weitere semiotische Befunde

Alle Zeichen und damit alle ihnen zugrundeliegenden Informationsflüsse sind an materiell-energetische Mittel gebunden, in denen sie realisiert werden, über welche sie wiederum Interpreten sinnlich wahrnehmbar und empirisch zugänglich werden können (nicht: müssen - die Mindestvoraussetzung besteht darin, dass Interpreten Rezeptionsorgane für die Zeichenmittel entwickelt haben oder - wenn wir Maschinen einbeziehen: „eingebaut" bekommen haben). Alle Zeichen, die in Signalen kodiert und realisiert sein müssen, können außerdem nach naturwissenschaftlicher Auffassung ausschließlich über Mittel (Fachterminus hier: „Kanal"), von Interpret zu Interpret transportiert werden.

Alle Zeichen, sprachlich oder nicht, basieren also auf Mitteln, die in Relationen per se multifunktional werden. Einige PhysikerInnen setzen dennoch Informationsflüsse mit Materieflüssen gleich, was m.E. eine unzulässige Reduktion auf die Peircesche Kategorie der Erstheit darstellt, da nachweislich alle drei Peirceschen Kategorien irreduzibel bei der Zeichenbildung sind, und zwar schon bei der Selektion von Signalen. Signale sind lediglich eine spezielle Art von tieferstufigen Zeichen, welche im Mittelbezug nach Peirce als Sinzeichen (1.2) fungieren, im Objektbezug indexikalisch (2.2) auftreten können und welche im Interpretantenbezug entweder auf der Stufe des Rhemas (3.1) oder des Dicents (3.2) auftreten können - Signale sind also Zeichen auf der Stufe rhematisch-indexikalischer-Sinzeichen (3.1. 2.2 1.2) oder auf der Stufe: dicentisch-indexikalischer-Sinzeichen (3.2 2.2.1.2).

Wir halten fest: Sprache und Zeichen sind keine Gegensätze, sondern Sprache ist *ein* medialer Raum in der Zeichenvielfalt, der allerdings im Objektbezug des Zeichens die höchste Stufe des Symbols erreichen kann, was Chancen und Gefahren beinhaltet; bekannte Gefahren sind z.B. Empirie-Ferne, was im Interpretantenbezug dann alle Stufen von Rhema, über Dicent und Argument einnehmen kann.

Diese Feststellung ist keinesfalls trivial, ebensowenig trivial ist die folgende Feststellung, die besagt:

Alle Sprachsysteme sind Zeichensysteme, aber nicht alle Zeichensysteme sind Sprachsysteme.

Ausschließlich mittels Zeichen elaborierter verbaler Sprache können wir nonverbale Zeichen explizit analysieren - *nicht umgekehrt*!! Denn in der verbalen symbolischen Sprache können verschiedene Arten der Logik (Aussagen-, Prädikaten-, Modal-, Zeit-, deontische Logik usf. inklusive Wahrheitstheorien und Wahrscheinlichkeitstheorien etc.) expliziert werden. In der Logik werden selbstverständlich neben sprachnahen Symbolen auch Graphen, also spezielle nonverbale Zeichen benutzt, die aber in der Theorie doppeldeutig blieben, wenn sie nicht in definierender symbolischer Sprache höchster Objektstufe, die in der Peripherie hoffnungsvoll bis in die Alltagssprache reicht, erläutert und in ihrer Gebrauchsfunktion expliziert werden. Hingegen: Die Rückübersetzung logischer Symbolketten in nonverbale logische Graphen oder andere Mittel erleichtert die Modellierung empirischer Welterfahrung oder schafft Zugang zu ihr, Beispiel: elektronische Schaltkreise.

Die elaborierte verbale Symbolsprache ermöglicht außerdem erst die bewusste Reflexion unseres Selbst und der Welt. In diesem Sinne stellt die diskursive Symbolleistung verbaler Sprache tatsächlich ein Artikulationsideal dar, das nonverbalen Sprachen (z.B. Paßbild, Landkarte, Diagramm, Melodie, Traum), präsentativen Zeichen in der Diktion Susanne K. Langers, entgegensteht.[14]

Allerdings müssen wir m.E. darauf achten, dass der Realisierungszusammenhang der in der symbolischen Sprache inkludierten iconischen und indexikalischen hypothetischen Weltbezüge nicht verlorengeht (Beispiel: Eigennamen inkludieren die indexikalische Identifizierungsfunktion und z.B. iconische Kennzeichnungen zugeschriebener Eigenschaften des Namensträgers).

Welten der reinen Eigenrealität des Geistes scheinen z.B. als Zeichen der reinen Mathematik aufgrund der Symbolisierungsfähigkeit produzierbar. Über das mögliche Fehlen einer Brücke der Vermittlung zum empirischen Wirklichkeitsbezug wird philosophiert. So resümiert z.B. Albert Einstein 1921 in seinen Reden über die Geometrie: „Sofern die Sätze der Mathematik sicher sind, beziehen sie sich nicht auf die Wirklichkeit und insofern sie sich auf die Wirklichkeit beziehen, sind sie nicht sicher.“[15] Das erklärungsbedürftige Phänomen sei nach Einstein die Tatsache, dass die reine Mathematik trotz ihres unüberbrückbaren Abgrundes zur Empirie dennoch immer wieder zum Schlüssel in der Naturforschung werde. Aber genau deshalb sollte man m.E. an die Rekonstruktion möglicher inkludierter Beziehungen denken, da mittels ihrer der erkenntnistheoretisch scheinbar unerklärliche Hiatus vermutlich öfter enträtselt werden könnte.

Nochmals: Wir können nur mittels verbaler Mittel nonverbale semiotische Mittel analysieren; wir sind nicht fähig, oder (noch) nicht fähig, umgekehrt vorzugehen: nämlich ausschließlich mittels nonverbaler Zeichen symbolische Sprache zu analysieren, also z.B. nur mittels einer Konfiguration von Düften, oder von Bildern logische Schlüsse zu ziehen (nicht: darzustellen!)

Natürlich wären wir hingegen theoretisch in der Lage, bekannte logische Schlüsse in Duft/Bild-Zeichensysteme zu übersetzen, also darzustellen; wie gesagt, nachdem wir sie sprachlich erstellt haben (wobei wir bei Düften auch die Folgen der Flüchtigkeit des Mediums bedenken sollten). Die Frage müßte demzufolge lauten: kann z.B. ein mathematischer Satz (wie der Satz des Phytagoras) nonverbal mehr als demonstriert werden, kann er ohne semiotische Symbole als „Beweis" explizit verstanden werden? Wird er nicht möglicherweise doch implizit „verstanden"? Muß „verstehen" heißen, dass Regeln symbolisiert werden? Könnte „verstehen" nicht doch auch heißen: „Regeln identifizieren und anwenden", ohne sie zu erkennen und ohne sie symbolisch darzustellen? Das Problem, welches daraus resultiert, besteht darin, dass die Regeln nach Peirce nicht nur vom erkenntnistheoretischen, sondern auch vom ontologischen Status her „drittheitlicher" Natur sind.

Zusammen mit dieser Fragestellung hat die These, dass tiefer liegende semiotische Strukturen und Schichten aufgestiegen an der Sprachoberfläche durchscheinen, ihren eigenen heuristischen Wert.

Zur Unumkehrbarkeit des expliziten Verständnisses der Nonverbalität durch Wortsprache: Auf Grund der historischen Erfahrung mit der Sprache ist es eine plausible Hypothese, dass wir einmal in der Wortsprache, im Symbolisieren, erst angelangt, gewissermaßer in der „Sprachfalle" sitzen, weil der Prozess teilweise irreversibel ist. Genau so verhält es sich nach Peirces Kategorienlehre auch mit unserem Bewusstsein als grundsätzlich drittheitlich auf Vermittlung angelegtes Sein, aus dem wir, erst einmal dort angelangt, nur noch durch Gedankenexperiment herauskommen, so dass z.B. ein rein erstheitliches Bewusstsein nach Peirce für uns aufgrund der Irreduzibilität von Erstheit, Zweitheit und Drittheit deshalb nur als Rekonstrukt vorstellbar ist. Wenn wir ähnlich wie bei einer Zen-Meditation versuchten, uns nach Peirce ein rein erstheitliches Bewusstsein „vorzustellen", z.B. bestehend nur aus Rosenduft, müssten wir gewissermaßen, um der Relationalität der „Vorstellung von etwas" zu entgehen, uns mit dem Duft identifizieren. Dies ist nicht wirklich möglich, da wir dann mit dem Rosenduft so in eins fallen würden, dass selbst die Identifikation mit dem Rosenduft (Zuschreibung) aufgehoben werden müsste.

Der Sprachprimat kann also mit Recht dadurch legitimiert werden, dass die verbale Sprache als Alltagssprache zwar im hohen Maße mehr/viel- und doppeldeutig (polyvalent) ist - also semiotisch gesprochen - genauso rhematisch wie die Oberfläche der meisten nonverbalen Zeichensysteme erscheint, prinzipiell aber so elaborierbar ist, dass Eindeutigkeit, Präzisierung von Wahrscheinlichkeitsgraden und Graden der Unwahrscheinlichkeit usf. expliziert werden können und somit Theorie- und Wissenschaftsfähigkeit ermöglicht wird.

Die abendländische Philosophische Anthropologie prägte ohnehin ein *Menschenbild,* in dem der Sprache ebenfalls ein Primat gegenüber anderen Zeichensystemen zugesprochen wurde: Der *homo symbolicus* sei aufgrund seiner Sprachfähigkeit darin anderen Lebewesen überlegen, dass er z.B. durch den medialen Charakter Sprache Distanz zur Welt gewönne, welche ihn allein zur rationalen Weltbetrachtung und Weltbeherrschung befähige. So erst habe sich zusammen insbesondere mit der feinmotorischen Entwicklung der Hand (Hand und Hirn) der *homo technicus* als das Kulturwesen entwickeln können, das Einblick sogar in Mikro- und Makrokosmos gewonnen habe, während andere Lebewesen ihrer jeweiligen evolutionären mesokosmischen Bio-Nische mittlerer Wahrnehmungsdimensionen verhaftet blieben.

Die Semiotik, die um die grundlagenwissenschaftlichen Fundamente aller Zeichensysteme bemüht ist, ringt um ein eigenes Zeichensystem, das als Instrumentarium und Metasystem geeignet ist, die Vielfalt des Zeichenkosmos einerseits allgemein genug und doch mittels derselben Fachsprache hinreichend spezialisierbar darzustellen und fundieren zu können, um der Vielfalt in den Anwendungen auch gerecht werden zu können.

Der bei Peirce zugrundeliegende *kompositionelle Realitätsbegriff*, der um Max Bense und die Stuttgarter Schule der Semiotik ausgearbeitet wurde, ist m.E. und meiner Erfahrung nach ein gut geeignetes Begriffsinstrumentarium. Die Erfahrung lehrt auch, dass sowohl universalistische komplexitätsreduzierende formalisierbare Fundierungssysteme wie bei Peirce als auch Metasprachen, die enger an die Fachtermini der eigenen Disziplinen anknüpfen können, sich unter ständiger interdisziplinärer Überprüfung erhellen, indem sie über sich hinaus reflektieren müssen.

Exkurs: Kommunikationsethische Aspekte

Der Primat der Sprache hat aus kommunikationsethischer Sicht in unserer Kultur nicht nur zu positiv, sondern auch zu kritisch zu bewerteten Entwicklungen geführt. Die öffentlichkeitswirksame Entwicklung der Semiotik hat hierbei z.T. negativen Folgen entgegenwirkt, so dass u.a. seit der zweiten Hälfte des 20. Jahrhundertss die Kommunikationsformen anderer Lebewesen ernsthaft erforscht werden und als Folge z.B. über Rechte von Tieren überhaupt erst nachgedacht werden kann.

Einige weitere Folgen des Sprachprimats möchte ich beispielhaft ansprechen: Immer noch werden weniger sprachmächtige Menschen schnell ins Abseits gedrängt. Dies betrifft auch „Noch-nicht"-Sprachmächtige (z.B. Kinder) und aber auch „Nicht-mehr"-Sprachmächtige oder Sprachbeeinträchtigte (Kranke usw.) sind. Man denke an Komapatienten, die tragischerweise für lange Zeit sich nicht mehr sprachlich oder überhaupt äußern können.

Zu überdenken sind Rechtssprechungspraktiken, in denen symbolische Zeugenaussagen Vorrang vor Indizien haben können, besonders wenn wir daran denken, dass nach sozialpsychologischer Einsicht Zeugenglaubwürdigkeit auch ein soziales Konstrukt ist: wenn Erwachsene für glaubwürdiger gehalten werden als Kinder, Männer für glaubwürdiger als Frauen, etc.

Aktueller Forschungsgegenstand zum Thema ist die Geschichte der Körperfeindlichkeit und der kulturellen Überformungen körpersprachlichen Ausdrucks (Geschichte der Bilderverbote aus religiösen Gründen im Christentum, Judentum oder im Islam; oder aber auch aus *erkenntnistheoretischen* Gründen wie beim Credo des Physikers Werner Heisenberg: jedes Bild des Atoms sei a priori falsch).

Manchmal läßt sich der Sprachprimat historisch leicht erklären: So waren zu Beginn des Buchdrucks Illustrationen aufwendig und teuer. Heute dagegen revolutionieren dreidimensional interaktive Darstellungsmöglichkeiten alle Lebensbereiche, z.B. kann eine medizinische Operation lebensecht am Simulator geübt werden usf.

In der Pädagogik und Psychotherapie bemüht man sich, entsinnlichtes Sprachprimat sinnvoll zu ergänzen und wieder unsere Nonverbalität zur Geltung kommen zu lassen. In manchen Bereichen allerdings muss man schon gar fürchten, dass die Kulturtechniken des Lesens und Schreibens unzulässig vernachlässigt werden. Zahlreiche Beispiele der Folgen des Sprachprimats wären noch zu benennen und zu bearbeiten.

Zurück zu den erkenntnistheortischen Aspekten: Gefahren, die sich ergeben, wenn wir intelligible Leistungen vorrangig aus der Sprache heraus begründen wollen, werden heute vornehmlich von KognitionsforscherInnen im Rahmen der Modellierung und Entwicklung künstlicher lernender Systeme erkannt. Die Möglichkeiten und besonderen Leistungen anderer Zeichenarten werden hier deutlich gesehen. Deshalb befassen sich vor allem KognitionswissenschaftlerInnen im Rahmen der Entwicklung „künstlichen Lebens" (Artificial Life) zusammen mit NeurobiologInnen mit einer Neubewertung anderer Repräsentationsarten als der Sprache.

Nonverbale Zeichen könnten ebenso leistungsfähig oder auf andere Art leistungsfähig sein, so die grundlegende Arbeitshypothese. Man modelliert hier mindestens vier Ebenen der Repräsentation impliziten Wissens, wobei die ersten vier Ebenen unterhalb oder außerhalb der Symbolsprache liegen und denen man dennoch den Status des „(impliziten) Wissens" verleiht: *1. Ebene dreidimensional geometrisch-chemischer Strukturen* (man spricht hier von strukturellem „Wissen", nicht bloß von „Information"); *2. genetische Codierungs-Ebene; 3. neuronale Ebene*, die schon sehr komplex ist und *4. Sprach- und Theorieebene symbolischer Beschreibungen.* [16]

Intelligenz und Wissen, ob „künstlich" oder „natürlich", wird keineswegs einheitlich verstanden. Definitionen in der KI (Künstlichen Intelligenz) reichen z.B. von Theorien, die KI auf Informationsverarbeitung einschränken über solche, die von Intelligenz erst dann sprechen, wenn der nach dem Mathematiker Alan Turing benannte Turing-Test bestanden wird, also wenn Reaktionen und Antworten, von denen man nicht weiß, ob sie von einem Menschen oder einem Computer kommen, für sich genommen (dem Menschen) vernünftig erscheinen. Vorherrschend ist auch die Physical Symbol System Hypothesis (PSSH), nach der Symbole und Regeln eindeutigen physikalischen Zuständen zugeordnet werden müßten. Der Paradigmawechsel besteht darin, dass man sich weg von der logischen Repräsentation hin zu einer verhaltensorientierten KI-Forschung bewegt. Natürliche Intelligenz habe sich vermutlich unter Evolutionsdruck, verbunden mit hohen energetischen Kosten, entwickelt.

Primatenintelligenz wird verstanden als Mittel zur Lösung sozialer Konflikte, die erst durch flexibles, unberechenbares, genetisch nicht vollständig determiniertes Verhalten der Individuen entstanden sei. Die Lösung habe in der beständigen Beobachtung und in der projektiven Einfühlung in Artgenossen gelegen. (Wir beobachten heute auch noch gerne andere unbemerkt, z.B. wenn wir im Cafe sitzen - soll der Linguist Howard Spiro anmerken, wie Thomas Christaller in seiner Gastvorlesung über „Künstliche Intelligenz" an der Universität 1999 erwähnte). Die Simulation dieser Art höherstufiger Intelligenz und evolutiven Lernens führt zur nichtklassischen KI-Forschung bei der Modellierung künstlichen Lebens. Noch gilt es hier als hoffnungslos, komplexe Sensorsignale aus einer sich unvorhersehbar wandelnden Umgebung in direkte symbolische Repräsentationen umzuwandeln. Erforderlich sei u.a. die Anwendung mathematischer Konzepte der dynamischen Systemtheorie, um Roboter so zu bauen, dass sie durch evolutive Verhaltenspassung lernen können. Immerhin können Roboter schon lernen, Verhaltensweisen anderer Roboter zu antizipieren und mit ihren eigenen Verhaltensweisen zu koordinieren (z.B. gegeneinander Fußball spielende Roboter).

Zum Modell evolutiver Verhaltenspassung: die Natur hat vor uns viele Probleme nonverbal gelöst. Karl Popper formulierte einmal einprägsam, dass das Gehirn nicht nur ein Organ zur Bildung von (sprachlichen) Hypothesen sei, sondern dass das Gehirn als Organ selbst wie alle anderen Organe auch ein hypothetischer Versuch des Lebens sei, quasi eine lebendige Organhypothese in der und über die Welt, ein Organ, das sich als hypothetischer, nicht-sprachlicher Versuch in der Welt wie andere Organe auch bewähren müsse. Der Bewährungsbegriff bedarf allerdings einer besonderen wissenschaftstheoretisch kritischen Würdigung.

Komplexe nicht-sprachliche Zeichen oder vorsichtiger formuliert: Präzeichensysteme, welche die Naturwissenschaften als selbstorganisatorische modelliert, sind z.B.: das System des genetischen Codes, Botenstoffe, d.h. Hormonsprachen; die Sprache des Immunsystems mit ihren iconischen und koiconischen (komplementär iconischen) dreidimensional repräsentierenden Passungsmustern etc.

In der KI- Forschung spricht man von „subsymbolischen Prozessen", die unter- und außerhalb unserer Sprachproduktion liegen. So auch wenn lernende Systeme simuliert werden, *ohne dass wir verstehen müssen, wie Lernen konkret Schritt für Schritt vor sich gehe.* Wir müssen dieses „Lernen" weder sprachlich noch logisch vollkommen explizieren oder nachvollziehen können - können es meist auch nicht - , um dieses Lernen in künstlichen neuronalen Netzwerken in Gang zu setzen. Es genügt, einige Anfangsbedingungen zu kennen und den Prozess zu starten.

Praktisches Wissen im Sinne des „Könnens", *knowing-how*, im Unterschied zum *knowing that* (nach Ryle) scheint zu dominieren. Bewusstwerden des hier Unkontrollierbaren, das dennoch „funktioniert", fügt den vertrauten narzißtischen Kränkungen durch Kopernikus, Darwin und Freud eine weitere hinzu:

Nicht nur über das Internet (eine militärische Errungenschaft) werden vernetzte Expertensysteme, neue Knowing-that-Systeme in die Welt gesetzt, sondern auch immer mehr Knowing-how-Systeme, die - es mag uns erschrecken -, z.T. auch immer unabhängiger vom Menschen werden. Wir sehen uns konfrontiert mit mulitmedial global vernetzten oder vernetzbaren selbstständig lernenden Systemen, deren selbstorganisatorisches Potential in weiten Bereichen unseres Lebens im atemraubendem Tempo an Bedeutung gewinnt, auch im nanotechnischen Bereich.

Ausblick: Mit uns interagierende immer differenziertere künstliche Knowing-how- und Knowing-that-Kombinations-Systeme werden uns lernend und lehrend in immer mehr Lebensbereichen begleiten. Heutige Flug-, u.a. Simulatoren sind nur der Beginn. Welche besonderen Sprach- und Zeichenkompetenzen werden wir benötigen? *Grundlagenwissenschaftliches Denken wie in der Semiotik kann Orientierungshilfe sein.* Wie werden wir aber z.B. mit virtuellen Universitäten, mit Kon-flikten aufgrund zurückgehender *face-to-face-communication*, oder mit globaler Kommunikation umgehen, die zugleich aber größer werdende *Konkurrenz* bedeutet, und das auf einem überbevölkertem Planeten mit exponentiell wachsenden humanitären Problemen?

Semiotische Kompetenz und kommunikationsethische Aspekte werden dringlicher. Die mcluhansche Frage, ob und wie wir uns gegenseitig im „Weltdorf" verstehen können, wird aber nach dem Verständnis vieler KommunikationswissenschaftlerInnen und SemiotikerInnen nur gegenstandlos in dem Maße wie „zwischenmenschliche Kooperation" ohne Vernichtungsgedanken selbstverständlicher wird und wenn die neuen Kommunikationstechniken vermehrt zur demokratisierenden kooperativen Konflikt- und Problemlösung eingesetzt wird. Beispiele wären z.B. Projekte wie das der Weltgesundheitsorganisation (WHO), bei dem in Kooperation mit der Universität Ulm weltweit vernetzte gegenseitige Information über den „Gesundheitsstatus" und die mögliche gegenseitige Bereitstellung zur Versorgung mit Medikamenten organisiert wird. Hinzukommen muß selbstverständlich der politische Wille,[17] den Informationen auch Taten folgen zu lassen.

Unter semiotikethischen Aspekten stimmt es auch bei Betrachtung der gegenwärtigen Entwicklung humanitärer globaler Probleme bedenklich, dass man in manchen Fachkreisen gleichzeitig über eine künftige Notwendigkeit einer Art „Menschenrechtsvereinbarung" für künstliche „wissensverarbeitende Systeme" nachdenkt. Wie sieht unser „Selbstverständnis" als Immer-noch-Naturwesen mit biologischen Schwächen heute aus? Wir beginnen doch erst unsere eigne phylogenetische Entwicklung und Bedingtheit und die Wechselwirkungen mit unseren Kulturtechniken zu verstehen.

Der Katalog notwendiger Medienkompetenzen müsste täglich erweitert werden und ich füge hinzu: auch der Kompetenzen im Umgang mit unseren „alten Medien", z.B. mit unseren ererbten Verhaltensprogrammen, die nicht so leicht umprogrammierbar sind. Erstens kennen wir sie noch nicht genug, zweitens interpretieren wir sie noch sehr unterschiedlich und drittens wissen wir von etlichen, dass sie mit der von uns geschaffenen Welt nicht oder schwer kompatibel sind und dies große Gefahren für die Menschheit birgt. Um nur ein Beispiel zu nennen: Können wir dauerhaft angeborene Stressreaktionen, die zu Denkblockaden führen können, mit dem Umgang von Massenvernichtungswaffen vereinbaren?

Die Entwicklungs- und Wirkungszusammenhänge zwischen dem Medium Sprache und der wachsenden nicht-sprachlichen Medienvielfalt ist eine groß anzulegende interdisziplinäre Aufgabe und die Zukunftsfrage, was im Künftigen Generationen an Sprach- und Medienkompetenzen vermittelt werden kann oder müßte, wird mit Sicherheit dringlicher werden. Eine Kompetenz, die sicher über bloße technische Fähigkeiten und Fertigkeiten (*skills* z.B. im Umgang mit dem Computer) und über einen korrekten Umgang mit Sprachsymbolen hinausgeht - deren Sicherung als Grundlagenkompetenz allerdings bereits erheblicher Anstrengungen bedarf.

Anmerkungen

[1] z.B. Angelika Karger, „Die sogenannte (menschliche) Körpersprache unter dem Aspekt der Transformation von Präsentation zu Repräsentation“, *Semiosis* 44: 27-43, Baden-Baden 1986

[2] Angelika Karger, „Zeichenwirkung als philosophische Aufgabe“, *signum um signum,* Festschrift für Elisabeth Walther zum 75. Geburtstag, *Semiosis* 85-90: 128-145, Baden-Baden 1997

[3] Angelika Karger, *Untersuchungen zur Bewusstseinskonzeption bei Ch. S. Peirce*, Stuttgart 1982

[4] Man bedenke z.B. die Bedeutung der Schmerzempfindung als interpretierende Funktion und an Beispiele tragisch endenden Lebens von Menschen, die kein Schmerzempfindungsvermögen haben.

[5] Humberto Maturana und Francisco Valerla, *Der Baum der Erkenntnis,* Hamburg 1987

[6] Angelika Karger, „Semiotik - Vermittlung zwischen Evolutionärer Erkenntnistheorie und Radikalem Konstruktivismus“, *Semiosis* 61/62: 61-74, Baden-Baden 1991

[7] Jakob von Uexküll, *Theoretische Biologie*, (Berlin 1928), Frankfurt a. M. 1973

[8] Eliabeth Walther, *Allgemeine Zeichenlehre*, Stuttgart, zweite.und erweiterte Auflage, Stuttgart 1979

[9] Angelika Karger, *Untersuchungen zur Peirceschen Bewusstseinskonzeption,* Dissertation, Stuttgart 1982

[10] Max Bense wies in seinen Überlegungen zum „kompositionellen Realitätsbegriff“ der Semiotik häufig darauf hin.

[11] Angelika Karger, *Zeichen und Evolution, Theorie und Anwendungen semiomorphogenetischer Transformationen, Habilitationsschrift,* Köln 1986

[12] Thure von Uexküll (Hrsg.), *Psychosomatische Medizin*, München-Wien-Baltimore 1986

[13] Eliabeth Walther, „Semiotik der natürlichen Sprache“, *Semiosis* 39/40: 46-61Baden-Baden, 1989

[14] Wie Susanne K. Langer (geb. 1895 und Schülerin Whiteheads) bereits in ihrem Hauptwerk „Philosophie auf neuem Wege“ notierte.

[15] Albert Einstein, *Mein Weltbild*, darin Vortrag „Geometrie und Erfahrung“ von 1921, Zürich 1979

[16] Angelika Karger, „Wissensmanagement und ‚swarm intelligence‘ - Wissenschaftstheoretische, semiotische und kognitionsphilosophiche Analysen und Perpektiven“. In: *Die Zukunft des Wissens*, XVIII Deutscher Kongreß für Philosophie, herausgegeben von Jürgen Mittelstraß, UKK Konstanz 1999

[17] Franz Josef Radermacher, „10~>4:34, Die Formel für Wachstum und Gerechtigkeit“, *bild der wissenschaft*, 4/2002

Frue Cheng

Interface Design from the Viewpoint of Semiotics

Zusammenfassung

Die zunehmende Verbreitung der Elektronik in immer mehr Produktbereichen fuhrt dazu, dass die Bedienung der Produkte über deren Oberflächen erfolgt. Die Gestaltung solcher Oberflächen, auch Schnittstellen genannt, wird mit dem Begriff Interface Design bezeichnet.

Interface Design befasst sich mit der Gestaltung aller an der Interaktion mit einem Artefakt beteiligten Bedien- und Anzeigerelemente und zielt auf die ganzheitliche Gestaltung des Gegenstandes unter Einbeziehung der multisensorischen Produktaussagen und des in dem Gerät enthaltenen Information- und Funktionsuniversums. Wesentliches Element des Interface ist die Berücksichtigung der psychologischen und kognitiven Eigenheiten des Menschen. Alles sollte visuell, haptisch und akustisch so gestaltet sein, dass es für den Benutzer leicht verständlich ist. Semiotik ist wichtige Grundlage für das Interface Design.

Introduction

Semiotic is applied whenever observers start to think what it is, that they see. To feel, to experience, to think before behaving are the processes of cognition. The knowledge of human beings is derived from all kinds of experience (seeing, hearing, touching, smelling, tasting and mixture of the above etc.). These particular thoughts of Semiotic Theory were first voiced by Peirce; Bense and Walther (Stuttgart) followed. In this study, the method of chart constructing is used. The process of cognition is also the process of applying semiotic. Identification and cognition are an interdependent process of orientation and communication. (Figure 1)

Semiotic

Observing and understanding the world is done by us through perception till thinking. With the help of our senses we produce intentions and actions. This is a cognitive and also a sign process. We understand „sign“ according to Peirce, He defines three categories:

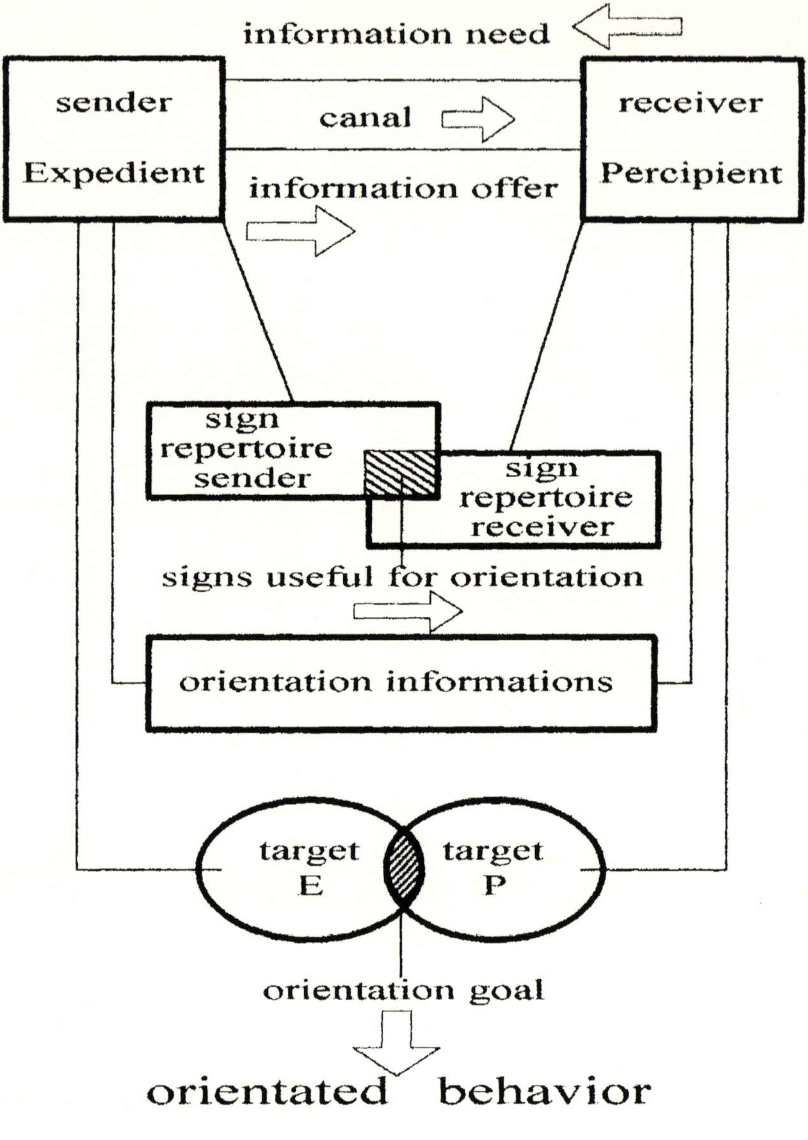

Figure 1: Orientation as a communication process

Firstness: perception, realization
Secondness: experience, action
Thirdness: cognition, thought.

Peirce uses these in his definition of „sign" as a triadic relation,
Triadic structure of sign relation:
Firstness: *medium relation* (M) or (1.): signs should be perceivable,
Secondness; *object relation* (O) or (2,): signs should be related to the objects they represent,
Thirdness: *interpretant relation* (I) or (3.): signs should be interpretable.

Trichotomic structures of sign relation:
Medium relation (M) or (1.):
Qualisign (perception level; perceivable quality),
Sinsign (experience level: perceivable individuality),
Legisign (cognition level: perceivable regulation).

Object relation (O) or (2.):
Icon (perception level: formal context),
Index (experience level: real context),
Symbol (cognition level: conventional context),

Iterpretant relation (I) or (3,):
Rheme (perception level: indefinite knowledge),
Dicent (experience level: definite knowledge),
Argument (cognition level: logic knowledge).
The well-known list of Peirce's 10 sign classes is as follows (Figure 2):

Simulation

A simulation as digital guidance to an ergonomic Laboratory serves as an example for analyzing models applied in interactive multimedia interfaces. The design of multimedia user interfaces should take into account the elements of human information processing, based successively on:

1. Human sensory physiology;
2. Human perception and motivation;
3. Human cognition; and
4. Human communication.

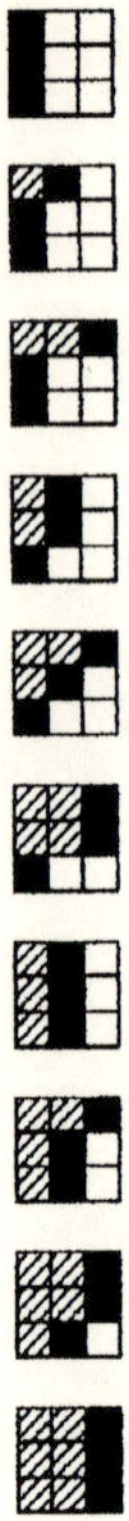

1)	3.1	2.1	1.1 = (Rhematic Iconic) Qualisigns
2)	3.1	2.1	1.2 = (Rhematic) Iconic Sinsigns
3)	3.1	2.1	1.3= (Rhematic) Iconic Legisigns
4)	3.1	2.2	1.2 = Rhematic Indexical Sinsigns
5)	3.1	2.2	1.3 = Rhematical Indexicale Legisigns
6)	3.1	2.3	1.3 = Rhematic Symbols (Legisigns)
7)	3.2	2.2	1.2 = Dicent (Indexical) Sinsigns
8)	3.2	2.2	1.3 =Dicent Indexical Legisigns
9)	3.2	2.3	1.3 = Dicent Symbols (Legisigns)
10)	3.3	2.3	1.3 = Arguments (Symbolic Legisigns)

Figure 2: Peirce's 10 sign classes according to Cheng's Functional Diagrams (Cheng 1993)

Additional human information processing concepts relevant to multimedia control and use are exploration and engagement. User's and between media objects or presentation segments in order to find an object, a particular topic, or a specific piece of information.

Interface design specifies the way users can access the different parts of the content and how they can control or manipulate the different types of content. This design issue comprises the user's route accessing the information sought or exploring unknown information structures. When designing the available paths to content in a multimedia user interface, the following should be considered;

1. the design of navigation structures that are suitable for the structure of the

content, the communication goal and the user's task. The navigation structure determines the possible paths by which the user can move through the application;

2. the use of appropriate navigation aids to support the user's orientation in a multimedia application, facilitate exploration and make information retrieval effective. Navigation aids include tables of contents, site maps, indices and guided tours;

3. the provision of appropriate mechanisms for searching when the user's task entails finding specific information related to known concepts, especially in large volumes of information.

The general approach, the process as well as the final result of the experimental studies on human-computer interactions are being introduced here, The data model is completed with the human nature and all kinds of knowledge become the perfect operating system for the usability testing. (Figure 3)

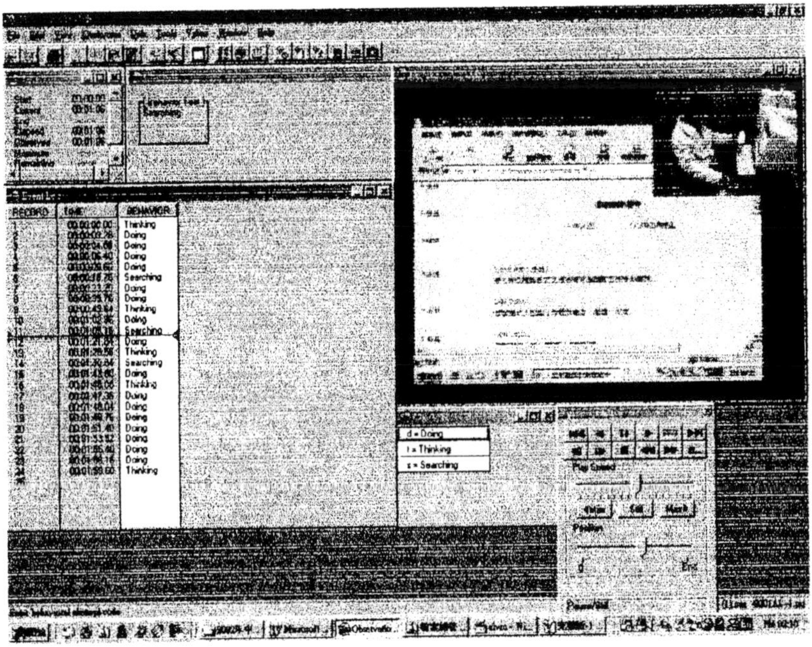

Figure 3: The Task Simulation on human-computer interactions (The research is presented: The Establishment of a Public Safety and Ergonomics Database on The Basis of DIN)

Conclusion

Simulation is often used in the process of designing, and it is a more effective research method when a reproduction of the real world becomes critical under controlled situations. There are three functions of simulation: cognition, decision-making and transmitting.

The Task Simulation allows observers to see and to feel the virtual reality in planned situation. All information gathered by the observer can be used to form an integrated image.

System is defined as the integration of all separated units. The cognition system of Interface Design is defined by objects, human beings and ordered information chains. The system is usually determined by the order of the operation process of the interactive product. The coding system of the interdependent units of a product or a system as well as their hierarchical relationships should be clearly defined. The process of cognition is the process of applying semiotics. Perception, experience, and cognition are recursive steps in acquiring knowledge. (Figure 4)

References

Cheng. Frue (1993): „Neue Darstellung der zehn Zeichenklassen". In: *Semiosis* 71/72: 111-124.

Cheng, Frue (1997); „Neue Darstellung der Zeichenoperationen". In: *Semiosis* 85-90: 118-127.

Cheng, Frue (1997): „Visual Simulation Techniques on Environmental Cognition System". In: Third Conference of European Architectural Endoscopy Association, Delft University Press: 136-140

Cheng, Frue (2002): „The Establishment of a Public Safety and Ergonomics Database- on The Basis of DIN)". In: 2002 Conference of Chinese Ergonomics Association, Conference Press: 81-86

Walther, Elisabeth(1979), *Allgemeine Zeichenlehre. Einführung in die Grundlagen der Semiotik.* 2, Auflage, Stuttgart 1979.

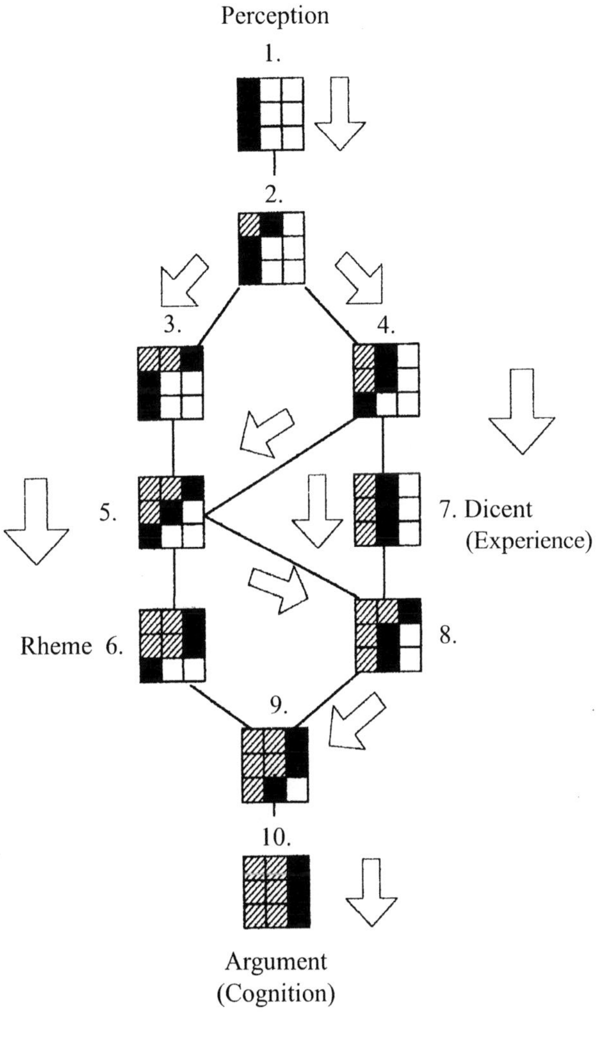

Figure 4: The process of cognition is the process of applying semiotics.

Rul Gunzenhäuser und Theo Lutz

Was hat die Aussagenlogik mit der Schaltalgebra zu tun?

1. Vorbemerkung

Es war in Stuttgart im Sommer 1953. Wir kamen frisch vom sprachlichen Gymnasium an die damalige Technische Hochschule - erfüllt vom Drang, kennen zu lernen, was die Welt der Mathematik, der Physik und der Philosophie im Innersten zusammenhält. Wir waren zunächst etwas enttäuscht, denn jeder Dozent sprach nur über seine eigene fachliche Welt: Der reine Mathematiker über Mengentheorie, der angewandte über Wahrscheinlichkeitsrechnung, der technische Physiker über Schaltalgebra und Max Bense über „Was ist der Mensch?"

Gab es denn keinen Schutzengel, der uns ein wenig an die Hand nehmen und uns vor groben Irrtümern und fehlerhaften Interpretationen schützen wollte und konnte? Es gab ihn: Er war blond, sehr weiblich, gerade mal 30 Jahre alt, freundlich und sehr geduldig, fachlich und vor allem fachdidaktisch überaus kompetent. Er war Dr. rer. nat. phil. habil. und hieß *Elisabeth Walther*.

2. Aussagenlogik (1)

Das Seminar von Dr. Walther begann mit einer Einführung in die Aussagenlogik. Deren Elemente bestehen aus sogenannten Elementaraussagen, die als ganzes entweder „*wahr*" oder „*falsch*" sind. So kann die Aussage „Die Rose ist rot" *wahr* sein – was man visuell verifizieren kann. Dann sind aber Aussagen wie „Die Rose ist *nicht* rot" oder „Die Rose ist blau" *falsch*.

Durch geeignete Operationen lassen sich solche Aussagen verknüpfen und der „Wahrheitswert" solcher Verknüpfungen bestimmen. Eine logische Verknüpfung erfolgt durch „*oder*": „Die Rose ist rot *oder* die Rose ist nicht rot" ist insgesamt eine *wahre* Aussage, auch wenn nur der erste Teil zutrifft. Diese logische Verknüpfung ist nämlich so definiert, dass sie genau dann *wahr* ist, wenn mindestens eine der beiden Aussagen *wahr* ist. Entsprechend lässt sich eine logische *und*-Verknüpfung zweier Elementaraussagen so definieren, dass sie nur dann *wahr* ist, wenn beide Aussagen *wahr* sind. „Die Rose ist rot *und* die Rose ist nicht rot" ist demnach insgesamt *falsch*.
Alle diese Möglichkeiten lassen sich wie folgt zusammenfassen:

Aussage A	Aussage A	Aussage (A oderB)	Aussage (A und B)
wahr	wahr	wahr	wahr
wahr	falsch	wahr	falsch
falsch	wahr	wahr	falsch
falsch	falsch	falsch	falsch

Bevor wir daraus weiteres ableiten konnten, hörten wir in einer anderen Lehrveranstaltung über Boolesche Algebra.

3. Boolesche Algebra

Mathematiker schaffen sich eine Struktur aus einer Menge von Elementen A, B, C, ..., für die sie zwei unterschiedliche Verknüpfungen durch die Symbole + und * festlegen, die folgenden vier Grundeigenschaften (Axiomen) genügen:

Beide Verknüpfungen sind kommutativ, d. h. es gilt:

$$A + B = B + A \text{ und } A * B = B * A.$$

Jede der beiden Verknüpfungen ist bezüglich der anderen distributiv, d.h. es gilt:

$$A + (B * C) = (A + B) * (A + C) \text{ und } A * (B + C) = (A * B) + (A * C).$$

Für die Verknüpfung + gibt es ein neutrales Element 0, d. h. es gilt A + 0 = A; entsprechend gibt es für die Verknüpfung * das neutrale Element 1 mit A * 1 = A. Zu jedem Element A gibt es komplementäre Elemente A' bzw. A" für die gilt:

$$A + A' = 0 \text{ bzw. } A * A'' = 1.$$

Die Mathematiker nennen ein solches System seit 1854 nach G. Boole (1815 – 1864) Boolesche Algebra.

Bei der Booleschen Algebra gilt grundsätzlich Dualität: Durch Vertauschen der beiden Verknüpfungen mit gleichzeitigem Vertauschen der beiden neutralen Elemente 0 und 1 geht jede richtige Aussage in eine andere richtige Aussage über. Dies sieht man auch bei den vorgenannten Axiomen.

Nimmt man als Elemente die natürlichen Zahlen 0, 1, 2, 3, ... und interpretiert die beiden Verknüpfungen im üblichen Sinne als Addition und Multiplikation, so erlebt man eine Enttäuschung: Die Arithmetik ist *keine* Boolesche Algebra, denn eines der distributiven Gesetze gilt nicht, wie man am Beispiel 2 + (3 * 4) sieht, was dem Wert von (2 + 3) * (2 + 4) nicht entspricht. Es liegt daran, dass bei einer Booleschen Algebra beide Operationen unabhängig voneinander festgelegt werden. In der Arithmetik ist dagegen die Multiplikation auf die Addition aufgebaut und zwar als Abkürzung für Additionen mit gleichen Summanden. Mehr Erfolg hat man bei der Aussagenlogik, denn sie bildet eine Boolesche Algebra.

4. Aussagenlogik (2)

Jede logische Aussage hat eine Negation, die im Sinne der Booleschen Algebra als Komplement ausgedrückt werden kann. Die neutralen Elemente werden durch „*immer falsche*“ bzw. „*immer richtige*“ Aussageformen dargestellt. Beispiele hierfür sind

„x ist größer als x“

was für sämtliche mathematischen Objekte *falsch* ist, und

„x ist gleich x“

was für alle solchen Objekte zutrifft, also *wahr* ist. Insgesamt ergibt sich zwischen Boolescher Algebra und Aussagenlogik folgende Entsprechung:

Boolesche Algebra	Aussagenlogik
Element	Aussage
Verknüpfung +	Oder-Verknüpfung
Verknüpfung *	Und-Verknüpfung
Komplement	Negation

Die Aussagenlogik genügt in Bezug auf die Negation, die *oder*-Verknüpfung und die *und*-Verknüpfung sämtlichen Booleschen Axiomen und ist damit eine Interpretati-onsform der Booleschen Algebra. Weitere Verknüpfungsoperationen der Aussagenlogik wie Äquivalenz und Implikation lassen sich, wie uns Dr. Walther anschaulich entwickelte, auf die einfacheren Verknüpfungen *oder*, *und* und die Negation zurückführen.

5. Schaltalgebra

Während man mit Hilfe der Aussagenlogik logische Strukturen aus verschiedensten Wissensgebieten auf einfachere logische Aussagen reduzieren und deren Wahr-heitswerte bestimmen kann, beschäftigt sich die Schaltalgebra mit elektrischen und elektronischen Netzwerken. Diese bestehen aus parallel oder in Serie verknüpften Schaltelementen. Jedes solche Element (Lampe, Diode, Relais usw.)

kann genau *zwei* verschiedene Zustände annehmen, nämlich „*ein*" oder „*aus*". In elektrischen Schaltkreisen werden diese als Leitwerte interpretiert, wobei dem offenen Schalter der Wert 0 oder „*aus*" und dem geschlossenen der Wert 1 oder „*ein*" zugeordnet wird.

Interessant ist nun die Bestimmung des Leitwerts von Schalterverknüpfungen (Netzen). Der Reihen- und der Parallelschaltung entsprechen die folgenden Schaltwerte:

Schalter A	Schalter B	Parallelschaltung	Reihenschaltung
ein	ein	ein	ein
ein	aus	ein	aus
aus	ein	ein	aus
aus	aus	aus	aus

Ein Vergleich mit den Verknüpfungen der Aussagenlogik zeigt, dass die logische *und*-Verknüpfung wertemäßig genau der Verbindung zweier hintereinander geschalteter Schaltelemente entspricht und die logische *oder*-Verknüpfung der Verbindung parallel geschalteter Elemente. Die Schalterverbindung eines Relais mit Ruhekontakt entspricht der logischen Negation.

Es lässt sich weiter nachweisen, dass die genannten Verknüpfungen der Schaltalgebra den Axiomen der Booleschen Algebra exakt genügen. Die Schaltalgebra ist damit - neben der Aussagenlogik - eine zweite Interpretationsform der Booleschen Algebra und dieser damit strukturell eng verwandt, d. h. isomorph zu ihr.

Zusammenfassend gelten folgende Entsprechungen:

Boolesche Algebra	Aussagenlogik	Schaltalgebra
Element	Aussage	Schalter
Verknüpfung +	*oder*-Verknüpfung	Parallelschaltung
Verknüpfung *	*und*-Verknüpfung	Reihenschaltung
Komplement	Negation	Relais mit Ruhekontakt

Seit mehr als 50 Jahren bildet die Schaltalgebra die wichtigste Grundlage bei der Konstruktion von (elektronischen) Rechnern und Computern, deren Rechen- und Speicherwerke schaltalgebraisch betrachtet aus nur wenigen Typen solcher Schaltelemente aufgebaut sind. Alle lassen sich auf die drei genannten Grundschaltungen zurückführen.

Nicht zuletzt mit dieser Erkenntnis lenkte Dr. Walther unser Interesse auf die Konstruktion und die Funktionsweise der neuen mathematischen Maschinen, deren Bedeutung damals nur wenige erkannten.[1]

6. Ereignisalgebra

Zufallsexperimente wie Würfeln, Werfen einer Münze oder Bestimmen der Gewinnzahlen im Zahlenlotto haben Ergebnisse, die man als Elemente einer (Grund-)Menge auffassen kann. Beim Würfel ist diese Grundmenge {1, 2, 3, 4, 5, 6}. Jede Teil-menge dieser Grundmenge nennt man *Ereignis*. So ist die Zahlenfolge

(2 – 7 – 18 – 23 – 35 – 36)

ein mögliches Ereignis bei der Ausspielung des deutschen Zahlenlottos.

Mit den üblichen Mengenoperationen zur Bildung von „Durchschnitt“ und „Vereinigung“ von (Teil-)Mengen lassen sich diese Ereignisse verknüpfen. So kann man mehrere Zufallsexperimente überlagen und beispielweise das Ereignis definieren, dass bei einem Wurf mit drei Würfeln mindestens *eine* „6“ gewürfelt wird. Dieses Ereignis stellt sich durch die Verknüpfung dar, dass der erste Würfel eine „6“ zeigt, - oder der zweite oder der dritte Würfel.

Beziehungen der Ereignisalgebra zur Aussagenlogik und zur Schaltalgebra werden damit deutlich: Auch die Ereignisalgebra – die in der Wahrscheinlichkeitsrechung und in der mathematischen Statistik eine fundamentale Rolle spielt – ist eine spezielle Interpretationsform der Booleschen Algebra.

Das Komplementärereignis besteht dabei aus allen Ergebnissen (Ausgängen) eines Zufallsexperiments, die im Ereignis selbst nicht enthalten sind. Die Beziehung zwischen den Ausgängen eines Zufallsexperiments und einem Ereignis soll an folgendem einfachen Beispiel erläutert werden:

Das Ereignis „Eine gerade Augenzahl wird gewürfelt“ besteht aus den drei unterschiedlichen Ausgängen, eine „2“, eine „4“ oder eine „6“ zu würfeln. Jedem dieser Ergebnisse wird in der Wahrscheinlichkeitsrechnung eine (rationale) Zahl zwischen 0 und 1 als Wahrscheinlichkeit zugeordnet. Beim Würfel sind insgesamt sechs Ausgänge möglich. Jeder hat die Wahrscheinlichkeit 1/6, weil sie alle „gleichwahrscheinlich“ sind. Da das Ereignis, eine gerade Augenzahl zu würfeln, aus den drei genann-ten Ausgängen besteht, hat es insgesamt die Wahrscheinlichkeitssumme

$$1/6 + 1/6 + 1/6 = \frac{1}{2}.$$

Auch anschaulich ist klar, dass für das Würfeln einer geraden Augenzahl eine 50-%-Chance besteht.

Die Aufgabe der Wahrscheinlichkeitsrechnung besteht im Wesentlichen darin, durch mathematische Betrachtungen (wie beim Würfel) oder statistische Auszählungen (wie bei Geburtswahrscheinlichkeiten) die Grundwahrscheinlichkeiten für die Ergebnisse (Ausgänge) zu bestimmen. Mit den Gesetzen der Ereignisalgebra lassen sich dann daraus die Wahrscheinlichkeiten für sämtliche Ereignisse bestimmen, die aus diesen Ausgängen gebildet werden können. Damit bildet die Ereignisalgebra eine sehr wichtige Grundlage auch für die Wahrscheinlichkeitstheorie, die mathematische Statistik und die mathematische Informationstheorie.

7. Mengenalgebra

Bei der Diskussion der Ereignisalgebra muss auf die Grundbegriffe der Cantorschen Mengenlehre zurückgegriffen werden. So soll abschließend folgende Frage aufgeworfen werden: Ist auch die Mengenalgebra eine Boolesche Algebra?

Diese Frage lässt sich mit einem klaren „Ja" beantworten, wenn die mengentheoretischen Definitionen von Teilmenge, Vereinigungsmenge, Durchschnittsmenge und Komplementmenge und die Detailschritte des Beweises sorgfältig expliziert werden.[2]

Es lässt sich damit insgesamt folgende Zuordnung herstellen:

Boolesche Algebra	Ereignisalgebra	Mengenalgebra
Element	Ereignis	Teilmenge
Verknüpfung +	oder-Verknüpfung	Vereinigung von Mengen
Verknüpfung *	und-Verknüpfung	Durchschnitt von Mengen
Komplement	Negation	Komplementmenge

Die Mengenalgebra ist nun – anders als die abstraktere Grundform der Booleschen Algebra - in der Lage, auch die Arithmetik, die Grundrechenoperationen mit natürlichen Zahlen, zu begründen. Darüber hinaus bildet sie heute eine wichtige Grundlagendisziplin für viele geometrische, zahlentheoretische, topologische und statistische Teilgebiete der (reinen) Mathematik. Die Sprache der Mengenlehre wurde für die moderne Mathematik zur verbindlichen Formalsprache, in der sie viele ihrer Fragestellungen und deren Lösungen formuliert.

8. Zusammenfassung

Was haben wir damit – neben vielem anderen – bei Elisabeth Walther gelernt? Im wesentlichen doch formales Schließen in abstrakten (Denk-)Strukturen.

Durch geeignete Interpretation der (sicherlich nicht leicht zu begreifenden) Struktur der abstrakten Booleschen Algebra lassen sich isomorphe Strukturen und Zusammenhänge in sehr unterschiedlichen Fachgebieten verstehen:

- Durch die *Aussagenlogik* grundlegende logische Strukturen,

- durch die *Mengenalgebra* die Theorie der unendlichen Mengen,
- durch die *Schaltalgebra* die Wirkungsweise elektronischer Schaltungen und Geräte und
- durch die *Ereignisalgebra* wahrscheinlichkeitstheoretische Fundamente der Angewandten Mathematik und der Statistik.

So verschieden auch diese Anwendungsfelder sind, so einheitlich ist deren Bauplan. Mit Sicherheit ist die Boolesche Algebra nicht der einzige „Pudels Kern“, der sich an einer Universität finden lässt. Sie bildet aber ein sicheres *Fundament* für mathematisches und logisches Verständnis und gleichzeitig eine *Brücke* zwischen unterschiedlichen wissenschaftlichen Disziplinen.

Dies schon im Anfangssemester unseres Studiums erkannt zu haben verdanken wir unserem Schutzengel Elisabeth Walther.

Anmerkungen

[1] Man Bense schrieb 1955 in L. Coufignal *Denkmaschinen*: „Nicht die Erfindung der Atombombe ist das entscheidende technische Ereignis unserer Epoche, sondern die Konstruktion der großen mathematischen Maschinen, die man, vielleicht mit einiger Übertreibung, gelegentlich auch Denkmaschinen genannt hat.“

[2] Vgl. u.a. Rul Gunzenhäuser: „Mathematik für Manager“. In: *Management-Enzyklopädie*. Verlag moderne Industrie, Ergänzungsband, 1973.

Hariss Kidwaii

Der Satz von Pythagoras : Eine semiotische Beweisstrategie

Für Elisabeth Walther-Bense zum 80, Geburtstag

Einer der bekanntesten Sätze der Geometrie bzw. der Mathematik ist der Satz von Pythagoras, den wir aus der Schule kennen. Der Satz und der Beweis wurde in der Neuzeit durch den Euklid-Kommentar des arabischen Mathematikers Tabit Ibn Qurra (Baghdad, 826-906) bekannt (1. S. 48).

Der Satz lautet (Euklid I):

In den rechtwinkeligen Dreiecken ist das Quadrat über der den rechten Winkel unterspannenden Seite gleich den Quadraten über den rechten Winkel einschließenden Seiten. (2. S. 12)

Mit Zeichenrepertoire der Geometrie kann man diese Behauptung wie folgt darstellen:

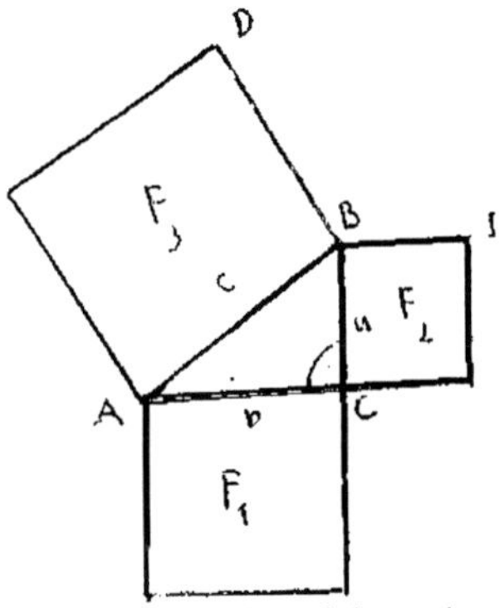

Fig. 1 (a, b, c bezeichnen jeweils Längen der Seiten, neben denen sie stehen)

Die *Behauptung* lautet nun:

Fläche F3 ist gleich Summe der Flächen F1, F2

Der Satz soll den Babyloniern und Chinesen schon vor den Griechen bekannt gewesen und von ihnen bewiesen worden sein. Interessant ist die Tatsache, dass inzwischen über 400 verschiedene Beweise dieses Satzes geben soll und zwar immer wieder sehr interessante (4. S. 76-79).

In der Tat ist Geometrie (der Ebene) mit ihrem Zeichenrepertoire eines der interessanten Gebiete der Mathematik und bietet einmalige Möglichkeiten des kreativen Denkens. Beim überlegten Einsatz kann das Zeichenrepertoire der Geometrie dazu verwendet werden, neue Lösungen bzw. Lösungsstrategien zu entwickeln, zu überlegen, warum eine Lösung dem Problem „näher" liegt als die andere. Leider wird in Büchern - insbesondere der Schule - die Aufmerksamkeit ausschließlich dem richtigen Beweis bzw. Ergebnis gewidmet und zu wenig der Beweisstrategie, Es werden auch nicht unterschiedliche Beweise miteinander verglichen unter dem Aspekt, warum man eher schneller den einen findet als den anderen.

Dieser Aufsatz soll zeigen, wie man unter Berücksichtigung semiotischer Aspekte eine neue Beweisstrategie des Satzes von Pythagoras entwickeln kann. Wenn man weiß, dass der o. g. Satz inzwischen über 400 Beweise hat, so stellt sich die Frage: Wie kommen die verschiedenen Personen zu diesen unterschiedlichen Lösungen? Warum interpretiert einer das Problem so und der andere anders?

Warum sieht einer den einen Zeichenkontext und interpretiert die Zeichen entsprechend, wo der andere einen anderen Zeichenkontext sieht und deshalb andere Lösungsstrategie entwickelt?

Vergleicht man die bekannten Beweise von Euklid (2. S. 35, 3. S, 76), Bhaskara (Indien, 1114; 1. S. 43) , den sog. chinesischen Beweis und den von Albert Einstein (1 . S. 67; 5. S. 21) - den Einstein als Schüler spontan vorgeschlagen haben soll, als ihm zum ersten Mal der Satz von Pythagoras von seinem Onkel vorgetragen wurde - ist man erstaunt darüber, wie unterschiedlich das einzige Zeichen, nämlich die Fig. 1 , im Kontext der Behauptung unterschiedlich interpretiert und dazu verwendet wird, um neue Zeichen einzurühren - wir sehen dies unten bei unserem Beweisversuch - und diese erneut zu interpretieren. Hierbei interessiert uns die Frage, ob die Fig. 1, die ein zusammengesetztes Zeichen darstellt, unter Berücksichtigung der Behauptung uns unmittelbar eine Beweisstrategie nahe legt?

Die Interpretation des Zeichens „ Summe" in der Behauptung kann dazu führen, durch Einführung neuer Zeichen in Fig. 1 zu testen, ob es möglich ist, die Fläche F3 in 2 Teilen so zu teilen, dass die einzelnen Teile jeweils Flächen F1 und F2 haben. Dies scheint nicht einfach zu sein. Andere Möglichkeit wäre, eine Figur mit Fläche F0 zu finden, die das Quadrat ABDE (Fläche F3) umfasst und eine Restfläche R0 besitzt und anders positioniert die Quadrate CHLB (Fläche F2), FGCA (Fläche F1) umfasst und dabei ebenfalls Restfläche R0 besitzt. Gelingt es eine solche Figur zu finden, dann würde gelten: Summe von F3 und R0 ist gleich Summe von F1, F2 und R0.

Die Bedeutung von „Summe“, „gleich“ und Identität von R0 führt zum Ergebnis: F3 gleich Summe von F1, F2.

Können nun Teilzeichen der Fig. 1 einen Hinweis auf die von uns gesuchte Figur geben - als Index fungieren -, die einerseits das Quadrat ABDE und anders positioniert die Quadrate AFGC, CHIB umfassen soll?

Das Dreieck ABC lässt sich als *verbindendes* Zeichen zwischen den 3 Quadraten (Fig. 1) interpretieren. Darf man vermuten, dass bei der von uns gesuchten Figur (mit Fläche F0) das Dreieck ABC ebenfalls eine *verbindende* Rolle zwischen dieser Figur und dem Quadrat ABDE einerseits und dieser Figur und den Quadraten AFOC, CHIB andererseits spielt ?

Wir gehen deshalb vom Dreieck ABC aus und machen es den „Drehpunkt“ unserer Überlegungen, Hier liegt der Unterschied zu den bekannten Beweisen des Satzes.

Wir verlängern die Seite CB des Dreiecks ABC nach oben. Weil die gesuchte Figur das Quadrat ABDE umfassen soll, ziehen wir durch D eine Parallele zur AC.

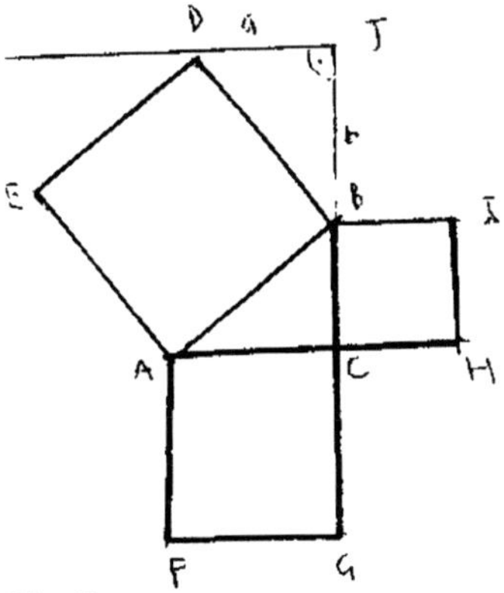

Fig. 2

Es entsteht ein Dreieck: BJD, das gleich ABC ist (Fig. 2). Es liegt nun nahe die Figur ACBJD, die ABDE teilweise umfasst, zu vervollständigen. Wir verlängern JD nach links, ziehen eine Parallele zur CB durch E und verlängern CA nach links. Es entsteht ein Quadrat LCJK mit einer Seitenlänge, die gleich der Summe der Längen von AC und CB ist (Fig. 3). Dieses Quadrat umfasst das Quadrat ABDE und 4 Dreiecke. Die 3 von ABC verschiedenen Dreiecke haben aber jeweils die gleiche Fläche wie ABC.

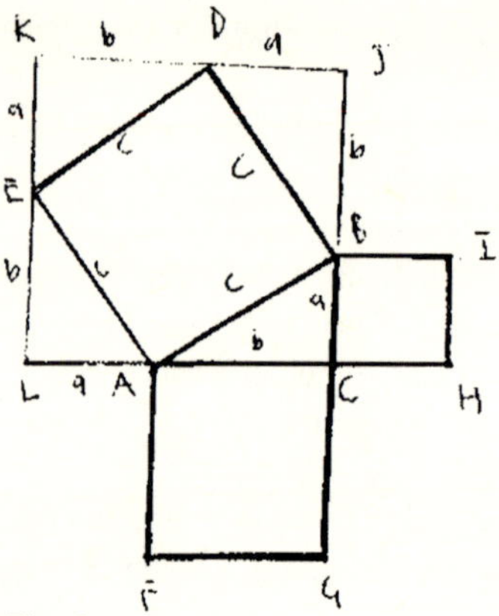

Fig. 3

Ist es möglich nun ein Quadrat mit der gleichen Seitenlänge wie das Quadrat LCJK zu finden, das die Quadrate AFGC, CHIB und ebenfalls 4 Dreiecke, die jeweils Fläche von ABC haben, umfasst? Dieser Kontext legt es nahe ein Quadrat um Dreieck ABC wie folgt zu konstruieren: Wir gehen wieder vom Dreieck ABC aus, verlängern IB nach links und FA nach oben. Es entstehen 2 Seiten - IMFM - eines Quadrates mit Seitenlänge gleich der Summe der Längen von AC und CB (Fig. 4):

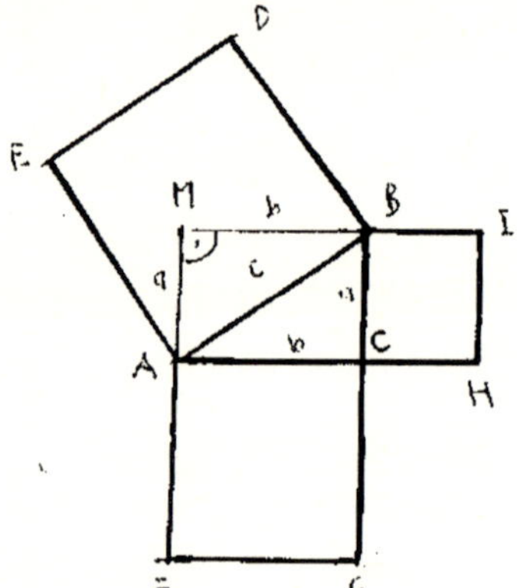

Fig. 4

Wir vervollständigen das Quadrat, indem wir FG nach rechts und IH nach unten zeichnen. Wir verbinden nun G und H (Fig. 5).

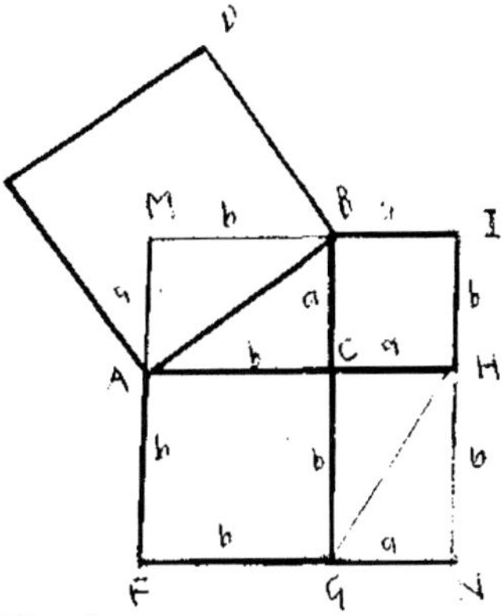

Fig. 5

Wir haben nun ein Quadrat FNIM, das die gleiche Seitenlänge hat wie das Quadrat LCJK - die Summe von Längen von AC, CB - und die Quadrate AFGC (Fläche F1) CHIB (Fläche F2) und Dreiecke umfasst. Die von ABC verschiedenen Dreiecke haben jeweils die gleiche Fläche wie ABC.

Ein Vergleich der Quadrate LCJK und FNIM zeigt nun, dass die von uns gesuchte Figur existiert und ein Quadrat der Seitenlänge gleich der Summe der Längen von AC, CB ist, das hier als LCJK und MFNI auftritt.

Nimmt man von diesen Quadraten jeweils die Fläche der Dreiecke weg - die in beiden vorkommt - so ist die jeweilige Restfläche gleich. Damit wird aber die Richtigkeit der Behauptung des Satzes festgestellt.

Wir haben eigentlich mit Hilfe von gewissen Zeicheninterpretationen neue Zeichen - Seiten BJ, JK, KL, LA, MB, MA und GH - eingeführt, die dadurch entstandenen Zeichen: LCJK, FNIM, GNH, GHC etc. im neuen Kontext interpretiert. Dieser Prozess der Interpretationen ist eigentlich die gesuchte Beweisstrategie.

Die von uns entwickelte Strategie, die die Zeicheninterpretation, den Zeichenkontext und die Einführung neuer Zeichen in den Mittelpunkt stellt, führt zu neuen Beweisfiguren: Fig. 3, Fig. 5 - zumindest uns aus der Literatur nicht bekannt.

Literatur

1. Baptist, P., *Pythagoras und kein Ende?* Ernst Klett Schulbuchverlag, Leipzig 1997
2. Lietzmann,W., *Der Pythagoreische Lehrsatz.* B. G. Teubner, Leipzig 1968
3. Strathern, P., *Pythagoras & sein Satz.* Fischer Taschenbuch Verlag, 1999
4. Meyer, J., *Zum Satz des Pythagoras.* MNU 50/2,76-79
5. Schwinger, J., *Einstein's Legacy.* Freeman & Co., NY 1986

distel

tach du verehrte
    über
        und
            über
stachel -
bewehrte !

gefahr

im sömmerlichen
vierteljahr ? -

erwächst aus pleinairistenschar :

sie ist
dem stieglitz

auf der fährte

(die
    kleine
        fliegende
            palette

umschließt
die blätterkette)

mardersteig

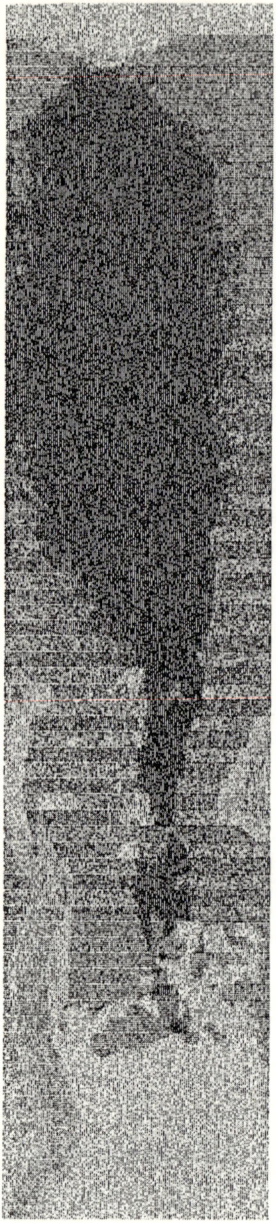

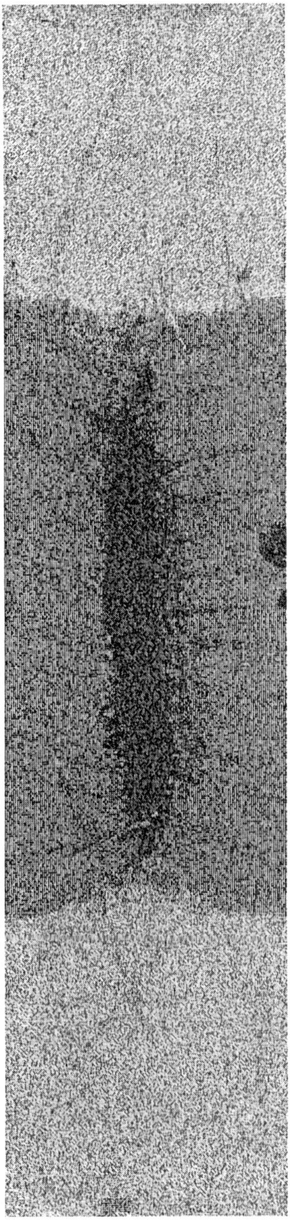

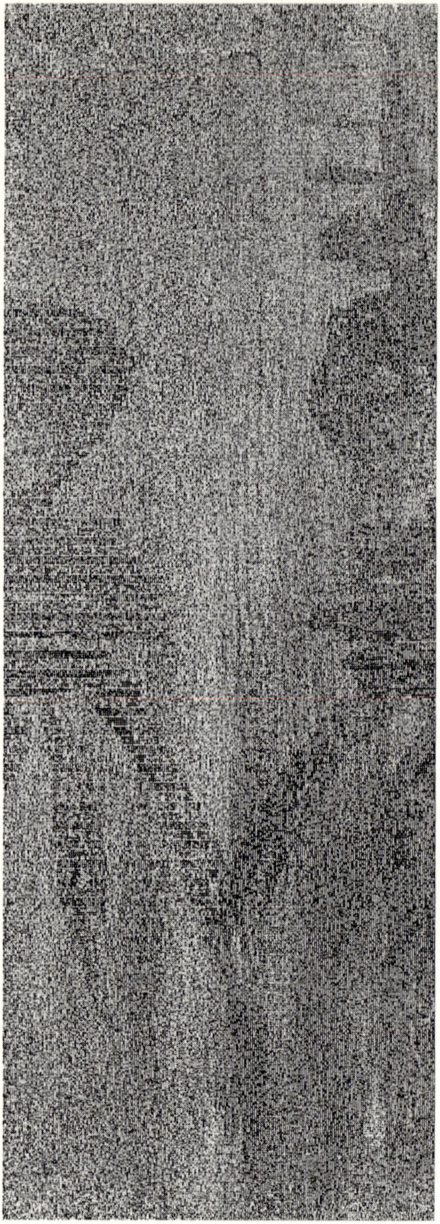

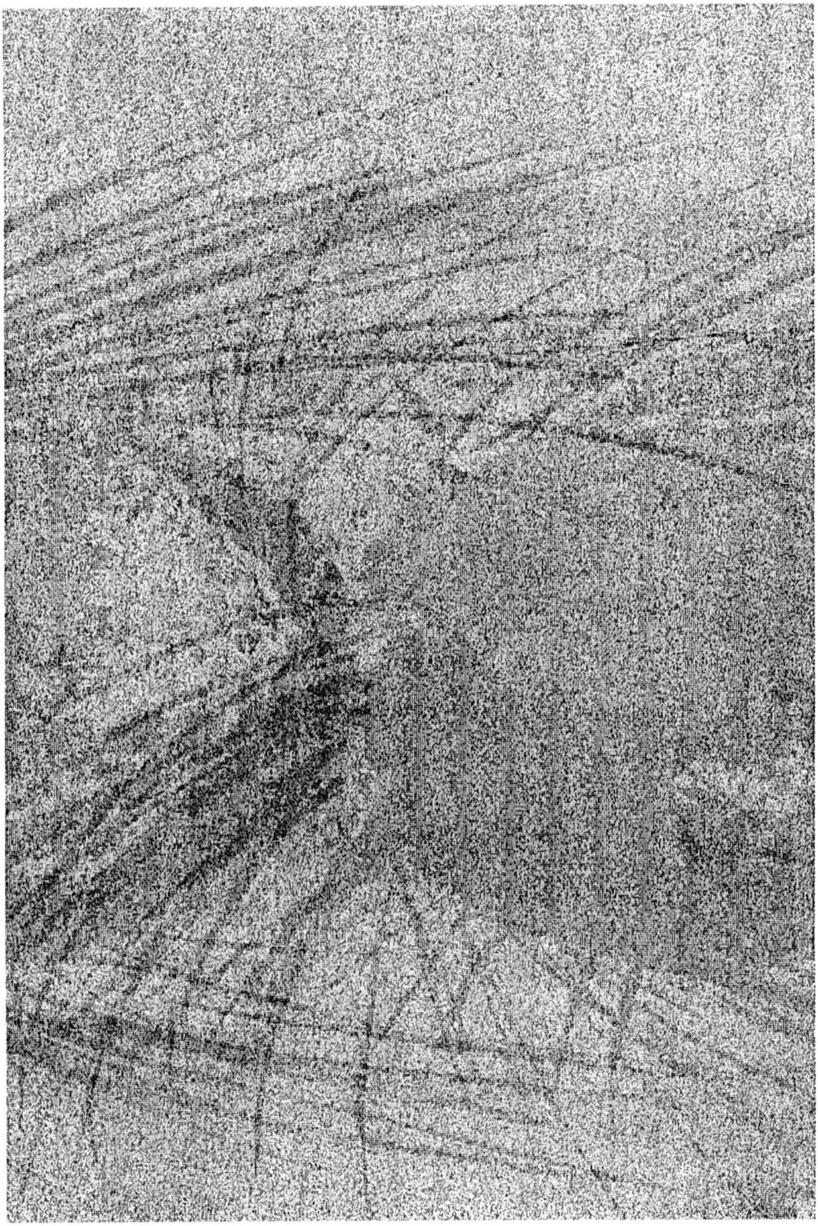

Jorge Bogarín

Zeichen der Ästhetik: Die Zeichenklasse des ästhetischen Zustands als zehnstellige Relation

1 Die Große Matrix

Ein wichtiger Teil der Erweiterungen, welche die Peircesche Semiotik in Stuttgart erfuhr, bestand in der Zuordnung des rhematisch-indexikalischen Legizeichens durch Max Bense zum ästhetischen Zustand und zum „Zeichen als solches", und in der Untersuchung der verschiedenen theoretischen und praktischen Konsequenzen aus dieser Relation. Der „ästhetische Zustand" eines Kunstwerkes ist das, was ein Kunstwerk erst zum Kunstwerk macht, sein Zeichencharakter, seine Zeichenthematik. Eine der speziellen Eigenschaften dieser Zeichenklasse besteht in ihrer doppelten Symmetrie, erstens innerhalb der Zeichenklasse (Triade) selbst: 3.1 2 x 2 1.3 und zweitens in bezug auf ihre Realitätsthematik: 3.1. 2.2 1.3 x 3.1 2.2 1.3. Max Bense sah diese Symmetrien als mögliche Begründung für den „ästhetischen Zustand".

Max Bense führte die Große Matrix ein, um über die kleine Matrix und die zehn Zeichenklassen hinaus eine präzisere Differenzierung der Zeichen zu erzielen (Bense 1975). Ausgangspunkt für die Bildung der Großen Matrix sind die neun Subzeichen, sie werden in einem erweiterten Schema einmal als Zeile und dann als Spalte notiert. Die Zahl der inneren Produkte steigt dann auf einundachtzig (siehe Anhang 1). Dieser sehr erfolgversprechende Versuch brachte leider keine nennenswerte Ergebnisse, die bereits früh erkannten Schwierigkeiten, „... vor allem bei der Bildung von Zeichenklassen und Realitätsthematiken" (Walther 1980: 31) wurden nicht überwunden. Einige Aufsätze über Große Matrix und Ästhetik haben diesen Umstand nicht berücksichtigt, die Autoren basierten ihre Überlegungen auf die Struktur der Nebendiagonale dieser Matrix und ignorierten dabei, dass es keine systematische Methode gibt, welche Zeichenklassen aus der Großen Matrix bildet und dabei die Nebendiagonale als eine dieser Klassen festlegt. Nach der Untersuchung dieser Unstimmigkeiten habe ich in Bogarín 1987 eine Regel vorgeschlagen, um fünfundfünfzig Zeichenklassen und Realitätsthematiken aus der Großen Matrix zu generieren. Eine Verallgemeinerung dieses Prinzips auf eine beliebige Anzahl von Trichotomien findet sich in Bogarín 1991.

2 Peirce's 66 Zeichenklassen

Eine andere Möglichkeit, den ästhetischen Zustand über die Kleine Matrix hinaus zu kategorisieren bietet das aus den zehn Peirceschen Trichotomien generierte System von 66 Zeichenklassen. Peirce selbst ließ es nämlich nicht bei den drei Trichotomien und zehn Zeichenklassen bewenden, sondern versuchte, eine Erweiterung seiner Klassifikation zu entwickeln. Durch die Einführung von zwei verschiedenen bezeichneten Objekten (unmittelbaren oder internen und dynamischen oder externen) und drei bedeutenden Interpretanten (unmittelbaren, dynamischen und normalen) gelangte Peirce zu den „zehn Haupttrichotomien der Zeichen" („The Ten Trichotomies of Signs", CP 8.345, auch Peirce 1985: 156), oder „zehn Beziehungen, nach denen die Haupteinteilungen der Zeichen festgelegt werden" („ten respects according to which the chief divisions of signs are determined", CP 8.344, auch Peirce 1985: 155):

1. Gemäß dem Modus der Erfassung des Zeichens selbst
2. Gemäß dem Präsentationsmodus des unmittelbaren Objekts
3. Gemäß dem Seinsmodus des dynamischen Objekts
4. Gemäß der Relation des Zeichens zu seinem dynamischen Objekt
5. Gemäß dem Präsentationsmodus des unmittelbaren Interpretanten
6. Gemäß dem Seinsmodus des dynamischen Interpretanten
7. Gemäß der Relation des Zeichens zu seinem dynamischen Interpretanten
8. Gemäß der Natur des normalen Interpretanten
9. Gemäß der Relation des Zeichens zu seinem normalen Interpretanten
10. Gemäß der triadischen Relation des Zeichens zu seinem dynamischen Objekt und seinem normalen Interpretanten

Tabelle 1: Zehn Haupteinteilungen der Zeichen

Jede dieser Haupttrichotomien wird wiederum trichotomisch, d.h. dreifach unterteilt und führen zu einer Matrix aus drei Spalten und zehn Zeilen (siehe Anhang 2). Aus den dreißig inneren Produkten werden nach dem „Prinzip der Wohlgeordnetheit" oder „Forderung der Wohlordnung" insgesamt 66 zehnstellige Zeichenklassen. Die vollständige Liste dieser Zeichenklassen findet sich im Anhang 3.

3 Zeichen der Ästhetik

Der Bensesche Begriff des „ästhetischen Zustands" wird auf der Ebene der elementaren Zeichenklassen als rhematisch-indexikalisches Legizeichen charakterisiert. Als Präzisierungen dieses Zeichens kommen nur die erweiterten Zeichenklassen in Frage, welche die gleichen Subzeichen beinhalten. Wir selegieren also aus den 66 Klassen — ich verwende hier die in CP 8.344 angegebene Anordnung — alle rhematisch-indexikalischen Legizeichen. Es sind fünfzehn:

12. Instinktiv-*rhematisch*-saturierend-suggestiv-sympathetisch-hypothetisch-*indexikalisch*-konkretiv-designatives *Legizeichen*
13. Instinktiv-*rhematisch*-saturierend-suggestiv-sympathetisch-hypothetisch-*indexikalisch*-konkretiv-kopulatives *Legizeichen*
14. Instinktiv-*rhematisch*-saturierend-suggestiv-sympathetisch-hypothetisch-*indexikalisch*-kollektiv-kopulatives *Legizeichen*
17. Instinktiv-*rhematisch*-saturierend-suggestiv-sympathetisch-kategorisch-*indexikalisch*-konkretiv-designatives *Legizeichen*
18. Instinktiv-*rhematisch*-saturierend-suggestiv-sympathetisch-kategorisch-*indexikalisch*-konkretiv-kopulatives *Legizeichen*
19. Instinktiv-*rhematisch*-saturierend-suggestiv-sympathetisch-kategorisch-*indexikalisch*-kollektiv-kopulatives *Legizeichen*
23. Instinktiv-*rhematisch*-saturierend-suggestiv-provokativ-kategorisch-*indexikalisch*-konkretiv-designatives *Legizeichen*
24. Instinktiv-*rhematisch*-saturierend-suggestiv-provokativ-kategorisch-*indexikalisch*-konkretiv-kopulatives *Legizeichen*
25. Instinktiv-*rhematisch*-saturierend-suggestiv-provokativ-kategorisch-*indexikalisch*-kollektiv-kopulatives *Legizeichen*
30. Instinktiv-*rhematisch*-saturierend-imperativ-provokativ-kategorisch-*indexikalisch*-konkretiv-designatives *Legizeichen*
31. Instinktiv-*rhematisch*-saturierend-imperativ-provokativ-kategorisch-*indexikalisch*-konkretiv-kopulatives *Legizeichen*
32. Instinktiv-*rhematisch*-saturierend-imperativ-provokativ-kategorisch-*indexikalisch*-kollektiv-kopulatives *Legizeichen*
38. Instinktiv-*rhematisch*-praktisch-imperativ-provokativ-kategorisch-*indexikalisch*-konkretiv-designatives *Legizeichen*
39. Instinktiv-*rhematisch*-praktisch-imperativ-provokativ-kategorisch-*indexikalisch*-konkretiv-kopulatives *Legizeichen*
40. Instinktiv-*rhematisch*-praktisch-imperativ-provokativ-kategorisch-*indexikalisch*-kollektiv-kopulatives *Legizeichen*

Tabelle 2: Fünfzehn rhematisch-indexikalische Zeichenklassen aus 66

Jede dieser zehnstelligen Zeichenklassen kommt als Zeichen des „ästhetischen Zustands“ in Frage. Vielleicht sollten mehrere der fünfzehn Klassen oder sogar alle als unterschiedliche Arten von „ästhetischen Zuständen“ angenommen werden.

4 Analyse der zehn Trichotomien

Die Anordnung der Trichotomien in der Zeichenklasse impliziert eine von links nach rechts absteigende kategoriale Hierarchie. Die Analyse fängt mit der Trichotomie höchster Semiotizität an und endet mit dem Mittelbezug.

4.1 Die zehnte Trichotomie: Instinkt, Erfahrung, Denken

Die Analyse der zehnten Trichotomie, der Relation des Zeichens zu seinem dynamischen Objekt und seinem normalen Interpretanten, zeigt, dass das Zeichen des ästhetischen Zustands immer *instinktiv* ist, seine Sicherheit entsteht durch Instinkt, nicht durch Erfahrung oder Denken. Sicherheit durch Instinkt ist die Grundlage der Abduktion, diese unbegründbare Einsicht in die allgemeinen Elemente der Natur, die „die allgemeinen Kräfte unserer Vernunft übersteigt und uns lenkt, als ob wir im Besitz von Tatsachen wären, die völlig außerhalb der Reichweite unserer Sinne liegen“.[1] Wenn wir die Schlussarten der Logik Deduktion, Induktion und Abduktion mit Sicherheit durch Denken (oder Form), Sicherheit durch Erfahrung bzw. Sicherheit durch Instinkt charakterisieren, dann hat der ästhetische Zustand mit Abduktion zu tun, nicht mit Deduktion oder Induktion.

4.2 Die neunte Trichotomie: Rhema, Dicent, Argument

Bei der neunten Trichotomie sind wir auf *rhematische* Zeichen festgelegt, wir übernehmen sie aus der kleinen Zeichenklasse.

4.3 Die achte Trichotomie: saturierend, praktisch, pragmatisch

Die achte Trichotomie bezieht sich auf die Natur des normalen Interpretanten. Unsere Tabelle zeigt, dass Zeichenklassen für den ästhetischen Zustand entweder *saturierend* oder *praktisch* sein können. Peirce spricht auch davon, dass es bei dieser Trichotomie um die Klassifikation der Zeichen „according to the Purpose of the Eventual Interpretant“ geht, und gibt folgende Möglichkeiten: Genuss erzeugend (Gratific), Aktion erzeugend (to produce action), Selbstkontrolle erzeugend (to produce self-control).[2]

Diese Genuss- oder Gefühlsdimension des Ästhetischen wurde vor allem in der klassischen Ästhetik betont. Typisch ist dabei der Begriff der Schönheit, der als Oberbegriff aller positiven ästhetischen Qualitäten angesehen wird.[3] Schönheit ist zunächst ein Phänomen, das sich mit sinnlichen Eindrücken verbindet. Angenehme sinnliche Empfindungen bilden die erste Grundlage des Phänomens der Schönheit. Platon spricht von den „Freuden sinnlicher Wahrnehmung", die er zu den „reinen Freuden" zählt.[4] Für Kant ist ästhetische Erfahrung eine Sache des Gefühls. Das Gefühl bildet für ihn das dritte „Vermögen des Gemütes". Was an einer Vorstellung rein subjektiv ist, nennt er ihre „ästhetische Beschaffenheit". Als „rein" subjektiv bezeichnet er die gefühlsmäßige Erlebnisweise, das Gefühl von „Lust oder Unlust", das wir bei der Vorstellung empfinden. Die Aussage, ein Ding sei schön, besagt also, dass es – in einer bestimmten Weise – als lustbringend erlebt wird.[5]

Max Bense nennt Ästhetiken, die das Kunstwerk unter dem Aspekt seiner Wirkung auf dem Empfänger, d. h. seiner pragmatischen Dimension konzipieren, „Saturierungsästhetiken" oder „Gefallenästhetiken".[6] Diese Art von Ästhetik wurde zwar von der informationstheoretischen bzw. semiotischen Ästhetik erweitert, aber nicht annulliert, sie ist in ihr enthalten und wurde weitergeführt.

Der ästhetische Zustand als Zeichen erzeugt also Genuss, oder das ist wenigstens die Absicht des „eventual interpretant". Ohne den ästhetischen Zustand mit Schönheit zu verwechseln, bin ich dafür, die „Genuss erzeugenden" Zeichen für die Ästhetik zu reservieren. Aktion erzeugend wäre dagegen so etwas wie ein „ethischer Zustand". Die Frage, inwieweit die moderne Ästhetik jenseits der „Genuss erzeugenden" auch „praktische" oder „Aktion erzeugende" Zeichen zu ihrem Untersuchungsbereich macht, ist dennoch einer Überlegung wert.

4.4 Die siebte Trichotomie: suggestiv, imperativ, indikativ

Die siebte Trichotomie bezieht sich auf die Relation des Zeichens zu seinem dynamischen Interpretanten, oder auch: „to the Manner of Appeal to the Dynamic Interpretant".[7] Hier haben wir zwischen *suggestiven* und *imperativen* Zeichen zu wählen. Ursprünglich führte Peirce diese als fünfte Trichotomie, er nannte die Korrelate: „Ejaculative, or merely giving utterance to feeling; Imperative, including, of course, Interrogatives; Significative". Später ersetzte er die fünfte Trichotomie durch „Hypothetic, Categoric und Relative".

Ein suggestives oder ejaculatives Zeichen druckt also Gefühle aus. Suggestive Zeichen bringen eine Idee durch Assoziation hervor, sie zeichnen sich aus durch ihre Milde oder Sanftheit (gentleness).[8] Als Folgerungen betrachtet, gehören sie zu den unbewussten Arten des Schließens.[9] Suggestionen finden durch Nähe oder durch Ähnlichkeit der Ideen statt.[10] Die Abduktion — und die zehnte Trichotomie sagt uns, dass wir es hier mit Abduktion zu tun haben — ist die Art der Suggestion, in der Fakten eine Hypothese suggerieren, die Ähnlichkeit der Fakten zu den Folgen der Hypothese.[11] Suggestion durch Ähnlichkeit besteht darin, dass zwei Ideen auf einer natürlichen Art vom Interpreten im Denken verbunden werden. Ähnlichkeit ist die Tendenz des Interpreten, zwei Ideen unter einen Begriff zu bringen. Zwei Ideen werden nur innerhalb der Klasse oder Menge verglichen, zu der sie beiden gehören.[12]

Suggestive Zeichen sprechen das Gefühl an, nicht den Willen noch das Denken, und das passt gut zu den saturierenden Zeichen, die wir aus der achten Trichotomie ausgewählt haben. Eine explizite Verbindung zwischen suggestiven Zeichen und Ästhetik finden wir bei Elisabeth Walther:[13]

Überhaupt scheint die Verpackung, die ‚hübsche Präsentation', die ‚geschmackvolle Auslage', ihre suggestive Wirkung auf den Betrachter selten zu verfehlen. Ästhetische Momente sind daher überall dort anzutreffen, wo eine solche Wirkung beabsichtig ist ...

Aber auch der imperative Charakter eines Kunstwerkes wurde von Bense erwogen:[14]

Zur pragmatischen Dimension eines Kunstwerkes, wie eines Zeichens oder eines Komplexes von Zeichen überhaupt, ist dabei alles zu rechnen, was Verhalten, Handlungen, Gewöhntheiten auslöst ...

Ob wir bei der zeichentheoretischen Bestimmung des ästhetischen Zustands auch imperative Subzeichen der siebten Trichotomie berücksichtigen sollen, bleibt offen.

4.5 Die sechste Trichotomie: sympathetisch, schockierend, gewohnt

Die sechste Trichotomie bezieht sich auf dem Seinsmodus des dynamischen Interpretanten und unterscheidet sympathetische, schockierende, gewohnte Zeichen, Peirce nennt sie: „Sympathetic, or Congruentive; Shocking, or Percussive; Usual".[15]

Es liegt nahe, *sympathetische* Zeichen für ästhetische Realitäten zu wählen. Elisabeth Walther schreibt:[16]

„Die gefühlsmäßige Reaktion auf ein Zeichen wird sympathetisch genannt, sie spielt in der Kunst, besonders in den sogenannten ‚Befriedigungsästhetiken', eine große Rolle; nimmt man doch an, ein Kunstwerk wirke nur dadurch, dass es im Betrachter ähnliche Gefühle erwecke, wie sie der Künstler zum Ausdruck bringen will."

Peirce macht uns darauf aufmerksam, dass, obwohl wir beim ästhetischen Vergnügen auf die Gesamtheit der Gefühle achten, die sich im betrachteten Kunstwerk darstellt, dieses *enjoyment* doch eine Art intellektueller Sympathie ist, ein Gefühl, das man verstehen kann, ein vernünftiges Gefühl.[17] Das ästhetische Vergnügen ist mit dem Bewusstsein verbunden, *eine Verallgemeinerung zu machen*, in der nicht Gefühl, sondern eher Erkenntnis der hauptsächliche Bestandteil ist. Inwieweit dieses „Bewusstsein einer Verallgemeinerung" mit Kants ästhetischem Begriff der „formalen Zweckmäßigkeit" verwandt ist, kann ich nur vermuten. Durch diese Überlegungen unterstreicht jedenfalls Peirce die kognitive Dimension des Ästhetischen, wie es auch schon Platon, Aristoteles und Kant gemacht haben, aber wie es vor allem in der modernen Ästhetik eingehend behandelt wurde.

Der Begriff der Sympathie spielt in der Beschreibung gedanklicher Prozesse überhaupt eine wichtige Rolle. Peirce unterscheidet drei Arten der Evolution des Denkens: 1. Evolution durch zufällige Variation (*tychastic development*), 2. Evolution auf Grund mechanischer Notwendigkeit (*anancastic development*) und 3. Evolution durch schöpferische Liebe (*agapastic development*). Die agapastische Entwicklung des Denkens besteht in der Übernahme gewisser mentaler Tendenzen aufgrund unmittelbarer Anziehung für die Idee selbst, kraft der Sympathie (*by the power of sympathie*).[18]

4.6 Die fünfte Trichotomie: hypothetisch, kategorisch, relativ

Bezüglich des Präsentationsmodus des ummittelbaren Interpretanten ist ein Zeichen: hypothetisch, kategorisch oder relativ.[19] Es geht um den Interpretanten, wie er sich im richtigen Verstehen des Zeichens selbst enthüllt, und der gewöhnlich die Bedeutung des Zeichens genannt wird.[20] Aus formalen Gründen können wir hier nur zwischen hypothetisch und kategorisch wählen. Dass die ästhetische Realität ein *hypothetisches* Zeichen ist, wurde in der klassischen und in der modernen Ästhetik oft hervorgehoben. Max Bense hat diese Eigenschaft „ästhetische Unbestimmtheitsrelation" genannt und als eine der Höchstforderungen definiert, der ein Objekt zu genügen hat, um ein ästhetischer Gegenstand zu sein.[21] Dass wir hier hypothetische Zeichen wählen, wird durch die Charakterisierung des „ästhetischen Zustands" als rhematisches Zeichen bekräftigt. Diese enge Verbindung zwischen wissenschaftlicher Entdeckung, Abduktion und Evolution durch schöpferische Liebe ist auch ein Argument für die von Max Bense oft betonte parallele Entwicklung von Wissenschaft und Kunst.

4.7 Die vierte Trichotomie: Icon, Index, Symbol

Die vierte Trichotomie bestimmt die Relation des Zeichens zu seinem dynamischen Objekt mit der bekannten Unterteilung: Icon, Index und Symbol. Aus der dreistelligen Zeichenklasse übernehmen wir das *indexikalische* Subzeichen.

4.8 Die dritte Trichotomie: abstraktiv, konkretiv, kollektiv

Der Seinsmodus des dynamischen Objekts ist:[22]

a) abstraktiv, Zeichen von etwas Möglichem, wie Farben, Masse etc.

b) konkretiv, Zeichen von etwas Wirklichen, wie Karl der Große, Napoleon.

c) kollektiv, Zeichen von Kollektionen, wie Menschheit usw.

Obwohl sich Peirce gegen die Bezeichnung „abstrakt" für Empfindungsqualitäten in CP 5.44 noch wehrt, scheint er diesen Namen doch übernommen zu haben, denn in CP 8.367 sagt er, dass abstraktive Zeichen Qualizeichen (Mark), und Legizeichen (Type) kollektive Zeichen sein müssen. Das ist hier relevant, weil Peirce „das was gegenwärtig ist, so wie es dem Auge des Künstlers erscheint" und „das Poetische" mit der Gegenwärtigkeit der Erstheit, mit der Empfindungsqualität assoziiert. Es ist aber klar, dass wir hier aus formalen Gründen keine abstraktiven Zeichen für unsere Zeichenklasse wählen dürfen, das heißt, das dynamische Objekt des ästhetischen Zustands wird von seiner Relation zum Zeichen selbst determiniert. Einmal mehr spielt die Zweitheit eine stärkere Rolle und führt uns durch eine selektive Semiose zum konkretiven Zeichen.

4.9 Die zweite Trichotomie: deskriptiv, designativ, kopulativ

Diese Trichotomie hat mit dem Präsentationsmodus des unmittelbaren Objekts zu tun. Peirce beschreibt ihre Komponenten folgendermaßen:[23]

„A. *Descriptives*, which determine their Objects by stating the characters of the latter.

B. *Designatives* (or *Denotatives*), or Indicatives, *Denominatives*, which like a Demonstrative pronoun, or a pointing finger, brutely direct the mental eyeballs of the interpreter to the object in question, which in this case cannot be given by independent reasoning.

C. *Copulants*, which neither describe nor denote their Objects, but merely express the logical relations of these later to something otherwise referred to. Such, among linguistic signs, as ‚If — then —,' ‚— is —,' ‚— causes — , , ,— would be —,' ‚— is relativ to — for —,' ‚Whatever' etc."

Es ist ersichtlich, das diese Trichotomie sehr eng mit dem Objektbezug verbunden ist. Deskriptive Zeichen haben ikonischen, designative indexikalischen und kopulative symbolischen Charakter. Gegen eine ikonische Sicht des Ästhetischen bringt Bense mit seinem „ästhetischen Zustand" einen indexikalischen Standpunkt ein, beeinflusst wahrscheinlich durch die konstruktive bzw. konkrete Kunst. Wir übernehmen diesen Gedanken und entscheiden uns für die *designativen* Zeichen.

4.10 Die erste Trichotomie: Qualizeichen, Sinzeichen, Legizeichen

Alle fünfzehn erweiterten Zeichenklassen sind *Legizeichen.*

5 Die vollständige Zeichenklasse des ästhetischen Zustands

Wenn wir nun die zehn ausgewählten Subzeichen aneinander reihen, bekommen wir die erste Zeichenklasse aus der Tabelle 1:

12. Instinktiv-rhematisch-saturierend-suggestiv-sympathetisch-hypothetisch-indexikalisch-konkretiv-designatives Legizeichen

(10.1 9.1 8.1 7.1 6.1 5.1 4.2 3.2 2.2 1.3)

In dieser Zeichenklasse ist zu beachten, dass alle Interpretantenbezogene Subzeichen (10.1, 9.1, 8.1, 7.1, 6.1 und 5.1) eine Erstheit, alle objektbezogenen (4.2, 3.2 und 2.2) eine Zweitheit und das Zeichenmittel (1.3) eine Drittheit als Stellenwert aufweisen. Diese große Zeichenklasse scheint also eine echte *Expansion* der Zeichenklasse 3.1 2.2 1.3 zu sein:

Interpretantenbezug

10.1 Relation des Zeichens zu seinem dynamischen Objekt und seinem normalen Interpretanten: instinktiv

9.1 Relation des Zeichens zu seinem normalen Interpretanten: Rhema

8.1 Relation des Zeichens zu seinem dynamischen Interpretanten: saturierend

7.1 Normaler Interpretant: suggestiv

6.1 Dynamischer Interpretant: sympathetisch

5.1 Unmittelbarer Interpretant: hypothetisch

Objektbezug

4.2 Relation des Zeichens zu seinem dynamischen Objekt: Index

3.2 Dynamisches Objekt: konkretiv

2.2 Unmittelbares Objekt: designativ

Mittelbezug

1.3 Mittel: Legizeichen

6 Schluss

Einschränkend möchte ich bemerken, dass diese semiotische Charakterisierung des ästhetischen Zustands als vorläufig zu betrachten ist, nicht nur was die Bestimmung der einzelnen Korrelate betrifft, sondern auch wegen der starken Abhängigkeit der Ergebnisse von der Anordnung der Trichotomien. Diverse Autoren haben darauf hingewiesen, dass dieses Problem bisher nicht gelöst wurde.[24] Wenn wir z. B. die von Irwing Lieb vorgeschlagene Reihenfolge der Trichotomien nehmen, dann gibt es nur fünf rhematisch-indexikalische Legizeichen:[25]

(14) Instinktiv-*rhematisch*-saturierend-suggestiv-sympathetisch-hypothetisch-*indexikalisch-gesetzmäßig*-kopulativ-kollektives Zeichen

(19) Instinktiv-*rhematisch*-saturierend-suggestiv-sympathetisch-kategorisch-*indexikalisch-gesetzmäßig*-kopulativ-kollektives Zeichen

(25) Instinktiv-*rhematisch*-saturierend-suggestiv-provokativ-kategorisch-*indexikalisch-gesetzmäßig*-kopulativ-kollektives Zeichen

(32) Instinktiv-*rhematisch*-saturierend-imperativ-provokativ-kategorisch-*indexikalisch-gesetzmäßig*-kopulativ-kollektives Zeichen

(40) Instinktiv-*rhematisch*-praktisch-imperativ-provokativ-kategorisch-*indexikalisch-gesetzmäßig*-kopulativ-kollektives Zeichen

Tabelle 3: Fünf rhematisch-indexikalische Legizeichen nach Lieb

Unsere Bestimmung der Subzeichen würde auch in diesem Fall stimmen: hier stehen ausschließlich kopulativ-kollektive Zeichen zur Verfügung, wir können also keine konkretiv-designative Zeichenklasse wählen.

Unabhängig von dieser unklaren Situation bieten uns Peirces Haupteinteilungen der Zeichen eine reiche Quelle für semiotische Untersuchungen. Unter anderem können bereits mit Hilfe der „kleinen Zeichenklassen" erreichte Ergebnisse durch die zusätzlichen Trichotomien weiter differenziert werden.

Anmerkungen

[1] CP 5.173, über Abduktion und Instinkt siehe CP 5.171-5.174

[2] CP 8.344, 8.373 und Walther 1979: 94.

[3] Kutschera 1989: 94.

[4] Philebos, 51a ff. Vgl. Kutschera 1989: 95-6.

[5] Kutschera 1989: 70-1.

[6] Bense 1982: 10, 340.

[7] CP 8.371, auch Walther 1979: 95.

[8] What is ... characteristic of the phenomenon of suggestion, as the calling up of an idea through association is called, is its gentleness. CP 7.389

[9] There is no doubt, therefore, that ordinary suggestion, regarded as inference, is of the unconscious variety. CP 8.67.

[10] the usual doctrine is that suggestion takes places either by Contiguity or by Resemblance. CP 7.391.

[11] The mode of suggestion by which, in abduction, the facts suggest the hypothesis ist by resemblance, - the resemblance of the facts to the consequences of the hypothesis. CP 7.218.

[12] CP 8.371.
[13] Walther 1979: 95.
[14] Bense 1982: 339.
[15] CP 8.370 und Walther 1979: 93-4.
[16] Walther 1979: 94.
[17] CP 5.113 = Peirce 1973: 146.
[18] CP 6.307, auch Walther 1989: 216.
[19] CP 8.369.
[20] CP 5.526. Zitiert nach der Übersetzung in *rot* 44, S. 16.
[21] Bense 1982: 319, 323-6.
[22] CP 8.366, Walther 1979: 92.
[23] CP 8.350.
[24] S. u. a. Weiss & Burks 1945, Lieb 1953, Sanders 1970, Houser 1990 und Bogarín 1996.
[25] S. Lieb 1953. Ich benutze hier „gesetzmäßig" für Legizeichen.

Anhang 1: Max Benses Große Matrix

		M			O			I		
		1.1	1.2	1.3	2.1	2.2	2.3	3.1	3.2	3.3
M	1.1	1.1 1.1	1.1 1.2	1.1 1.3	1.1 2.1	1.1 2.2	1.1 2.3	1.1 3.1	1.1 3.2	1.1 3.3
	1.2	1.2 1.1	1.2 1.2	1.2 1.3	1.2 2.1	1.2 2.2	1.2 2.3	1.2 3.1	1.2 3.2	1.2 3.3
	1.3	1.3 1.1	1.3 1.2	1.3 1.3	1.3 2.1	1.3 2.2	1.3 2.3	1.3 3.1	1.3 3.2	1.3 3.3
O	2.1	2.1 1.1	2.1 1.2	2.1 1.3	2.1 2.1	2.1 2.2	2.1 2.3	2.1 3.1	2.1 3.2	2.1 3.3
	2.2	2.2 1.1	2.2 1.2	2.2 1.3	2.2 2.1	2.2 2.2	2.2 2.3	2.2 3.1	2.2 3.2	2.2 3.3
	2.3	2.3 1.1	2.3 1.2	2.3 1.3	2.3 2.1	2.3 2.2	2.3 2.3	2.3 3.1	2.3 3.2	2.3 3.3
I	3.1	3.1 1.1	3.1 1.2	3.1 1.3	3.1 2.1	3.1 2.2	3.1 2.3	3.1 3.1	3.1 3.2	3.1 3.3
	3.2	3.2 1.1	3.2 1.2	3.2 1.3	3.2 2.1	3.2 2.2	3.2 2.3	3.2 3.1	3.2 3.2	3.2 3.3
	3.3	3.3 1.1	3.3 1.2	3.3 1.3	3.3 2.1	3.3 2.2	3.3 2.3	3.3 3.1	3.3 3.2	3.3 3.3

Anhang 2: Zehn Haupttrichotomien der Zeichen

Trichotomien	Erstheit	Zweitheit	Drittheit
Modus der Erfassung des Zeichens selbst	1.1 Qualizeichen oder Potizeichen	1.2 Sinzeichen oder Aktizeichen	1.3 Legizeichen oder Famizeichen
Präsentationsmodus des unmittelbaren Objekts	2.1 deskriptiv	2.2 designativ oder denominativ	2.3 kopulativ
Seinsmodus des dynamischen Objekts	3.1 abstraktiv	3.2 konkretiv	3.3 kollektiv
Relation des Zeichens zu seinem dynamischen Objekt	4.1 Icon	4.2 Index	4.3 Symbol
Präsentationsmodus des unmittelbaren Interpretanten	5.1 hypothetisch	5.2 kategorisch	5.3 relativ
Seinsmodus des dynamischen Interpretanten	6.1 sympathetisch	6.2 provokativ oder schockierend	6.3 konventionell oder gewohnt
Relation des Zeichens zu seinem dynamischen Interpretanten	7.1 suggestiv	7.2 imperativ	7.3 indikativ
Natur des normalen Interpretanten	8.1 saturierend	8.2 praktisch	8.3 pragmatisch
Relation des Zeichens zu seinem normalen Interpretanten	9.1 Rhema	9.2 Dicent	9.3 Argument
Relation des Zeichens zu seinem dynamischen Objekt und seinem normalen Interpretanten	10.1 Sicherheit durch Instinkt	10.2 Sicherheit durch Erfahrung	10.3 Sicherheit durch Denken

Anhang 3: Peirce's 66 Zeichenklassen

(01) Instinktiv-rhematisch-saturierend-suggestiv-sympathetisch-hypothetisch-ikonisch-qualitativ-deskriptiv-abstraktives Zeichen

(02) Instinktiv-rhematisch-saturierend-suggestiv-sympathetisch-hypothetisch-ikonisch-qualitativ-deskriptiv-konkretives Zeichen

(03) Instinktiv-rhematisch-saturierend-suggestiv-sympathetisch-hypothetisch-ikonisch-qualitativ-deskriptiv-kollektives Zeichen

(04) Instinktiv-rhematisch-saturierend-suggestiv-sympathetisch-hypothetisch-ikonisch-qualitativ-designativ-konkretives Zeichen

(05) Instinktiv-rhematisch-saturierend-suggestiv-sympathetisch-hypothetisch-ikonisch-qualitativ-designativ-kollektives Zeichen

(06) Instinktiv-rhematisch-saturierend-suggestiv-sympathetisch-hypothetisch-ikonisch-qualitativ-kopulativ-kollektives Zeichen

(07) Instinktiv-rhematisch-saturierend-suggestiv-sympathetisch-hypothetisch-ikonisch-singulär-designativ-konkretives Zeichen

(08) Instinktiv-rhematisch-saturierend-suggestiv-sympathetisch-hypothetisch-ikonisch-singulär-designativ-kollektives Zeichen

(09) Instinktiv-rhematisch-saturierend-suggestiv-sympathetisch-hypothetisch-ikonisch-singulär-kopulativ-kollektives Zeichen
(10) Instinktiv-rhematisch-saturierend-suggestiv-sympathetisch-hypothetisch-ikonisch-gesetzmäßig-kopulativ-kollektives Zeichen
(11) Instinktiv-rhematisch-saturierend-suggestiv-sympathetisch-hypothetisch-indexikalisch-singulär-designativ-konkretives Zeichen
(12) Instinktiv-rhematisch-saturierend-suggestiv-sympathetisch-hypothetisch-indexikalisch-singulär-designativ-kollektives Zeichen
(13) Instinktiv-rhematisch-saturierend-suggestiv-sympathetisch-hypothetisch-indexikalisch-singulär-kopulativ-kollektives Zeichen
(14) Instinktiv-rhematisch-saturierend-suggestiv-sympathetisch-hypothetisch-indexikalisch-gesetzmäßig-kopulativ-kollektives Zeichen
(15) Instinktiv-rhematisch-saturierend-suggestiv-sympathetisch-hypothetisch-symbolisch-gesetzmäßig-kopulativ-kollektives Zeichen
(16) Instinktiv-rhematisch-saturierend-suggestiv-sympathetisch-kategorisch-indexikalisch-singulär-designativ-konkretives Zeichen
(17) Instinktiv-rhematisch-saturierend-suggestiv-sympathetisch-kategorisch-indexikalisch-singulär-designativ-kollektives Zeichen
(18) Instinktiv-rhematisch-saturierend-suggestiv-sympathetisch-kategorisch-indexikalisch-singulär-kopulativ-kollektives Zeichen
(19) Instinktiv-rhematisch-saturierend-suggestiv-sympathetisch-kategorisch-indexikalisch-gesetzmäßig-kopulativ-kollektives Zeichen
(20) Instinktiv-rhematisch-saturierend-suggestiv-sympathetisch-kategorisch-symbolisch-gesetzmäßig-kopulativ-kollektives Zeichen
(21) Instinktiv-rhematisch-saturierend-suggestiv-sympathetisch-relativ-symbolisch-gesetzmäßig-kopulativ-kollektives Zeichen
(22) Instinktiv-rhematisch-saturierend-suggestiv-provokativ-kategorisch-indexikalisch-singulär-designativ-konkretives Zeichen
(23) Instinktiv-rhematisch-saturierend-suggestiv-provokativ-kategorisch-indexikalisch-singulär-designativ-kollektives Zeichen
(24) Instinktiv-rhematisch-saturierend-suggestiv-provokativ-kategorisch-indexikalisch-singulär-kopulativ-kollektives Zeichen
(25) Instinktiv-rhematisch-saturierend-suggestiv-provokativ-kategorisch-indexikalisch-gesetzmäßig-kopulativ-kollektives Zeichen
(26) Instinktiv-rhematisch-saturierend-suggestiv-provokativ-kategorisch-symbolisch-gesetzmäßig-kopulativ-kollektives Zeichen
(27) Instinktiv-rhematisch-saturierend-suggestiv-provokativ-relativ-symbolisch-gesetzmäßig-kopulativ-kollektives Zeichen
(28) Instinktiv-rhematisch-saturierend-suggestiv-konventionell-relativ-symbo-

lisch-gesetzmäßig-kopulativ-kollektives Zeichen

(29) Instinktiv-rhematisch-saturierend-imperativ-provokativ-kategorisch-indexikalisch-singulär-designativ-konkretives Zeichen

(30) Instinktiv-rhematisch-saturierend-imperativ-provokativ-kategorisch-indexikalisch-singulär-designativ-kollektives Zeichen

(31) Instinktiv-rhematisch-saturierend-imperativ-provokativ-kategorisch-indexikalisch-singulär-kopulativ-kollektives Zeichen

(32) Instinktiv-rhematisch-saturierend-imperativ-provokativ-kategorisch-indexikalisch-gesetzmäßig-kopulativ-kollektives Zeichen

(33) Instinktiv-rhematisch-saturierend-imperativ-provokativ-kategorisch-symbolisch-gesetzmäßig-kopulativ-kollektives Zeichen

(34) Instinktiv-rhematisch-saturierend-imperativ-provokativ-relativ-symbolisch-gesetzmäßig-kopulativ-kollektives Zeichen

(35) Instinktiv-rhematisch-saturierend-imperativ-konventionell-relativ-symbolisch-gesetzmäßig-kopulativ-kollektives Zeichen

(36) Instinktiv-rhematisch-saturierend-indikativ-konventionell-relativ-symbolisch-gesetzmäßig-kopulativ-kollektives Zeichen

(37) Instinktiv-rhematisch-praktisch-imperativ-provokativ-kategorisch-indexikalisch-singulär-designativ-konkretives Zeichen

(38) Instinktiv-rhematisch-praktisch-imperativ-provokativ-kategorisch-indexikalisch-singulär-designativ-kollektives Zeichen

(39) Instinktiv-rhematisch-praktisch-imperativ-provokativ-kategorisch-indexikalisch-singulär-kopulativ-kollektives Zeichen

(40) Instinktiv-rhematisch-praktisch-imperativ-provokativ-kategorisch-indexikalisch-gesetzmäßig-kopulativ-kollektives Zeichen

(41) Instinktiv-rhematisch-praktisch-imperativ-provokativ-kategorisch-symbolisch-gesetzmäßig-kopulativ-kollektives Zeichen

(42) Instinktiv-rhematisch-praktisch-imperativ-provokativ-relativ-symbolisch-gesetzmäßig-kopulativ-kollektives Zeichen

(43) Instinktiv-rhematisch-praktisch-imperativ-konventionell-relativ-symbolisch-gesetzmäßig-kopulativ-kollektives Zeichen

(44) Instinktiv-rhematisch-praktisch-indikativ-konventionell-relativ-symbolisch-gesetzmäßig-kopulativ-kollektives Zeichen

(45) Instinktiv-rhematisch-pragmatisch-indikativ-konventionell-relativ-symbolisch-gesetzmäßig-kopulativ-kollektives Zeichen

(46) Instinktiv-dicentisch-praktisch-imperativ-provokativ-kategorisch-indexikalisch-singulär-designativ-konkretives Zeichen

(47) Instinktiv-dicentisch-praktisch-imperativ-provokativ-kategorisch-indexikalisch-singulär-designativ-kollektives Zeichen

(48) Instinktiv-dicentisch-praktisch-imperativ-provokativ-kategorisch-indexikalisch-singulär-kopulativ-kollektives Zeichen
(49) Instinktiv-dicentisch-praktisch-imperativ-provokativ-kategorisch-indexikalisch-gesetzmäßig-kopulativ-kollektives Zeichen
(50) Instinktiv-dicentisch-praktisch-imperativ-provokativ-kategorisch-symbolisch-gesetzmäßig-kopulativ-kollektives Zeichen
(51) Instinktiv-dicentisch-praktisch-imperativ-provokativ-relativ-symbolisch-gesetzmäßig-kopulativ-kollektives Zeichen
(52) Instinktiv-dicentisch-praktisch-imperativ-konventionell-relativ-symbolisch-gesetzmäßig-kopulativ-kollektives Zeichen
(53) Instinktiv-dicentisch-praktisch-indikativ-konventionell-relativ-symbolisch-gesetzmäßig-kopulativ-kollektives Zeichen
(54) Instinktiv-dicentisch-pragmatisch-indikativ-konventionell-relativ-symbolisch-gesetzmäßig-kopulativ-kollektives Zeichen
(55) Instinktiv-argumentisch-pragmatisch-indikativ-konventionell-relativ-symbolisch-gesetzmäßig-kopulativ-kollektives Zeichen
(56) Empirisch-dicentisch-praktisch-imperativ-provokativ-kategorisch-indexikalisch-singulär-designativ-konkretives Zeichen
(57) Empirisch-dicentisch-praktisch-imperativ-provokativ-kategorisch-indexikalisch-singulär-designativ-kollektives Zeichen
(58) Empirisch-dicentisch-praktisch-imperativ-provokativ-kategorisch-indexikalisch-singulär-kopulativ-kollektives Zeichen
(59) Empirisch-dicentisch-praktisch-imperativ-provokativ-kategorisch-indexikalisch-gesetzmäßig-kopulativ-kollektives Zeichen
(60) Empirisch-dicentisch-praktisch-imperativ-provokativ-kategorisch-symbolisch-gesetzmäßig-kopulativ-kollektives Zeichen
(61) Empirisch-dicentisch-praktisch-imperativ-provokativ-relativ-symbolisch-gesetzmäßig-kopulativ-kollektives Zeichen
(62) Empirisch-dicentisch-praktisch-imperativ-konventionell-relativ-symbolisch-gesetzmäßig-kopulativ-kollektives Zeichen
(63) Empirisch-dicentisch-praktisch-indikativ-konventionell-relativ-symbolisch-gesetzmäßig-kopulativ-kollektives Zeichen
(64) Empirisch-dicentisch-pragmatisch-indikativ-konventionell-relativ-symbolisch-gesetzmäßig-kopulativ-kollektives Zeichen
(65) Empirisch-argumentisch-pragmatisch-indikativ-konventionell-relativ-symbolisch-gesetzmäßig-kopulativ-kollektives Zeichen
(66) Formal-argumentisch-pragmatisch-indikativ-konventionell-relativ-symbolisch-gesetzmäßig-kopulativ-kollektives Zeichen

Literatur

Bense, Max (1975). *Semiotische Prozesse und Systeme*. Baden-Baden: Agis

Bense, Max (1982). *Aesthetica: Einführung in die neue Aesthetik*. 2. erweiterte Auflage. Baden-Baden: Agis

Bogarín, Jorge (1987). „Drei, Zehn, Vierundzwanzigtausenddreihundertundzehn: ein Bericht über die Große Matrix". *Semiosis*, 48: 9-17

Bogarín, Jorge (1991). „Über das Konstruieren von Zeichen und Realitäten: Die Forderung der Geordnetheit und ihre Verallgemeinerung auf n Trichotomien". *Semiosis* 61/62: 15-32

Bogarín, Jorge (1996). „Prinzipien der Klassifikation von Zeichen". *Semiosis* 81/ 82: 3-13

Hardwick, Charles S. (Ed.)(1978). *Semiotic and Significs: The Correspondence between Charles Sander Peirce and Victoria Lady Welby.* Bloomington; London: Indiana University Press

Houser, Nathan (1990). „A Peircean classification of models". In: M. Anderson und F. Merrell (Ed.), *On Semiotic Modeling*, 431-439

Kutschera, Franz von (1989). *Ästhetik*. Berlin; New York: de Gruyter

Lieb, Irwig C (1953). *Charles S. Peirce's Letters to Lady Welby*. New Haven: Whitlock's Inc.

Peirce, Charles S. (1931-1935). *Collected Papers*. I-VI, Charles Hartshorne und Paul Weiss (Ed.) 1931-1935, 1960 (2. Auflage). VII-VIII, Arthur W. Burks (Ed.) 1958. Cambridge/MA: Harvard University Press, 1931-1958. (Zitiert mit Hinweis auf Band und Paragraph z. B.: CP 8.345)

Peirce, Charles S. (1973). *Lectures on Pragmatism - Vorlesungen über Pragmatismus*. Übersetzt und herausgegeben von Elisabeth Walther. Hamburg: Felix Meiner

Sanders, Gary (1970). „Peirce's Sixty-six Signs?". *Transactions of the Charles S. Peirce Society* 6: 3-16

Walther, Elisabeth (1979). Allgemeine Zeichenlehre: Einführung in die Grundlagen der Semiotik. 2. Auflage, Stuttgart: Deutsche Verlags-Anstalt

Walther, Elisabeth (1980). „Ergänzende Bemerkungen zur Differenzierung der Subzeichen". *Semiosis* 17/18: 30-33

Walther, Elisabeth (1989). *Charles Sanders Peirce: Leben und Werk*. Baden-Baden: Agis

Weiss, Paul und Arthur Burks (1945). „Peirce's sixty-six signs". *The Journal of Philosophy* 42(14): 383-388

Udo Bayer

Triadisch-trichotomische Strukturen im Bereich der Ethik – ein Beitrag zur Metaethik

0. Erstaunlicherweise gibt es auf der Basis der in Stuttgart entwickelten Semiotik nur einen einzigen Aufsatz, der diese in Bezug zur Werttheorie setzt: den von Elisabeth Walther von 1981. An ihn knüpfen die folgen Überlegungen an. Max Benses Interessen bei der Anwendung dieser aus dem Ansatz von Ch. S. Peirce entwickelten Semiotikkonzeption lagen bekanntlich eher auf den Bereichen von Kunst und Wissenschaft. Die zeitgenössische Ethik wiederum interessiert sich nicht für Semiotik. Im Folgenden soll versucht werden, die Hauptelemente der semiotischen Theorie bzw. der ihr zugeordneten triadisch-trichotomischen Realitätsthematiken, also der ontologischen Kategorialisierung, auf den Bereich der Werte und der Ethik anzuwenden. Selbstverständlich kann es sich hier nur um grobe Umrisse handeln – schon allein wegen des gewaltigen Umfangs ethischer Überlegungen in der Geistesgeschichte seit der Antike. Daher ist meist eine selektive Beschränkung auf gegenwärtig diskutierte Positionen nötig, wobei sich aber gelegentlich aus systematischen Gründen auch ein Rückgriff auf Konzeptionen als sinnvoll erweist, die an Aktualität verloren haben. Diese Überlegungen verstehen sich somit als Beitrag zur *Metaethik* auf der Basis eines bislang noch nicht erprobten Ansatzes. Die Einbeziehung von Belegen aus der Ethikgeschichte erfolgt nach Möglichkeit wertungsneutral.

Grundlage der semiotischen Analyse ist die von Max Bense und Elisabeth Walther auf der Basis der Peirceschen Überlegungen entwickelte *Kleine Matrix* aus der Triade von Fundamentalkategorien (Kolonne) und ihren durch Verknüpfung gewonnenen Trichotomien (Zeilen):

	.1	.2	.3
1.	1.1	1.2	1.3
2.	2.1	2.2	2.3
3.	3.1	3.2	3.3

Wenn man die Bestimmungsstücke oder Teilaspekte dieses Themas unter semiotischem Aspekt ausdifferenziert, ergeben sich mindestens die folgenden drei: die *Semiose menschlichen Handelns*, soweit sie auf Wertrealisierung abzielt bzw. sie betrifft, sodann der triadisch-trichotomische Akt der *Bewertung* und schließlich der *Wert* selbst.

1.Von der allgemeinen Struktur der *Handlung* ausgehend, bei der Individuen in bestimmten *Interpretantenkontexten* bestimmte zugelassene oder erforderliche *Mittel* wählen, um handelnd *Objektbereiche* zu realisieren, wird es sofort evident, dass das Weltverhältnis des Menschen eben nicht nur als eine zweistellige Subjekt-Objekt-Dialektik - so etwa bei W. Schulz – strukturiert ist, sondern mit dem auf Peirce basierenden triadischen Ansatz adäquater erfasst wird.

Der *Interpretant* dieser als äußerer Rahmen unseres Themas zu betrachtenden *Triade*, die aber ihrerseits *noch keine eigentliche Semiose* darstellt, ist quasi identisch mit einem anthropologische Faktum, nämlich dem *gebrochenen Bezug* des Menschen zu Mitmenschen und Dingen, der seinerseits erst die Möglichkeit – und so wäre zu ergänzen – die Notwendigkeit von Ethik (Schulz 1972: 704) begründet. Zur Reflexionsfähigkeit des Menschen gehört auch die Erkenntnis seiner Unvollkommenheit. Teilmomente dieses gebrochenen Bezugs sind der Verlust der Instinktbindung, ihre Ersetzung durch Institutionen sowie die vom Menschen gemachte sekundäre Welt der Technik und die der Repräsentationssysteme, die alle quasi die Unmittelbarkeit des Weltverhältnisses durch Vermittlung ersetzen, zwischen Mensch und Natur und Mensch und Mensch geschoben sind. Vor allem das Werk Arnold Gehlens thematisiert bereits diesen Problembereich.

Zum Interpretanten des Handlungskontexts gehört als konstitutives Element dieses überpersonalen Zusammenhangs, den wir auch als *Kultur* im weitesten Sinn bezeichnen können, selbstverständlich auf unterer Ebene das *personale Subjekt* mit seiner Selbstreflexion, seiner Vernunft, seiner Freiheit und dem von ihm als gültig angesehenen Wertkontext als Orientierungsrahmen oder Horizont, unterscheidbar noch in Fernhorizont und Nahhorizont.

In diesem Kontext des Bewusstseins wählt das handelnde Subjekt *Mittel*, die ihrerseits wieder an Werten als zulässig oder ausgeschlossen gemessen werden. Hier tritt also eine weitere Triade in Erscheinung, die *Bewertungssemiose*, die anschließend näher untersucht werden soll. Mittel ist somit nicht der Wert selbst in seiner isolierten Form, sondern er ist in einer zwischengeschaltete Semiose vermittelt.

Der *Objektbereich* des Handlungskontexts ist, soweit er unter ethischem Aspekt gesehen wird, die Realisierung eines Werts durch diese Handlung. Innerhalb dieser ersten triadischen Struktur unseres Untersuchungsbereichs lassen sich noch zwei weitere Relationen feststellen; diejenige zwischen Interpretant und Mittel wäre dann die Freiheit der Wahl, die Beziehung zwischen Interpretant und Objektbereich die des Sollens der Verpflichtung bzw. Unterlassung.

2. Für die genannte Bewertung der Mittel dient als Maßstab der *Wert als solcher*, fundamentalkategorial noch ungeschieden in ästhetischen und ethischen. Elisabeth

Walther (1981: 35ff) hat seine trichotomisch-triadische Struktur bereits bestimmt als 3.1 2.2 1.3, also die dualinvariante Realitätsthematik des Zeichens selbst. Wir können den Wert wegen des Gewichts seiner auf Realisierung zielenden Eigenart noch genauer als mittel- und interpretantenthematisierte Objektrealität bestimmen. Im Mittelbereich muss er die Subrealität 1.3 enthalten wegen seines generellen Geltungsanspruchs, seiner Eigenschaft als Invarianz. Für den Bereich des Ethischen wird dies vor allem daran greifbar, dass aus Werten folgende Gebote und Verbote immer im Legizeichensystem der Sprache formuliert oder formulierbar sind. Kommunikationstheoretische Ethiken heben bekanntlich besonders auf den Aspekt der Sprache als Medium der Vernunft ab, die zugleich Mittel des fundieren kommunikativen Diskurses ist. Allgemein gilt, dass die Zulässigkeit oder der Ausschluss von Mitteln immer auf der höchsten Semiotizitätsstufe, also in maximaler Allgemeinheit repräsentiert sind.

Der *Objektbezug* des Werts ist wegen seiner Situations- und Handlungsbezogenheit, seines Wirklichkeitsbezuges indexikalisch. Beim *Interpretanten* gibt es aber zwei Möglichkeiten. Betrachten wir zunächst den Fall des rhematischen Kontexts. Er steht für die emotionalen, hypothetischen Elemente, die jedem Wert letztlich immer anhaften. Auch der für die Ethik zentrale, in seinem kategorialen Status aber schwer fassbare Begriff des Guten, der mit dem des Wertes verbunden ist, ist hier zu nennen: Das Gute ist nicht definierbar, sondern nur in seiner Negation beschreibbar(Hartmann 1935: 339 ff). Wir werden bei der Untersuchung der wertrealisierenden Handlungssemiose den rhematischen Interpretanten noch genauer untersuchen.

Der Übergang zum *dicentischen Interpretanten des Werts*: 3.2 2.2 1.3 erfolgt in der Entscheidung, Handlung, Realisation. Beispielsweise haben Rechtsordnungen als Ableitungen bzw. Verfestigungen von Werten diese Struktur. Wir können beim Dicent des Wertes noch zwischen extern und intern unterscheiden. Als extern ist hier zum einen die Setzung von Werten durch den Begründer eines ethischen Systems zu sehen, zum andern auch der Zustimmungs- oder Billigungsakt oder -zwang durch konkrete Personen. Von einer Internität des dicentischen Interpretanten kann man bei der Wertbegründung mit ihren gesamten implizierten Vorentscheidungen sprechen. Sie reicht oft bis zur behaupteten oder unterstellten Drittheitlichkeit, wie wir bei der Untersuchung der Interpretanten der Handlungssemiose noch genauer sehen werden. Im Rahmen dieser Internität kann man die Unterscheidung apriorisch-deduktiver Wertkonzeptionen von empiristischen bzw. naturalistischen, induktiven (Utilitarismus, Evolutionäre Ethik) festmachen; die apriorischen Wertbegründungen lassen sich wieder einteilen in metaphysische und transzendentalphilosophische.

Die Frage des Interpretanten ist insofern semiotisch von besonderer Bedeutung, als aus ihm der *Realitätscharakter* des Wertes folgt. Im Fall des rhematischen Kontexts repräsentiert er die dualinvariante, maximal inhomogene Realität 3.1 2.2. 1.3, die fundamentalkategorial identisch ist mit dem Zeichen selbst. In gewisser Weise lässt sich dieser Zustand maximaler kategorialer Inhomogenität, den Bense für ästhetische Gebilde als *ästhetischen Zustand* gekennzeichnet hat, in unserem Zusammenhang analog als *Wertzustand* charakterisieren. Dieser Wertzustand wäre dann darüber hinaus eine weitere Form der Mitrealität neben der ästhetischen, ebenfalls mit dem Kennzeichen der Perspektivität. Im anderen Fall, dem dicentischen Kontext, ist die zugehörige Realitätsthematik, wie Bense ebenfalls festgestellt hat, die der Pragmatik: 3.1 2.2 2.3. Das überrascht nicht, denn Werte existieren primär in Bezug auf menschliches Handeln.

Wenn Werte sich als triadisch-trichotomische Relationen im Rahmen der Peiceschen Semiotik darstellen lassen, liegt es nahe zu versuchen, welche *Analogien zu Zeichen* und Zeichenoperationen sich für Werte herausarbeiten lassen. – Werte sind wie Zeichen an Situationen und Umgebungen gebunden und wirken auf sie ein, verändern sie. Ebensowenig wie ein Zeichen allein vorkommt, gibt es einen isolierten Wert. Der Wert ist ein *Repräsentamen für* mögliche *Handlungsrealisationen* in einem Bewusstseinskontext. Wie die *Zeichen für* beruhen Werte auf thetischer Einführung/Setzung, als Perspektiven fürs Handeln im Sinne Nietzsches – so zumindest von einer nichtmetaphysischen Position nach dem Ende der „unbedingte(n) ethische(n) Gewissheit„ nach dem Ende der großen Systeme der Metaphysik (Schulz 1972: 700) aus betrachtet. Auch sind Werte, ebenso wie Zeichen, immer schon und vor aller Theorie, Bestandteil der menschlichen Lebenswelt. Die Frage, ob es eine Analogie der Gegebenheit zu den „Zeichen von" gibt, hängt von der theoretischen Position ab: Vertreter der Evolutionären Ethik etwa würden dies bejahen. Werte lassen sich verknüpft denken als unverbundener Zusammenhang (Adjunktion), als systematisch-hierarchischer Zusammenhang übersummativer Ganzheit (Superisation) und iterativ als Bewertung von Werten. Wie Zeichen zwischen Welt und apperzipierendem, mitmenschlichen Bewusstsein vermitteln, so vermitteln Werte zwischen dem Sollen als einer Teilfunktion des menschlichen Bewusstseins und dem Verhalten in der Welt. Hinsichtlich der Frage, ob Werte das gesamte zehnstufige Zeichen-Realitätsschema ausschöpfen, lässt sich festhalten, dass sie auf die genannten zwei möglichen trichotomischen Triaden beschränkt sind und durch sie semiotisch repräsentiert werden. Bei N. Hartmann (1935: 547) findet sich eine doppelte Graduierung der Werte, die ebenfalls in gewisser Analogie zum System der Zeichen und seinem Beriff der Semiotizität gesehen werden kann: Werthöhe und

Wertstärke. Hartmann formuliert bemerkenswerterweise auch, unabhängig von Peirce, die Hypothese, die Ethik von den (bei ihm anderen) Modalitäten aus, und das heißt fundamentalkategorial, zu entwickeln (200). Die altbekannte Opposition von Tatsachen und Werten ist unter semiotischem Aspekt insofern nur relativ, nicht prinzipiell, als auch in der Repräsentation von Tatsachen (man kann als wichtigsten Fall die vollständige Objektthematik 3.2 2.2 1.2 x 2.1 2.2 2.3 herausgreifen) immer zumindest eine drittheitliche, eine Bewusstseinskomponente enthalten ist.

3. Nach dieser kurzen Darstellung der wichtigsten Analogien zwischen Zeichen und Wert im Rahmen der Stuttgarter Semiotik wenden wir uns nun einer weiteren Semiose im Zusammenhang mit unserem Thema zu. Der Sprachgebrauch bereits unterscheidet zwischen „Wert" und „Bewertung" als dem Akt der Wertzuschreibung. Im Gegensatz zu Elisabeth Walther (1981: 36) wollen wir hier der *Bewertungssemiose* als einem der Feststellung bzw. Entscheidung dienenden Prozess den dicentischen Kontext zuordnen. Dieser semiotische Prozess ist mit dem des angewandten Wertes dadurch verknüpft, dass der Interpretant des Wertes hier als Mittel der Bewertung aufgenommen wird. Der Objektbereich bleibt derselbe, die Welt des menschlichen Handelns. Als aktualen Interpretanten dieser Einordnung konkurrierender Handlungsalternativen könnte man beispielsweise die wertselegierenden Kontexte der Haupttypen zeitgenössischer normativer Ethik einsetzen: den individualrechtlichen, den vertragstheoretischen, den tugendethischen, den utilitaristischen Ansatz sowie die kantische Pflichtenethik (Nida-Rümelin 1996: 44). Den Begründungsversuchen wenden wir uns erst später zu. Während Handlungsethiken Kriterien moralisch richtiger Entscheidungen in den Mittelpunkt rücken, richten Tugendethiken ihr primäres Augenmerk auf die moralisch angemessenen Haltungen, Einstellungen, Dispositionen und Charaktermerkmale. [9] Diese Unterscheidung legt nahe, dass auch die Bewertungssemiose nicht unbedingt immer zur Semiotizität des dicentischen Interpretanten aufsteigt, sondern zumindest bei den Tugendethiken eher rhematischer Natur ist.

Die Bewertungssemiose operiert relativ zur bewerteten (evtl. nur möglichen) Handlung bzw. zum bewerteten Sachverhalt auf einer *Metaebene*; ihr Kontext ist somit auf einer Ebene oberhalb dem der eigentlichen Handlung anzusiedeln. Die Realitätsthematik der Bewertung ist, wenn wir von einem Dicent ausgehen, die des objektthematisierten Interpretanten, also die der Pragmatik.

4. Nun zum Hauptteil unserer Untersuchung, der Rekonstruktion der Trichotomien der *Handlungssemiose*, die der *Realisierung von Werten* dient bzw. sie zumindest einbezieht. – Die Herausarbeitung der dyadischen Subzeichen bzw. der ihnen entsprechenden, durch Stellenwertvertauschung gewonnenen, Realitä-

ten bei einer semiotischen Untersuchung eines bestimmten Bereichs hat primär die Aufgabe zu zeigen, wie diese neun Komponenten der zitierten Matrix, die zunächst ja nur formal durch die Peirceschen Fundamentalkategorien definiert sind, in der jeweiligen Anwendung inhaltlich zu füllen sind. Aus der dyadischen Verknüpfung lässt sich des weiteren die Selektionsfolge ermitteln und inhaltlich bestimmen: Schließlich kann man gemäß der Ordnung der zehn zugelassenen triadischen Trichotomien (Zeichen/Realitätsklassen) die Position innerhalb dieses zehnstufigen Schemas bestimmen, den entscheidenden Teil der semiotischen Analyse eines Untersuchungsfeldes aus unserer Welt der Erfahrung.

Einige inhaltliche Bestimmungen der Trichotomien wurden bereits erwähnt; sie stimmen bei den hier im Zusammenhang mit der Ethik vorgestellten Semiosen überein, etwa der drittheitliche Charakter der *Mittel*. Diesem Legimoment geht in der trichotomischen Selektionsfolge die Singularität (1.2) voran, die immer auch als Replik von 1.3 gedeutet werden kann; inhaltlich bestimmbar ist sie bei der Handlungssemiose als die im Einzelfall zulässigen bzw. verbotenen Mittel einer Handlung. Normative idealistische Ethiken lehnen beispielsweise deren Zulassung wegen der Gefahr eines Kasuismus strikt ab. Schon an dieser Übergangsstelle zwischen Sin- und Legizeichen bei der kategorialen Bestimmung der Mittel ethischen Handelns begegnet uns die auch semiotisch fassbare Schwierigkeit, dass die konkrete Geltung von Werten und daraus abgeleiteten Normen ihnen nicht a priori zu entnehmen ist, sondern letztlich erst durch Fakten unserer empirischen, kontingenten moralischen Praxis konstituiert wird (Lütterfelds 1993: 204). Auch die Utilität für die Verwirklichung des Guten in utilitaristischen Entwürfen muss die situative Singularität der Mittel des Handelns beachten.

Die Rückführbarkeit der Mitteltrichotomie auf die *Stufe höchster Weltinhärenz, 1.1,* besteht bei der hier untersuchten Semiose in der Bindung allen menschlichen Handelns an den physisch-empirischen Weltzusammenhang. Dieser Übergangsbereich zwischen Repertoire der Handlung und determinierender Weltgegebenheit ist letztlich für die theoretische Semiotik und ihre Ontologie schwer zu fassen; aber er lässt sich doch z. B. an zwei ganz unterschiedlichen Aspekten aktueller ethischer Entwürfe aufweisen: Zum einen versuchen diejenigen Konzeptionen, die unter dem Oberbegriff *Evolutionäre Ethik* zusammengefasst werden können, die evolutionären Determinanten des Handelns im Sinne von Weltgegebenheiten einzubeziehen; zum andern haben Ethikentwürfe, die sich nicht nur auf das menschliche Zusammenleben, sondern vielmehr auf die Umwelt im weitesten Sinn beziehen, eben diese außermenschliche Welt als Bezugspunkt maximaler Weltinhärenz der Verantwortung herausgearbeitet (vor allem Hans Jonas sei hier genannt).

Wir wenden uns nun dem zweiten Bestimmungsstück der Triade, dem *Objektbereich* von wertrealisierenden Handlungssemiosen zu. Das Subzeichen 2.1 umfasst mögliche Realisierungsumstände oder auch ein Anpassungs- oder Übereinstimmungsverhalten in Bezug auf Normen und Werte. Eventuell wäre hier auch das Übereinstimmungsverhältnis zur Gesinnung des handelnden Ichs als Beleg einzuordnen. Es ist ein Merkmal des Präskriptiven aller Ethiken, auf ein solches Übereinstimmungsverhältnis abzuzielen.

Ungleich reichhaltiger und differenzierter ist die inhaltliche Bestimmung des *indexikalischen* Bezugs der zur Debatte stehenden Semiose. Der Weltbezug des Handelns lässt sich ähnlich wie bei seiner o. g. Repertoirebindung an die physische Welt zweiteilen: in die Objektbezugsbereiche der zwischenmenschlichen Beziehungen und die außermenschliche belebte Welt – deren Einbeziehung ist eine wichtige Erweiterung durch die zeitgenössische Ethik. Traditionell erscheint diese Bindung an die Sphäre des Mitmenschlichen in der Anerkennung des Anderen als einer Person, die den zentralen Bezugspunkt bildet. Das personale Gegenüber spielt in einem abstrakten Sinne eine zentrale Rolle in vertragstheoretischen Konzeptionen und den Gegenseitigkeitsverhältnissen gerechtigkeitsethischer Entwürfe.

Zur Indexikalität gehören ferner situative Bestimmungen und die Zielgerichtetheit konkreter menschlicher Handlungen und Entscheidungen sowie die raumzeitliche Bindung, die vor allem auch in der Erweiterung des Handlungsbereichs in die Zukunft greifbar wird. Aber auch die Negation raum-zeitlicher Indizes als Einschränkungen in universalistischen Konzeptionen ist hier zu nennen – bis hin zur Atemporalität, die aus der Überzeugung folgen muss, dass die dem Handeln zugrundeliegenden Werte den ontologischen Status mathematischer Gebilde haben. Indexikalisch ist sodann der Begriff der Verantwortung, der aber nicht nur eine zweistellige Beziehung enthält, sondern seinerseits gleich vierfach relational strukturiert ist: Eine handelnde Person ist für eine Handlung vor einer Instanz nach bestimmten Kriterien verantwortlich. Eine andere Differenzierung des Objektbezugs der Wertrealisierungssemiose unterscheidet zwischen „Sachen" und „Zuständen meines Willens" (Jonas 1979: 161), was in gewissem Sinn der alten Unterscheidung von Max Weber in Gesinnungsethik und Verantwortungsethik entspricht. Aus Webers anderer radikaler Trennung von Tatsachen und Werten folgt die Forderung, das Faktische in einem Handlungsbezug möglichst rein zu isolieren. Das utilitaristische Konsequenzenprinzip ist ebenfalls als Beleg in diesem semiotisch als Indexikalität charakterisierten Zusammenhang zu nennen.

Zum Objektbezug der wertrealisierenden Handlungssemiose kann des weiteren die Realisierungsmacht von wertrealisierenden Institutionen, etwa des Rechts als ganzem oder politischer Institutionen gezählt werden. Sie überschreiten den erstheitlichen Mittelcharakter, da sie selbst schon Objektivationen darstellen. Hinsichtlich der Richtungsbestimmtheit lässt sich von der bisher umrissenen finalen Zielorientierung im Rahmen der kategorialen Zweitheit die Kausaldetermination unterscheiden. Wenngleich Ethiker meist bemüht waren, das Moment menschlicher Freiheit zu akzentuieren, sind, etwa durch Anthropologie und Psychologie, heute auch determinierende Naturgegebenheiten des Handelns ins Blickfeld geraten. Schließlich hat ein alter Streitpunkt der Ethik eine wichtige Objektkomponente: der Vorwurf des sog. naturalistischen Fehlschlusses, der die prinzipielle Trennung von Sein und Sollen aufrechterhalten will. Sollensaussagen repräsentieren indexikalisch Objektbereiche gebotener oder verbotener Handlungssemiosen, Seinsaussagen gehören demgegenüber zu Semiosen mit Feststellungscharakter, konstatieren den Bezug zu einer Weltgegebenheit.

Kommen wir kurz noch zur *Drittheit des Objektbezuges, 2.3.* Sie ist selektiv aus dem Index gewonnen in Form einer symbolischen Repräsentation. Bereits bei der Untersuchung des Mittelrepertoires wurde die dem Allgemeinheitsanspruch ethischer Entwürfe entsprechende Semiotizitätsstufe der *Sprache* erwähnt. Sie setzt auf ihrer drittheitlichen Ebene natürlich selektiv die Indexikalität voraus. Die Sprache ist sowohl Medium der Reflexion und der Selbstreflexion wie der Kommunikation. Diese drei mentalen Prozesse spielen für die Vermittlung wertrealisierender Semiosen eine wichtige Rolle, im Falle einer kommunikationstheoretischen Begründung von Ethik sogar die entscheidende. Symbolisch im Sinn der Drittheit der Zweitheit ist im Rahmen unseres Untersuchungsfeldes schließlich auch noch der Objektbezug der *Freiheit*, ebenfalls ein Zentralbegriff der Ethik. Die konkrete Handlung muss aber immer die Allgemeinheit des Symbolischen degenerierend im Übergang zu 2.2 verlassen. Diese semiosischen Übergänge zeigen, dass eine eindeutige und ausschließende Fixierung auf eine einzige Trichotomie der Sache unangemessen wäre.

Einen größeren Umfang als die skizzierten Ausfüllungen des Objektbereichs der wertrealisierenden Semiose nehmen die inhaltlichen Ausfüllungen der drei möglichen *Interpretantenfelder* ein. Das überrascht nicht angesichts der Tatsache, dass Ethik wesentlich eine Sache des Bewusstseins ist. Auch hier spielen die *Übergänge zwischen den Trichotomien* eine zentrale Rolle. Wir haben im Zusammenhang mit der semiotischen Bestimmung des Interpretanten von Wert und Bewertung bereits einige Aspekte erwähnt, da hier Überschneidungen unvermeidlich sind.

Die wertrealisierende Handlungssemiose ist in einen zunächst *offenen* Interpretanten eingebettet. Intern gehören zu ihm die Freiheit als Bewusstseinstatsache, die Vernunft als ein „offenes Vermögen" (Schulz 1972: 749), das Intuitive auch des kategorischen Imperativs (Hösle 1995: 32), der Willensakt an sich, die Subjektiviät und das irrationale Moment von Wertungen und Wertsetzungen, das Wertfühlen, das in der materialen Wertethik eine ganz zentrale Position für das Bewusstwerden der – als objektive Entitäten gedachten – Werte einnimmt, sodann schließlich emotionale Einstellungen wie Mitleid, Solidarität und Altruismus, aber auch das Hedonismusprinzip und die Eudämonie.

Von einem eher externen Sinn kann man bei der Erstheit der Drittheit sprechen, wenn man den zunächst noch hypothetischen Charakter von Normen und Werten bedenkt, über die beispielsweise erst noch ein Konsens herzustellen ist. Offen ist auch der Interpretant des Guten, eines expliziten oder impliziten Zentralbegriffs aller Ethiken. Schließlich konstituiert bereits die unbestreitbare historische Pluralität ethischer Entwürfe über mindestens zweieinhalb Jahrtausende einen letztlich nur offenen Kontext.

Im Übergang von der Möglichkeit zur Wirklichkeit, der kategorialen Zweitheit, wird die Semiotizitätsstufe des *dicentischen Kontexts* erreicht. Wegen des indexikalischen Weltbezugs der Handlung allgemein, der die Zeichenklasse/ Realitätsthematik 3.2 2.2 1.3 x 3.1 2.2 2.3 zuzuordnen ist, ist das Dicent von seiner Semiotizität her für die Zweitheit der Zweitheit bereits der höchstmögliche Interpretant. Auch hier lässt sich wieder eine Unterscheidung in intern und extern vornehmen.

Zur Internität des dicentischen Bewusstseinskontexts gehört, als Basis ethisch beurteilbaren Handelns, zunächst einmal die Annahme einer Entscheidungsfähigkeit der Person überhaupt sowie die Fähigkeit, einem Sollensgebot zu folgen, Begründungen und Rechtfertigungen nachzuvollziehen und sich zu eigen zu machen, ethische Urteile zu fällen, aber andererseits auch Werte als Setzungen thetisch, den Zeichen analog, einzuführen. Eine Internität systematischer Art ergibt sich aus der Tatsache, dass Werte ebenso wie Zeichen nie isoliert vorkommen, sondern mit anderen komplexe Strukturen, z. B. in Hierarchien, bilden. Auch die schon erwähnten Koordinaten der Werthöhe und der Wertstärke sind hier zu nennen.

Zwischen Internität und Externität vermittelt quasi die dicentisch-imperativische Satzform der Präskription, die sich immer an ein handelndes Bewusstsein wendet und die objektiviert als deontologische Struktur der Ethik in Erscheinung tritt, des weiteren die Zuschreibung von Prädikaten wie „gut" und „böse". Eine solche Übergangsposition zeichnet auch die konsensuelle Begründung ethischer Prinzipien aus, bei der die Subjekte zumindest virtuell als an der Herstellung dieses Konsenses beteiligt gedacht sind.

Bereits extern-dicentisch im Zusammenhang mit der Repräsentation der Handlungssemiose sind dann vertragstheoretische Positionen, deren Objektbezug wir bereits erwähnt haben. Sie heben auf die Objektivierung des virtuellen Vertragskonsenses in einer bestimmten, gleichsam rechtlichen Form ab. Auch sprachanalytische Ethikkonzeptionen haben insofern einen externen dicentischen Interpretanten, als sie sich auf das dicentisch-symbolische Legizeichensystem sprachlicher Aussagen beziehen. Extern ist schließlich noch der Interpretant im Falle von Determinationskontexten, die beim Problem des Verhältnisses von Sollen und Sein und dem Vorwurf des naturalistischen Fehlschlusses eine Rolle spielen und deren Objektbezug bereits erwähnt wurde; zu diesen Determinationskontexten gehören aus der Erfahrung abgeleitete Aussagen über anthropologische oder biologische Konstanten oder der radikale Gedanke, dass selbst unsere Rechtfertigungsbedingungen angeboren sind und Moralität damit zirkulär und nur eine Illusion bedeute (Loh 1992: 270).

Mit grundsätzlichen Aussagen dieses Allgemeinheitsanspruchs ist der Übergang zum *höchsten Interpretanten* einer wertrealisierenden Handlungssemiose, 3.3, vollzogen. Die Zeichenklasse/Realitätsthematik der Handlung 3.2 2.2. 1.3 x 3.1 2.2 2.3 erreicht wegen ihrer Weltabhängigkeit eigentlich real nur die achte Stufe innerhalb des triadisch-trichotomischen Zusammenhangsschemas. Aber dieser im Grunde semiotisch fragwürdige argumentisch-vollständige Kontext ist beim Untersuchungsbereich der Ethik bemerkenswerterweise von besonderem systematischen Gewicht und deckt gleichzeitig spezifische Probleme auf. In der semiotischen Theorie ist ihm als Beleg nur der Bereich der Logik bzw. der Schlussfigur zugeordnet. Doch aufgrund bestimmter zentraler metaphysischer Behauptungen und Theoreme, die in der Geschichte der Ethik immer wieder und bis heute eine fundierende Rolle gespielt haben, ist es sicher nötig, vor allem den Anspruch von Letztbegründungen unter semiotischem Aspekt als argumentisch anzusetzen. Da eine metaethische Reflexion diesen Anspruch immer auch wieder in Zweifel ziehen kann, steht die Einbeziehung dieser Semiotizitätsstufe gleichsam unter Vorbehalt. Aber als Kontext höchster Allgemeinheit mit dem in unterschiedlicher Form erhobenen Anspruch des notwendig Wahren, nicht mehr Übersteigbaren oder Hintergehbaren nimmt er eben trotz allen Einwänden eine wichtige Stelle in unserer Untersuchung ein.

Ihrem Anspruch nach sind selbstverständlich zunächst religiöse Ethikbegründungen durchweg semiotisch gesehen argumentisch, denn sie behaupten, vor allem in ihrer Ausprägung in den Offenbarungsreligionen, eine Fundierung mit höchstem Geltungsanspruch. Hierbei können angenommene oberste Seinsprinzipien wie das Gute oder das Böse bekanntlich auch personalisiert sein. Andere metaphysische Annahmen höchster Allgemeinheit, die gleichzeitig auch Determinationsrahmen für die Handlungssemiose darstellen, sind etwa der Logosbegriff der Stoa oder der Status von Werten als platonischer Ideen in der materialen Wertethik. Transzendentalphilosophisch begründete Apriorität, auch in Varianten wie der eines behaupteten apriorischen Vernunftinteresses, können dieser Stufe höchster Allgemeinheit und Bewusstseinsabhängigkeit ebenfalls zugeordnet werden. So wird etwa heute noch als Grund für die „theoretische Faszination" der kantischen Ethik eben dieser ihr argumentischer Interpretant angeführt, nämlich ihr Anspruch, „unserem Handeln und Leben insgesamt mit der unwidersprechlichen Autorität der Vernunft ein für allemal eine Grundorientierung zu geben" (Schwemmer 1983: 1). Wenn die „Ausblendung der konkreten Wirklichkeit der individuellen Personen den entscheidenden Begründungsschritt für den kategorischen Imperativ darstellt" (12), dann ist hierfür eine angemessene Repräsentation im zehnstufigen Schema der Semiotik nur oberhalb der Höhe der dicentisch-indexikalischen Weltgegebenheit, der achten Stufe, möglich. Die zitierte Rigorosität in der kantschen Ethik legt bereits eine Analogie zum Verfahren deduktiven Schließens, der höchsten Semiotizitätsstufe, nahe. Max Bense hatte die kantsche Apriorität, die ja ebenfalls quasi einen Status höchster Semiotizität beansprucht, übrigens der neunten Stufe, also der Realität des interpretantenthematisierten Objekts zugeordnet.

In der Fundierung, die Jonas seiner Ethik der Verantwortung gibt, findet sich ein ganz andersartiger Zusammenhang der Letztbegründung als bei Kant: Er argumentiert gewissermaßen ontologisch-axiomatisch, wenn er schreibt, „die bloße Tatsache, dass das Sein nicht indifferent gegen sich selbst ist, macht seine Differenz vom Nichtsein zum Grundwert aller Werte" (Jonas 1979: 147). Bemerkenswert an diesem Gedanken ist auch, dass auf dieser als argumentisch anzunehmenden höchsten Ebene die Differenz von Sollen und Sein schwindet, beides sozusagen konvergiert und er dadurch auch den Einwand eines naturalistischen Fehlschlusses abweist. Ontologische Theoreme vor allem gehören also zu diesen Interpretanten ethischen Handelns höchster Stufe. Empiristische Ethiken hingegen begnügen sich, semiotisch gesehen, mit der Semiotizitätsebene des Dicents, selbst wenn Überschreitungen in Richtungen auf die Drittheit auch hier auftreten, sobald Letztbegründungen behauptet werden.

Nun liegt in der Konkurrenz von Letztbegründungen natürlich – metaethisch und historisch gesehen – ein Paradox. Semiotisch ist dieses Paradox vermutlich nur dadurch lösbar, dass man die Kontexte höchster Semiotizität retrosemiosisch auf die Ebene des Dicents zurückführt, damit natürlich gleichzeitig den Letztbegründungsanspruch auf eine pure Behauptung reduziert, d.h. wieder relativiert. Somit besteht im Interpretanten der wertrealisierenden Handlungssemiose ein *Übergangsbereich zwischen 3.1 und 3.2* und einer *zwischen 3.2 und 3.3.*

Diese Überlegung legt es nahe, wegen seiner Mittelposition den dicentischen Kontext für unser Thema als den zentralen anzunehmen. Somit ergibt sich für unsere Handlungssemiose und ihre zugehörige Realität die semiotische Bestimmung 3.2 2.2 1.3 x 3.1 2.2. 2.3, also die Realität des objektthematisierten Interpretanten, die bereits Bense als *Realitätsthematik der Pragmatik* festgestellt hat.

Hält man allerdings, quasi von der Innenperspektive der jeweiligen Position aus, doch den Geltungsanspruch der Letztbegründungen in Gestalt des argumentischen Kontextes aufrecht, ließe sich hypothetisch auch der interessante Fall einer *Kategorien-Relationsrelität* 1.1 2.2 3.3 annehmen. Bense hat in seinem letzten Buch diesen tridisch-trichotomischen Sonderfall näher dargestellt (Bense 1992 84 f). Es handelt sich um die Verknüpfung der Trichotomien der kleinen Matrix in Richtung der Hauptdiagonale; Bense demonstriert diese Realität am Beispiel der Maschine. Für unseren Untersuchungsbereich ließe sich diese Verknüpfung, die nicht mehr dem zehnstufigen Zeichen/Realitässchema angehört, so umschreiben, dass die Spannweite eines wertrealisierenden Handelns zwischen materialem Weltrepertoire 1.1 und höchstmöglicher Bewusstseinsstufe 3.3 vermittelt bzw. diese beiden Extrempunkte erst das ganze Feld dieses Handelns semiotisch markieren.

Eine Anwendung des in Stuttgart weiterentwickelten Ansatzes von Peirce hat immer eine doppelte Aufgabe: Zum einen einen bestimmten Sachbereich zu erhellen, unter dieser Perspektive neu zu erschließen und dabei durchsichtiger zu machen; zum andern den Anwendungsbereich dieses theoretischen Ansatzes in seiner Universalität zu belegen. Als wichtigstes Ergebnis ist die Demonstration des triadisch-relationalen Charakters ethischen Handelns und des mit ihm verbundenen Begriffs des Werts in Parallele zu dem des Zeichens und der mit ihm verbundenen Operationen festzuhalten. Die Analyse der Trichotomien der Handlung, die auf Wertrealisierung abzielt, hat gezeigt, dass nicht nur die Pluralität ethischer Begründungsversuche Letztbegründungen relativieren muss, sondern dass diese Letztbegründungen besonders in der Darstellung ihrer zugehörigen Fundamentalkategorien als problematisch erscheinen müssen.

Literatur

Anzenbacher, Arno (1992). *Einführung in die Ethik*. Düsseldorf

Bense, Max (1976). *Vermittlung der Realitäten*. Baden-Baden

Bense, Max (1981). *Axiomatik und Semiotik*. Baden-Baden

Bense, Max (1983). *Das Universum der Zeichen*. Baden-Baden

Bense, Max (1986). *Repräsentation und Fundierung der Realitäten*. Baden-Baden

Bense, Max (1992). *Die Eigenrealität der Zeichen*. Herausgegeben von Elisabeth Walther. Baden-Baden

Hartmann, Nicolai ([2] 1935). *Ethik*. Berlin/Leipzig

Hösle, Vittorio (1995). *Praktische Philosophie in der modernen Welt*. München

Jonas, Hans (1979). *Das Prinzip Verantwortung*. Gütersloh

Lütterfelds, W. (1993). „Ist die Evolutionäre Ethik moralisch neutral und ethisch irrelevant?" In: W. Lütterfelds (Hrsg.) *Evolutionäre Ethik zwischen Naturalismus und Idealismus*. Darmstadt

Marx, Wilhelm (1986). *Ethos und Lebenswelt*. Hamburg

Schwemmer, Oswald (1983). „Die praktische Ohnmacht der reinen Vernunft". In: *Neue Hefte für Philosophie* 22 (Kants Ethik heute). Göttingen

Nida-Rümelin, Julian (1996). „Theoretische und angewandte Ethik: Paradigmen, Begründungen, Berichte". In: Julian Nida-Rümelin (Hrsg.) *Angewandte Ethik*. Stuttgart

Peirce, Ch. S. (1973). *Lectures on Pragmatism – Vorlesungen über Pragmatismus*. Herausgegeben von Elisabeth Walther. Hamburg

Loh, W. (1992). „Evolutionäre Ethik". In: Annemarie Pieper (Hrsg.) *Geschichte der neueren Ethik*. Tübingen

Schulz, Walther (1972). *Philosophie in der veränderten Welt*. Pfullingen

Walther, Elisabeth (1979). *Allgemeine Zeichenlehre*. Stuttgart

Walther, Elisabeth (1981). „Zusammenhänge zwischen semiotischer Ästhetik und traditioneller Werttheorie". In: *Semiotica et Estetica – Semiotik und Ästhetik*. Herausgegeben von Armando Plebe. Rom/Baden-Baden

Karl Herrmann

Zur begrifflichen Eingrenzung Konstruierter Kunst

Der Umfang des Kunstbegriffes ist allenthalben so sehr erweitert worden, dass er schier nichts mehr enthält. Das Motto der zweiten Dokumenta: „Si tout est l'art, pourquoi faire de l'art ?“ ist heute, nach 40 Jahren, nicht mehr provokativ, sondern programmatisch.

Vor dem Hintergrund der allgemeinen ästhetischen und somit auch geistigen Beliebigkeit soll mit diesem Aufsatz auf einem Gebiet: dem der Konkreten Kunst die Grenze eines Begriffes genauer gefaßt werden. Denn mit der Genauigkeit gewinnt ein Begriff an Inhalt.

Konkrete Kunst ist ausschließlich auf die Mittel bezogen. Sie stellt also nichts dar als deren gesetzmäßige Beziehungen zu einander. Dabei ist immer wieder erstaunlich, wie persönlich, wie unwiederholbar ein solches Werk, zum Beispiel von Mondrian, gestaltet sein kann. Es gibt aber auch Bilder, in denen Algorithmen angewendet sind, darunter solche, in denen jedes Element eindeutig vorherbestimmt ist. Diese sind nicht gestaltet, sondern konstruiert.

Der Antwort auf die oft gestellte Frage, ob das Kunst sei, sollen zunächst Aussagen zur Modalität, die Max Bense in seiner *Aesthetica* gemacht hat, zugrunde gelegt werden.

Er stellt fest: „Es gehört zum Dasein der Kunstwerke, dass der ästhetische Gegenstand den realen Gegenstand benötigt, um zu sein, um wahrgenommen zu werden. Ästhetisches Sein ist mitreales Sein.“ (Bense 1965: 26)

Er stellt weiter fest, dass im Unterschied zu technischen Gebilden „jedes Kunstwerk ein freies, mehr oder weniger unabhängiges ästhetisches Sein“ hat, „es existiert, es funktioniert nicht, und die zusätzliche Modalität, die seine Mitrealität ergänzt, wäre der Modus der Zufälligkeit, Kunst ist zufällige Mitrealität. Auf Grund des Ergebnisses der modalitätentheoretischen Überlegung sind wir berechtigt, von der prinzipiellen Nichtkonstruierbarkeit von Kunstwerken zu sprechen.“ (Bense 1965: 28)

Demnach können konstruierte Bilder keine Kunstwerke sein. Ein anderer theoretischer Aspekt des Problems wird in Benses Radiotext „Informationstheorie und Ästhetik“ von 1963 aufgezeigt. Er spricht dort „von Mindestforderungen und Höchstforderungen, die an ein … Objekt ästhetischer Realität gestellt werden können.“ (Bense 2000: 134) Die Höchstforderungen sind: die triadische Zeichenrelation, die Ordnungsrelation und die Unbestimmtheitsrelation. Zu letzterer wird im Radiotext gesagt: „In der Modernen Ästhetik faßt man unter diesen

Begriff die Tatsache zusammen, dass ästhetische Realität … Stets auch eine Unbestimmtheit, Leichtveränderlichkeit, ja Anfälligkeit gegen Störungen oder Zerstörungen aufweist.„ (Bense 2000 : 136) Kunstwerke sind also auch unter diesem Aspekt prinzipiell nicht konstruierbar.

Die Unbestimmtheitsrelation begründet Bense mit der informationstheoretischen Gesetzmäßigkeit, dass der Betrag einer Information umso größer wird, je unwahrscheinlicher beziehungsweise je weniger vorhersagbar sie ist. Die semantische und die ästhetische Information unterscheiden sich nach dieser Theorie in den Maßen ihrer berechenbaren Unwahrscheinlichkeiten. Dazu sagt der gleiche Radiotext: „Jede semantische Botschaft, deren Sinn also auf die Übermittlung von fixierten Bedeutungen aus ist, muss daher das Unvorhersehbare in der Zeichenfolge relativ gering halten, sonst entsteht keine Kommunikation.

Die ästhetische Botschaft jedoch verschiebt den statistischen Charakter der Zeichenfolge in Richtung höherer Unwahrscheinlichkeit, höherer Innovation, Überraschung, Unbestimmtheit, deren Inbegriff wir dann ‚Originalität' nennen." (Bense 2000: 140)

Nun ist ja in einem konstruierten Bild jedes Element vorhersagbar, also genau festgelegt. Es enthält demnach keine Information, und erst recht keine ästhetische.

Aber auch solche Bilder werden als schön empfunden. Und auch für solche Schönheit hat Bense eine modale Zuordnung angegeben. Um diese sinnfällig zu machen, soll, bevor darauf eingegangen wird, eine Folge von zehn Bildern des Verfassers, die algorithmisch erzeugt worden sind, eingeschoben und erläutert werden.

Den Erläuterungen soll aber der Vollständigkeit halber, nachdem der modalitätentheoretische und der informationstheoretische Aspekt behandelt sind, noch der semiotische vorangestellt werden. Der Kürze wegen, auch weil dieser Aspekt in diesem Aufsatz völlig getrennt von den anderen behandelt wird, soll dafür die Terminologie aus dem Buch *Allgemeine Zeichenlehre* von Elisabeth Walther vorausgesetzt werden.

Die tabellarisch geordneten Buchstaben- und Zahlenfolgen des *Eulerschen* Quadrates in den Bildern 1, 3, 5, 7 müssen, weil sie vollständige gesetzmäßige Zusammenhänge darstellen, als argumentisch- symbolische Legizeichen betrachtet werden.

Wenn man nun in den Bildern 2, 4, 6, 8 die genannten Folgen von symbolischen Zeichen jeweils nach einer Regel durch entsprechende Farbfolgen ersetzt, werden aus den symbolischen Zeichen indexikalische.

Weil die Ersetzung regelgerecht geschieht, das heißt, als richtig oder falsch beurteilt werden kann, sind die Bilder 2, 4, 6, 8 dicentisch-indexikalische Legizeichen. Sie dürfen folglich nicht mit rhematisch-indexikalischen Legizeichen, also der Zeichenklasse der ästhetischen Zustände der Kunstwerke verwechselt werden.

Daraus ergibt sich, dass auch unter semiotischem Aspekt die konstruierten Bilder keine Kunstwerke sein können.

Wenn der Betrachter der Bilder 2,4,6,8 sich deren Farben als Symbole anstelle der Buchstaben einprägt, werden die Bilder wieder zu argumentisch-symbolischen Legizeichen.

Sicherlich wirkt der Wechsel von dem das Auge bewegenden Index zu dem den Verstand ansprechenden Symbol anregend auf den Betrachter.

Es ist, wie wenn man auf einer topographischen Landkarte einesteils das Spiel der Farbstreifen genießt, andernteils aber die Höhenverläufe abliest.

Dass Kunstwerke, semiotisch betrachtet, rhematisch sind, entspricht ihrer modalitätentheoretischen Zufälligkeit. Die Bezeichnung "Zufälligkeit" ist in diesem Aufsatz im Sinne von "Unwiederholbarkeit" verwendet. Dazu wäre noch ein wichtiger Unterschied darzustellen: der zwischen einem Gefüge von Pinselstrichen z.B. bei Paul Cézanne und einer vom Zufallsgenerator beeinflussten Computergraphik z.B. bei Wolfgang Kiwus.

a	c	d	b
d	b	a	c
b	d	c	a
c	a	b	d

Bild 1 Den Algorithmus zur Findung dieses *Eulerschen* Quadrates kann man folgendermaßen formulieren: In einem Quadrat mit 16 Feldern sind die Buchstaben a,b,c,d je viermal auf die Felder zu verteilen, und zwar so, dass jeder Buchstabe in jeder Zeile und in jeder Spalte des Quadrates je einmal vorkommt.

Bild 2 Die Buchstabenfolge, so wie sie in Bild 1 verteilt ist, wurde durch eine entsprechente Folge von Graustufen, einschließlich Schwarz und Weiß ersetzt. Aus der tabellarischen Anordnung, der Buchstabensymbole ist ein Diagramm geworden. Die Gesetzmäßigkeiten im Bild sind unmittelbar sichtbar geworden.

a1	c4	d3	b2
d2	b3	a4	c1
b4	d1	c2	a3
c3	a2	b1	d4

Bild 3 Dem *Eulerschen* Quadrat von Bild1 mit den Buchstaben a,b,c,d wird ein zweites mit den Zahlen 1,2,3,4 eingeschrieben, und zwar mit dem zusätzlichen Algorithmus, dass jede der 16 entsprechenden Buchstaben-Zahlenkombinationen nur einmal vorkommt. (Zu Eulers Zeit war das ein Gesellschaftsspiel.)

Bild 4 Die Zahlen 1,2,3,4 sind in zusätzlichen Graustufen als über Eck gestellte Quadrate in die Felder von Bild 1 eingesetzt. Wie in Bild 2 wird ein Diagramm sichtbar. Wenn es jetzt noch gelingt, einen Algorithmus zu finden, der die hohe Komplexität von acht Graustufen halbiert, gewinnt das Bild deutlich an Prägnanz.

aa	cd	dc	bb
db	bc	ad	ca
bd	da	cb	ac
cc	ab	ba	dd

Bild 5 Das ist die Lösung: Man nehme Bild 3 und ersetze die Zahlen 1,2,3,4 der Reihe nach durch die Buschstaben a,b,c,d. Das Bild enthält jetzt nur noch die vier Buchstaben, und zwar je vier mal vorn und je vier mal hinten stehend. Dabei kommt immer noch jede Kombination einmal vor, also auch die Kombinationen aa,bb,cc,dd.

Bild 6 Die vier Graustufen aus Bild 2 werden jetzt nach dem Verfahren von Bild 4 den Feldern und den übereck stehenden Quadraten zugeordnet. So wird in das schwarze Feld a- das schwarze übereck stehende Quadrat -a eingesetzt. Es entsteht dabei notwendigerweise das schwarze Quadrat auf schwarzem Grund.

aa	fd	de	ef
df	ee	ad	fa
ed	da	ff	ae
fe	af	ea	dd

Bild 7 Um das Bild 6 so zu variieren, dass die einfarbigen Felder nicht mehr an den vier Ecken, sondern in der Diagonalen angeordnet sind, ersetze man die Buchstaben folgendermaßen: b- durch e-, -c durch -e, c- durch f- und -b durch -f. Man erkennt darin einen Algorithmus zur fortsetzbaren Variation.

Bild 8 Wie im Bild 6 bestimmt die Lage der vier einfarbigen Felder die Ordnung der zwölf zweifarbigen. Ein nächster Schritt der Variation könnte darin bestehen, die vier mittleren Felder des ganzen Quadrates als einfarbige Quadrate zu bestimmen. Der Verfasser hat übrigens in dieser Weise eine zyklische Folge erfunden.

Bild 9

Dieser Kombination von Bild 6 und Bild 8 liegt kein Algorithmus, der eine geometrische oder topologische Struktur erzeugt, zugrunde. Hier sind nur die zwei Bilder so neben einander gestellt, dass der Betrachter zum Wechsel zwischen beiden angeregt wird.

Dadurch können konkrete Figurationen aus elementaren Formen wiedererkannt werden. Da sind nicht nur zwei Bilder, die vergleichsweise nebeneinander gehängt sind. Hier ist eine höherentscheidungene Bildeinheit entstanden: das Superbild, im Sinne vom Superzeichen der Semiotik. Beide Bilder sind hier nicht eine Summe, sondern sie bilden ein höher organisiertes Ganzes. Der Schritt, der zu Bild 9 führte, geschah nicht intuitiv, sondern, wie man leicht sehen kann, auf Grund abzählbarer Entscheidungen.

Diese, für die Schwarz-Weiß-Abbildung entwickelte Lösung wirkt in den Graustufen gewiß reizvoll, ist aber nicht optimal ablesbar.

Es gibt aber noch eine 1982 für den Siebdruck gestaltete Lösung. Darin sind die Zweierbeziehungen der Formen durch komplementäre Farbpaare dargestellt. Dabei sind die Gesetzmäßigkeiten der Farblehre mit denen des *Eulerschen* Quadrates in adäquater Weise verknüpft. Die Chemnitzer Kunsthistorikerin Brigitta Milde sagt dazu, daß, wenn zwei Gesetzmäßigkeiten verschiedener Herkunft miteinander in Übereinkunft gebracht werden, eine dritte, höhere enstehe.

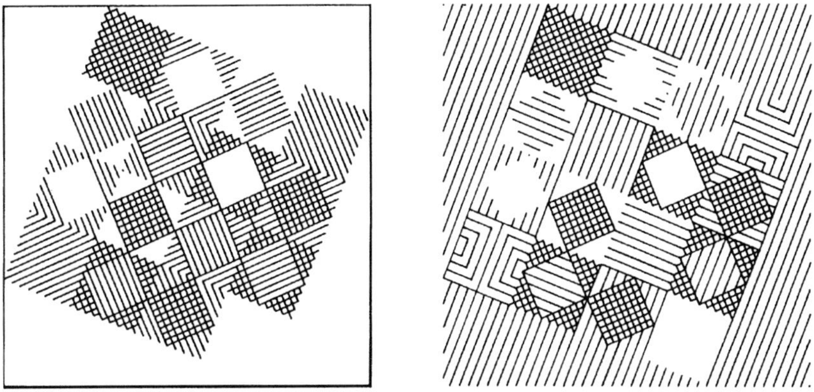

Bild 10

Hier erzeugen, wie man ohne weiters sehen kann, die kommensurabel gewählten Richtungen und Abstände der Schraffuren neuartigeornamentale Verknüpfungen benachbarter Elemente des *Eulerschen* Quadrates. Diese Verbindungen werden, wie in der Schrift die von Buchstaben, semiotisch als Superisationen bezeichnet. Das sind Superisationen von Elementen des Repertoires, wie sie bei der Gestaltung von Bildern, Texten und Musikstücken selbstverständlich, ja notwendig sind. Im Unterschied zur Superisation komplexer bildnerischer Strukturen, die sich in makroästhetischer Dimension abspielen, vollzieht sich die von Bildelement zu Bildelement in der mikroästhetischen.

Weil nun die Schraffuren in ihren Richtungen und Abständen kommensurabel sind, und weil ihre Anordnung nach einer Regel geschieht, handelt es sich auch hier um einen Algorithmus. Die mikroästhetischen Zustände sind für jede Stelle des Bildes durch den Algorithmus vorher bestimmt. Es gibt also keine Überraschung und folglich keine Information, schon gar keine ästhetische mehr.

Ein völlig anderer Vorgang ist da die Modulation eines Gemäldes von Cézanne. Da hat der Künstler wie man sehen kann und weiß, jedes Farbflächenelement intuitiv eingesetzt. Egal, welche der Erklärungen für Cézannes Intuition man hinzuzieht: Kein Element ist, wenn es verloren gegangen ist, wieder bestimmbar. Allgemein gilt ja, dass zerstörte Teile von Gemälden ohne Kopie nicht ergänzt werden können.

Es gibt also Algorithmen, aus denen Bilder konstruiert werden können. Diese Bilder enthalten, wie die Informationstheorie beweist, außer dem Algorithmus selbst keine Informationen und erst recht keine ästhetische. Die Entscheidungen über Format und Material eines solchen Bildes können nur als Design-Leistung, nicht aber als gestalterisch-künstlerische betrachtet werden. Daher wäre es im idealen Sinne der Bezeichnung *Concept Art* konsequent, den Rezepienten nicht mehr mit einem realisierten konstruierten Werk zu belästigen, sondern ihm nur das Informative daran, also den Algorithmus mitzuteilen. Die unabänderliche, weil in allen Teilen vorhersagbare, also höchst langweilige Folge von Elementen bliebe ihm dann erspart.

Merkwürdigerweise aber geschieht es immer wieder, dass jemand von einem konstruierten Werk jahrelang gefesselt bleibt.

Der Mathematikprofessor Fischer Erlangen teilt das Zimmer seit 30 Jahren mit einer rechtwinkligen hölzernen, vom Verfasser verzapften Kleeblattschlinge. Über eine ebensolche schreibt der Germanistikprofessor Peter Horst Neumann, an ihr fasziniere ihn „auf eine kaum zu ermüdende Weise ihre Zweckfreiheit." Und die Komponistin Uta Kreutel empfindet es als anregend, wenn ihre Augen durch das immer gleiche *Eulersche* Quadrat wandern.

In diesem Zusammenhang ist es interessant, zu wissen, das alle drei hervorragende Musiker sind. Sicherlich wäre es reizvoll, diesen Aufsatz mit einer Betrachtung über die drei Artes Liberales: Arithmetica, Geometrica und Musica, im Vergleich mit dem niederen Handwerk der Malerei fortzusetzen.

Es steht aber die Frage an, was konstruierte Bilder, wenn sie zwar faszinieren, aber keine Kunstwerke sind, dann sind.

Die Antwort soll hier in den Abschnitten, die Max Bense in seiner *Aesthetica* über die „formale Stellung der Modalität des ästhetischen Seins" (Bense 1965: 31) geschrieben hat, gesucht werden. Dazu sei hier zusammenhängend zitiert:

„Beide, Technik und Kunst, haben... Mitrealität, beide sind im Prinzip ästhetisch zu rechtfertigen, können also Schönheit haben. Aber die ... seinsmäßige Differenz liegt in der Feinstruktur der Modi. Sie zeigt sich folgendermaßen. Die technischen Gebilde, Instrumente, Maschinen, Aggregate, Industrien usw. bestimmen eine zusammenhängende Sphäre, in der jedes Seiende an einem notwendigen Platz ist und seine Funktion hat. Kein technisches Gebilde hätte als einzelnes einen Sinn, es existiert nicht, sondern funktioniert. Die Mitrealität der technischen Gebilde ist also notwendige Mitrealität. Hingegen ist jedes einzelne Kunstwerk ein freies, mehr oder weniger unabhängiges ästhetisches Sein; es existiert, es funktioniert nicht, und die zusätzliche Modalität, die seine Mitrealität ergänzt, wäre der Modus der Zufälligkeit. Kunst ist zufällige Mitrealität." (Bense 1965: 28)

Was „zufällige Mitrealität" bedeutet, soll an einem Beispiel erläutert werden: Man stelle sich vor, in einem Gemälde von Cézanne, von dem keine Kopie existiert, sei eine handgroße Fläche zerstört. Wenn dann das Fehlende ersetzt werden sollte, fände jeder Restaurator eine andere Lösung. Es ist eben unmöglich, diesen zufällig so und nicht anders aus jenem unwiederbringlichen Augenblick entstandenen Pinselstrich zu rekonstruieren. In der Regel wird daher eine solche Stelle mit einer in die Umgebung passenden Farbe bedeckt.

In diesem Sinne kann man Benses modale Kennzeichnung des Kunstschönen interpretieren: Es ist, weil nicht rekonstruierbar, zufällig. Wenn in gleicher Weise aber ein konstruiertes Bild beschädigt ist, kann jeder Kundige aus dem Bestehenden auf den Algorithmus schließen und aus diesem das Fehlende notwendig richtig ergänzen. Alles Konstruierte ist eben durch die Notwendigkeit und das konstruiert Schöne durch die notwendige Mitrealität modal bestimmt.

In der Feinstruktur der Modi gehören konstruierte Bilder also, weil darin jedes Element determiniert ist, mit den technischen Gebilden zu den notwendigen Mitrealitäten. Technische Gebilde aber funktionieren, in dem sie Reales zweckvoll verändern. Es ist also sinnvoll, die notwendigen Mitrealitäten in zweckvolle und zweckfreie zu unterteilen.

Wenn Peter Horst Neumann von einer „Zweckfreiheit" fasziniert ist, dann, weil sie einer Notwendigkeit angehört. Wenn hingegen ein Gemälde von Cézanne fasziniert, dann wegen der trotz aller Zufälligkeit (im Sinne von Unbestimmtheit) herrschenden Harmonie. Zufälligkeit allein aber fasziniert nicht.

Somit kann Max Bills Bezeichnung „design für den geistigen gebrauch" modal der zweckfreien notwendigen Mitrealität zugeordnet werden. Das Design für den praktischen Gebrauch gehört demnach der zweckvollen notwendigen Mitrealität an.

Zwar besteht das Design für den zweckfreien Gebrauch, weil die Gestalt des Werkes ja durch den Algorithmus determiniert ist, nur aus der Wahl von Format und Material, aber das urtümliche Erlebnis, etwas, was noch nie real war, einer Welt möglicher Tautologien zu entreißen und als notwendige Mitrealität zu konkretisieren, umfaßt Entdecken und Erfinden zugleich.

Sicherlich ist es sinnvoll, die Einführung der ursprünglichen Gesetzmäßigkeiten als Entdeckungen, deren Kombination aber als Erfindung zu bezeichnen.

Ein Kunstwerk aber ist in einem einmaligen, nicht wiederholbaren Prozeß entstanden. Es bietet dem Kenner den besonderen Genuss, aus einmaligen Farbklängen das Wesen einer nicht wiederholbaren Komposition zu ersehen, deren Werden zurück bis zur Idee des Künstlers zu verfolgen und somit an seiner Gedankenwelt teilzuhaben.

Es geschieht in der Unbestimmtheit der ästhetischen Botschaft, dass der Geist des Betrachters seine Freiheit für eigenes Nacherleben findet. Das Gemälde, in dem es solchen Genuss bereitet, gehört nach Bense „ontologisch dem epikuräischen Welttyp an." (Bense 1965: 29)

In einem konstruierten Bild wäre ein persönlicher Pinselstrich fehl am Platze. Dort gibt es ja ohnedies keine Botschaft vom Perzipienten zum Rezepienten. Dort wirkt der Algorithmus ewig unabänderlich und restlos konstruierend. Solche Werke gehören nach Bense „ontologisch dem stoischen Welttyp lückenloser Determination an." (Bense 1965: 29)

Dem stoischen Welttyp gehört selbstverständlich außer dem konstruierten Bild, ob seiner mathematischen Gesetzmäßigkeit auch das Ornament an. Und dass wir für dessen Schönheit empfänglich sind, ist schon lange in uns angelegt. Denn bevor der Mensch sich kleidete, schmückte er sich.

Literatur

Bense, Max (1965). *Aesthetica.* Baden-Baden: Agis

Bense, Max (2000). *Radiotexte.* Heidelberg: Universitätsverlag

Walther, Elisabeth ([2]1979). *Allgemeine Zeichenlehre.* Stuttgart: Deutsche Verlags-Anstalt

Matthias Götz

Das Design einer Theorie des Design
Natürlich ein Fragment

Nehmen wir einmal an, es ginge nicht darum, einen Eierbecher oder einen Tisch zu entwerfen. Nehmen wir stattdessen einmal an, es müsste ein Aufsatz geschrieben werden zu einem bestimmten Anlass, mit einem bestimmten Thema, auf etwa elf Seiten oder mit 30.000 Zeichen und nicht mehr – ein Beitrag also genau wie dieser hier zu Ehren von Elisabeth Walther und anlässlich ihres 80. Geburtstags.

Dann sind wir schon mitten im Design. Denn bekanntlich gehört es zu den wenigen weniger umstrittenen Kriterien des Design, gewisse Anforderungen umzusetzen und in eine Form zu ‚übersetzen'. Und zwar – entlang Benses Objekttheorie – wahrscheinlich mehr als in der Kunst, und wahrscheinlich weniger als in der Technik – wobei sich das natürlich mischen kann …

Man kennt ja die Briefings, etwas solle so oder so sein, oder auch anders. Doch am Ende läuft es ja doch meist darauf hinaus, dass dies obskure Objekt der Begierde gut sein soll, schön und wahr und gleichzeitig nicht teuer und vorgestern schon fertig.

Der harmloseste Tisch soll ja schon alles mögliche sein – schwer und leicht, hoch und niedrig, für Kinder und Erwachsene geeignet, klein und groß, platzsparend aber auch platzbietend, stabil, aber leicht woanders hinzustellen und am besten zugleich rund und eckig.

Zugleich rund und eckig – wahrscheinlich ist das der Grund dafür, dass es so viele ovale Tische gibt und überhaupt soviel Ovales in der Welt der Artefakte.

Mobil und flexibel – wahrscheinlich ist das der Grund dafür, dass man inzwischen alles auf Rollen zu schieben pflegt, Koffer, Tische, Betten und so weiter.

Zwar stehen alle diese Räder meistens still, doch auf Rollen sollen sie sein.

Auch wenn man dies Beispiel seriöser formulieren würde, würde es nicht viel ändern daran: Das Vorgabeprofil ist immer maximalistisch – und je ungenierter die Sollforderungen sind, desto höher ist die Wahrscheinlichkeit, dass der gestalterische Kompromiss, der versucht, möglichst viele davon irgendwie unter einen Hut zu bringen, eben ein – Kompromiss ist.

Deshalb ist Design vielleicht generell und zuallernächst als so etwas zu bestimmen wie: ‚der Versuch der Vereinbarung des – beinahe oder gänzlich – Unvereinbaren'.

Design ist Zielkonflikt, und zwar chronisch. Widersprüchliche, einander ausschliessende, widerstreitende und gelegentlich sogar paradoxe Zielvorstellungen zu ,harmonisieren' oder jedenfalls ,in Form zu bringen', gehört zu den alltäglichsten Designaufgaben, sozusagen zum „Schwarzbrotdesign", wie Peter Reimspiess dies zu nennen pflegt.

Daneben muss man sogar sehen: Besser widersprüchliche oder schwierige Constraints als gar keine.

Entwerfen ist ja immer auch: *Verwerfen*, also das Ausscheiden von Möglichkeiten, die nicht realisiert werden sollen. ,Verwerfen' impliziert aber eine Palette von Möglichkeiten. Wenn ich keine Möglichkeiten in petto habe – wie soll ich dann auswählen, womit soll ich *werfen*?

Aber: nun ist hier die allgemeine Auffassung ja eher, dass es ein ungeheures Privileg ist, *uneingeschränkt* zu entwerfen. Wie bei allgemein verbreiteten Auffassungen jedoch öfter der Fall, so ist sie auch in diesem Fall wahrscheinlich nicht ganz richtig. Denn dieser herbeigesehnte freie, unbeschwerte Flug der Phantasie führt nicht immer zu den allerbesten Resultaten. Mit der Phantasie ist es nämlich so eine Sache. Sie mag ja beflügeln – aber zur Varietätserzeugung gehört eben auch: *Varietätsreduktion*! Gesucht ist stets nur eine einzige, *die* Lösung und nicht Hunderte von möglichen. Insofern gehört es zwar zu den kreativsten Seiten all der Kreativitätstechniken und -theorien, sich selbst ins Unendliche zu perpetuieren, aber zu ihren ausgesprochen unkreativen Eigenschaften gehört auch, vor lauter kreativer Entgrenzung das Reduktionsprinzip zu vergessen.

Im übrigen lässt sich auch im Fall des utopischen Design oder des Entwerfens von Utopien ganz empirisch zeigen, wie das Entwerfen ohne Constraints zu ebenso faden wie sterilen Resultaten führt. Doch das nur nebenbei.

Zurück zum Start: Insofern ich hier also zum einen versuche, gewissen Solls zu entsprechen und zum anderen gleich mit der Tür ins Haus falle und über Kompromisslerisches und gegen das Vulgär-Kreative rede, tue ich ja im Grunde nichts anderes als zu sprechen vom – *Design einer Theorie des Design*.

Und wenn ich das Design einer Theorie des Design skizziere,

dann ist das unvermeidlich der Versuch, eine *Konzeption* der Theorie des Design zu *entwerfen*, was auch wieder seinerseits nach Möglichkeit kurz und gut sein sollte, schön und billig, nicht oberflächlich, aber doch leicht verständlich – und dergleichen.

Ich werde allerdings nicht ,die' Designtheorie versuchen zu erklären, sondern nur ein paar Dinge dazu umreissen, so dass immerhin deutlich wird, wie ich Designtheorie in etwa auffasse und damit zugleich auch, dass es natürlich nicht um *das*, sondern um *ein* mögliches Design einer Theorie des Design geht – ganz so, wie es auch im wirklichen Leben nicht *das* Design und *den* Stuhl gibt, sondern dies oder jenes Design und Hunderttausende von Stühlen.

Die Anforderung scheint zunächst keine besondere Herausforderung zu sein. Es ist ja nicht weiter schwierig: Will man wissen, was Designtheorie ist, muss man lediglich zwei Dinge wissen: was Design ist und was Theorie ist.

Das ist der Punkt, und diesen Punkt werde ich versuchen, in fünf Punkte zu splitten:

1. Designtheorie oder: Das ‚Design von Theorien'
2. Alles ist Design – oder nicht?
3. Designdeontik oder: Was soll Design sollen?
4. Designprobleme? oder: Designprobleme!
5. Design am Ende oder: Design ohne Ende

Um vorn zu beginnen:

1. Designtheorie oder: Das ‚Design von Theorien'

Ich werde hier also zum *Design* einer Theorie des Design etwas vorbringen – aber allein schon das kann einen – theoretisch – recht schnell in Teufels Küche bringen.

Nun ist der Teufel vermutlich seinerseits eine doch eher theoretische Instanz – eine theologische –, und insofern nur begrenzt bedrohlich. Aber immerhin …

Nun setzt die Rede vom ‚*Design* einer Theorie des Design' den Begriff eines ‚*Design* einer Theorie' voraus.

Können aber Theorien überhaupt ein Design haben? – Eine Frage, die vielleicht nicht jeden Designer interessiert, denn Designer entwerfen selten Theorien –, dennoch aber eine Frage, die für jede Theoriebildung im Design von Belang ist und die Antwort darauf gewisse Folgen für das Design selbst hat.

Man kann sicherlich sagen: Auch Theorien werden entworfen (‚designt'). Und man wird weiterhin ins Unreine behaupten können: Auch Theorien haben einen Look, ein Outfit, ein Erscheinungsbild, eine Form (‚Formeln'). Hegel sagte in der ‚Ästhetik': „Was wäre die Wahrheit, wenn sie nicht schiene und erschiene …". Hier hat gewissermassen sogar die Wahrheit ein Design. Demnach kann man einmal davon ausgehen, dass man von einem Design von Theorien sprechen kann. Warum auch sollten Theorien eigentlich kein Design haben können? Auch Daten und Fakten werden organisiert und arrangiert – manchmal sogar frisiert. Niklas Luhmann etwa – darauf hat Jens Soentgen ausdrücklich hingewiesen – sprach gelegentlich vom „‚Design' seiner Theorie" und von den „Arrangierkünsten des Theoretikers", der diese Daten oder Sätze so in seiner Theorie-Architektur unterbringen muss, dass sich sozusagen ein ordentliches Design ergibt. An ein solches Design können dann die nämlichen Anforderungen gerichtet werden wie an ein x-beliebiges dreidimensionales Designobjekt: Es muss irgendwie funktionieren, muss kommunikabel sein und anwendbar und überzeugend oder was immer. Am radikalsten hat vielleicht Sokrates der Meinung Ausdruck verliehen, dass dieses Funktionieren darüber entscheidet, was gelungen oder missraten sei – egal ob bei einem Mistkorb oder anderswo, und sei es nur eine Theorie: „Beim Zeus, auch ein Mistkorb ist schön und ein goldener Schild hässlich, wenn dieser für seine Zwecke schlecht, jener aber gut gearbeitet ist", sagt Sokrates bei Xenophon. Nochmals: Wenn nahezu alles und fast jedes ein Design haben kann, warum nicht auch die Theorie, die ja unbestreitbar der Welt des Gemachten angehört. Zweifellos können auch Theorien schön oder hässlich sein oder für ihren Zweck geeignet oder weniger. Allein dazu gibt es eine Menge – Theorien. Freilich ist das auch nicht das eigentliche Problem – jedenfalls nicht für diejenigen, die nicht der supernaturalistischen Überzeugung anhängen, Theorien ergäben sich aus den Fakten, fielen vom Himmel oder wüchsen an den Bäumen. Theorien sind konstruktive Gebilde. Was konstruiert wurde, muss zuvor auch entworfen worden sein. Und was entworfen wurde, ist in irgendeiner Form – Design.

Aber: Wie kann eine Theorie, die ihrerseits entworfen ist, verbindliche Aussagen machen zum Entwerfen? Wie kann etwas, das sozusagen *Teil des Problems* ist, das Problem lösen? Verschärfter formuliert kann zwar nicht die Rede vom Design einer Theorie, wohl aber die vom Design einer Theorie des Design auf einen klassischen Zirkelschluss hinauslaufen, wenn das zu Beweisende schon in der Beweisführung mitbenutzt wird – ein Teufelskreis. Ein Teufelskreis? Halb so schlimm. Probleme vom Typ Aporie, Paradox oder Zirkel entziehen sich definitionsgemäss der Lösbarkeit auf der gleichen Ebene. Um die Ebene zu wechseln und dem Selbstwidersprüchlichen zu entrinnen bieten sich im allgemeinen zwei Möglichkeiten, eine theoretischere und eine praktischere. Theoretisch heisst das Zauberwort ‚meta-', mit dessen Hilfe sich das Problem verlagern lässt, praktisch ist es das ‚trotzdem Probieren', womit sich erst einmal alle Schwierigkeiten suspendieren lassen. Beide Möglichkeiten haben zunächst nur aufschiebende Kraft – aber immerhin. Deshalb: Ignorieren wir doch erst einmal das Problem von Teufels Küche, suspendieren die ohnehin regelmässig in Richtung unendliches Problematisieren gleitenden Theoriefragen und probieren einmal aus, wie sich die Sache *gestaltet*, wenn man ganz schüchtern und theorielos danach fragt, was denn überhaupt Design sei.

Und siehe da: sie formt sich. Design avant la lettre? On verra.

2. Alles ist Design – oder nicht?

Wenn sogar Theorien ein Design haben sollten, setzt das schon einen relativ weiten und relativ zum konventionellen Designverständnis erweiterten Designbegriff voraus.

Umgekehrt: Wie soll man Design überhaupt und entlang welchen Massgaben definieren? Das ist zwar eines der beliebtesten Stammtischthemen der Designer-Profession, darüber zu rechten und zu richten, wie man denn Design überhaupt definiere. Doch richten wir uns hier einmal nach den Architekten, die diese Frage gar nicht kennen. Und um das ganze abzukürzen, empfiehlt sich die einfache Lösung, einem engeren und einen weiteren Designbegriff zu benutzen – einfach je nach Lage der Dinge und nach Stand der Diskussion.

Tatsächlich existiert ja keine Regel dafür, ob man jeden beliebigen Artefakt zum Design zählt oder nur jeden zweiten oder dritten.

Logischerweise hängt das, was Designtheorie ist – oder sein kann oder soll –, in hohem Masse davon ab, wie und wie weit man ‚Design' fasst.

Versuchsweise sei hier die enge Fassung die, wonach unter Design das zu verstehen ist, was in den entsprechenden Inneneinrichtungsgeschäften zu erblicken ist oder was seit der Industrialisierung als Produkt der Serienfertigung einschlägig erzeugt worden ist – zum Beispiel.

Mit als erster über den Tellerrand dieses herkömmlichen Industriedesign hinausgeguckt hat sicher Herbert Simon – Wirtschaftswissenschaftler und Nobelpreisträger – und vor allem: eben kein Designer –, der unter Design eine grundlegendere Tätigkeit verstanden wissen wollte als die derselben entsprungenen Produkte manchmal zu signalisieren scheinen. Also: nicht nur Autokarossen und Tee-Service, nicht nur Hämmer, Sicheln oder Sägen, nicht nur Schiffe, Raketen oder andere Maschinen, sondern alles Konzipieren, das sich einem deontischen Impetus verdankt, der Sein in Sollen transferiert. Simon hat ein ganzes Gebiet unter dem Begriff ‚Sciences of the Artificial' (die ‚Wissenschaften vom Künstlichen') isoliert, zusammengefasst und innerhalb derer die ‚Wissenschaft vom Entwerfen' als eigene Disziplin eingeführt – und definierte beispielsweise: „Jeder ist ein Designer, der Abläufe ersinnt, um bestehende Situationen in erwünschte zu verwandeln" – also: Ist- in Soll-Situationen.

Das ist schon ein ungewöhnlich und bis dato ziemlich weit gefasstes Designverständnis, dessen Grenzen zu zementieren nun auf einmal schwerer fällt als der weiteren Öffnung zuzustimmen. Im Nu ist dann plötzlich alles Design – oder fast. Es sei denn, Sidney Gregory fällt einem ein. „The process of design is the same", sagt Gregory, „whether it deals with: the design of a oil refinery, the construction of a cathedral or the writing of Dante's Divine Comedy." Wogegen man – mit Lawson – vielleicht nur einwenden könnte, dass das möglicherweise für Gregory gilt, aber wohl kaum für Dante, der, soviel wir wissen, keinerlei Interesse an chemical engineering gehabt hat, ja, nicht einmal haben konnte, weil es das nicht gab. Also doch: Alles hat seine Grenzen – auch das Design.

Trotzdem hat ein etwas weiter gefasster Designbegriff – *positiv*, wie ich finde – auch dazu geführt, dass die *Theorie* des Design fürs Design wichtiger geworden ist.

‚Designtheorie also als Fundamentaldisziplin?' – Nicht unbedingt, aber umgekehrt kann eine erweiterte, ernstzunehmendere Designtheorie auch dem Design – wie weit oder nicht weit auch immer gefasst – *nützen*.

Dabei ist vor allem *eine* Unterscheidung wesentlich: Design hat traditionell zwei Seiten: *Projekt* oder *Objekt*, Design ist sowohl ‚das Entwerfen' wie ‚das Entworfene'.

1. ‚*To design*' heisst ‚entwerfen' und bezieht sich auf den Prozess des Entwerfens. Darauf, was alles auf der Zeitachse passiert, zwischen Idee und Prototyp: ein Planungs-*Prozess*.

2. ‚*Design*' (grossgeschrieben) ist unserem Verständnis nach mehr oder weniger der Inbegriff der Designobjekte, die wir als solche dem Begriff nach akzeptieren würden.

Und das sind zwei durchaus unterschiedliche Dinge.

Ein Grossteil der Konfusion in der Design*theorie* rührt daher, dass das nicht auseinandergehalten wird.

Man wird wahrscheinlich sagen können, dass hierzulande Design als die ‚Wissenschaft vom Entwerfen', wie sie Simon im Auge hatte, eher unterrepräsentiert ist –, die Beschäftigung mit dem Designobjekt dagegen eher überrepräsentiert ist.

Dominant für Designtheorie ist dabei aber durchaus auch im Hinblick auf Version 2 der erste Punkt: *Wie entwirft man?*

Wie entworfen wird, entscheidet schliesslich darüber , was uns als Design (-Objekt) begegnet. Geht Entwerfen zum Beispiel so vor sich: „The six phases of a design project: Enthusiasm, Disillusionment, Panic, Search for the guilty, Punishment of the innocent, Praise for the non-participants", wie ein Graffito an der Fassade des Greater London Council Architects Department Ende der siebziger Jahre behauptete? Enthält der in Designkreisen seither geflügelt gewordene Spruch auch ein Körnchen Wahrheit? Oder nicht? Oder ist es anders, oder gar ganz anders?

Solche Fragen sind schon deshalb die schwierigeren, weil der Entwurfsprozess notorisch verdrängt wird. Ist ein Ding erst einmal *gemacht*, interessiert es nicht mehr, *wie es gedacht* war oder wie es zustandegekommen ist. Ist ein Artefakt erst hergestellt, ist die Art und Weise der Herstellung mit einem Schlag radikal verunwichtigt. Man sieht auch keinem Bügeleisen irgendwie an, wie es gedacht war. Und von einem verschossenen Elfmeter kann man allerbestenfalls auch nicht mehr sagen als: ‚Gut gedacht …‘, muss aber stillschweigend hinzufügen: ‚Schlecht gemacht‘.

Die Dinge sind undurchsichtig, was ihr Zustandekommen angeht. Gut geplant ist keinerlei Garantie darauf, dass etwas sich auch gut gestaltet.

Dass man den Dingen nicht ansehen kann, wie sie geworden sind, was sie sind, ist die eine, die retrospektive Sache, die andere ist die prospektive: Wie kann man voraussehen (oder vermuten, abschätzen usw.), was der Fall sein *wird*?

Das ist nicht ganz ohne, das kann man natürlich nicht – „jede Aussage über die Zukunft ist a priori falsch“, hat Heisenberg gesagt –, aber man kann es versuchen. Und man versucht es um so mehr, je undurchsichtiger die Zukunft ist. Design besteht in solchen Versuchen.

Wenn Design unter anderem ist: Ist- in Soll-Zustände zu überführen, hat das – wie alles Planen – eine Zukunftsdimension. Design ist ein zukunftsoffener Prozess und entsprechend indeterminiert.

Wieder wie im richtigen Leben: „Das Leben kann rückwärts verstanden, muss aber vorwärts gelebt werden.“ (Es sind nur ‚die Dozenten‘, die, wie Kierkegaard sagt, genau wissen, was man hätte tun sollen – aber eben erst hernach.)

Was für das Leben gilt, gilt auch für Kaffeetassen, Zapfsäulen und Fernsehsessel: Man kann Design vielleicht rückwärts verstehen – vor allem Dozenten der Designtheorie tun das – aber man muss es vorwärts entwerfen. Das macht erneut einen drastischen Unterschied.

3. Designdeontik oder: Was soll Design sollen?

Das Problem fängt ja schon damit an, dass man sich streitet: Was soll denn überhaupt der Fall sein? Warum dieses und nicht vielmehr jenes? Und dann erst: Wie erreicht man das? Mit welchen Mitteln auf welchen Wegen?

Ohne das vertiefen zu wollen – es ist zweifellos so, dass Design sich genau damit befasst, aber es ist auch zweifellos so, dass man aus dem, was ist, nicht sensu strictu *ableiten* kann, was sein soll. In der Ethik nennt man den unerlaubten Schluss von dem, was ist, auf das, was sein soll, bekanntlich den ‚naturalistischen Fehlschluss‘ (George Edward Moore): Man kommt nicht ohne Hilfskonstruktion ‚automatisch‘ vom Ontischen zum Deontischen. Das beweisen im übrigen gerade auch die immer zahlreicher eingesetzten ‚Ethikkommissionen‘, deren Funktion in erster Linie darin zu bestehen scheint, die Last von Entscheidungen so zu verteilen, dass keiner mehr über Gebühr daran zu tragen hat.

Aus keinem Sein *folgt* irgendein Sollen, aus einem Grundstück kein Haus und aus einem Problem keine Lösung. So etwas kann sich ergeben und lässt sich konstruieren, aber es lässt sich nicht erfolgern, jedenfalls nicht auf logischem Wege. Aus einem Satz wie: ‚Alkohol macht träge' *folgt* keineswegs das Gebot ‚Trinke keinen Alkohol', wie der Psychiater Kräpelin meinte. Ein solches Abstinenzpostulat ergäbe sich höchstens dann, wenn man den schon deontischen Satz einfügte: ‚Du sollst fleissig sein'. Denn da gibt es auch noch den ‚deontologischen Fehlschluss', wie ihn Hugo Dingler eingeführt hat, als er darauf verwies, dass jede Konklusion, die eine Sollforderung aufstellt, auf Prämissen zurückgeht, von denen mindestens eine bereits einen Sollsatz darstellt. Für diesen gilt das nämliche, auch er kann nur aus mindestens einer bereits vorausgesetzten Soll-Forderung erschlossen worden sein. Die sogenannte deontische Logik, die sich mit Soll-Schlüssen befasst, ist eine eigene Disziplin – und zwar eine sehr eigene.

Die Disziplin, die sich weniger im logischen als im weitesten Sinne mit den Übergängen zwischen Sein und Sollen befasst, ist eine andere, auch recht eigene: das Design. Wenn sich erwünschte oder Soll-Zustände aus unerwünschten oder Ist-Zuständen einfach deduzieren liessen, wären Designer überflüssig – jedenfalls unserem heutigen allgemeinen Wortgebrauch nach geurteilt. Design ist zweifelsohne eine projektive Tätigkeit, die sich mit dem Transfer bestehender Verhältnisse in erwünschte, aber noch nicht reale befasst.

Und im allgemeinen erwartet man von einer *Theorie* des Design, dass sie dieses Designpraxis-Projekt mit einer Art Design-Ethik oder -Futurologie unterlegen – *sollte*. Es gibt da auch nicht wenige Designtheorien, die sich dieses ‚Zukunftsdefizits' bedienen und damit gut verdienen.

Freilich ist dies nur ein weiterer Trugschluss, die in der Praxis nicht mögliche Ableitbarkeit von Soll- aus Ist-Zuständen in die Theorie zu verlagern, die nun die Prognostik oder Prophetie zum Design zu liefern hätte. Denn das klassische Soll-Problem lässt sich – überspitzt gesagt – theoretisch noch weit weniger lösen als praktisch, weil Deduktion, Schluss oder Trugschluss natürlich theoretische Terme sind. Wenn also überhaupt, dann ist es Sache der Praxis des Design, solchen Fallen zu entgehen. Verhielte sich das anders, müsste man sich zu dem Eingeständnis entschliessen, dass Designtheoretiker die besseren Designer wären.

Design ist unbestreitbar eine deontische Tätigkeit, eine, die Sollzustände herbeiführen – *soll*, das kann aber nicht heissen, dass *Designtheorie* eine *präskriptive* Theorie sein *sollte*, die sagt, was denn *sein soll*.

Was also *soll denn Designtheorie sollen*? Sie *soll*, was sie *kann*, und sie soll nicht das, was sie *nicht kann*. Was sie nicht kann, und deshalb auch nicht soll, ist:

vorschreiben, *was wie* sein soll. *Designtheorie soll keine Soll-Theorie sein.* Designtheorie untersucht Soll-Vorgänge. Designtheorie ist deskriptiv. Sie kann lediglich Situationen analysieren und beschreiben. Mehr nicht – aber ist das nicht schon viel? Man sollte das Analytische nicht unterschätzen. Eine geschicktest mögliche Analyse der Entwurfsvorgaben zeitigt nicht die schlechtesten Design-Ergebnisse und ist vermutlich höher einzuschätzen als ein Megamaximalismus dessen, was alles gesollt werden soll. Die exakte Wissenschaft bleibt prinzipiell *Präzepte* schuldig und sagt nicht, „was man tun und wie man leben soll", lautete Max Webers *Rezept*.

Die Theorie des Design kann das Entwerfen als Prozess modellieren oder simulieren, Argumentationen analysieren oder Folgenabschätzungen erstellen, Entscheidungen und Entscheidungsprozesse prüfen, Bewertungen anstellen oder Urteilsbegründungen untersuchen, Versuchsanordnungen konzipieren und Szenarien durchspielen und vieles andere mehr. Jedoch: Gebrauchsanweisungen für Designprozesse geben wollen, das hätte etwas wie ein Ratgeber „Den Faustkampf leichtgemacht zum Selberlernen" (Sten Nadolny). Doch das wäre kaum eine gute *Faust*regel. Ratschläge sind auch Schläge, und Faustregeln für den Handgebrauch durchaus nicht zu unterschätzen. Dass es nicht nur ethische Maximen, nicht nur Handlungsmaximen, sondern auch so etwas wie *Entwurfsmaximen* gibt, die oftmals dienlicher sind als alle goldenen Regeln zusammen, heisst nicht, dass Planen nach Handbuch oder Leitfaden erfolgen könnte oder gar so ablaufen würde. Aber das ist ja beinahe eine Selbstverständlichkeit.

Im Grunde verhält es sich mit dem vieldiskutierten Verhältnis von Theorie und Praxis im Design auch nicht wesentlich anders als anderswo: Jemand, der nichts von Medizin versteht, kann kein guter Chirurg sein. Aber Vortrefflichkeit in der Chirurgie besteht *nicht* in medizinischem Wissen – oder ist eine Folge davon. Und so, sagt Gilbert Ryle, von dem das Beispiel stammt, ist es nicht einmal sehr paradox zu sagen, dass einer meist schlecht praktiziert, was er vorzüglich predigt.

Wissen und Können lassen sich nicht unmittelbar auseinander ableiten. *Designwissenschaft* müsste sich mit beidem befassen – aber ohne die beiden Dimensionen immer wieder nur zu verschmieren.

4. Designprobleme? oder: Designprobleme!

Designprobleme sind – Designprobleme. Jede Theorie des Design hat sich qua Profession einigermassen nachhaltig dafür zu interessieren, was überhaupt spezifisch das Design – also ihren Gegenstand – charakterisiert.

Die besonderen Eigenschaften einer *Theorie* des Design hängen natürlich auch mit besonderen Eigenschaften des *Design* zusammen und davon ab.

Man unterscheidet allgemein zwei Sorten Probleme: harmlose und hartnäckige (Horst Rittel). Designprobleme zeichnen sich dadurch aus, dass es ausgesprochen schwierige sind – in eben dem Sinne, dass die Lösung dafür nicht deduzierbar ist. Im Unterschied zu einem Schachproblem oder auch zu einer mathematischen Gleichung beispielsweise ist die Frage: ‚Wohin macht man am besten einen Fussgängerübergang?' schwieriger. Fragen, die schwierig zu beantworten sind, sind allerdings meist auch ungleich interessanter! Design ist unter anderem deshalb eine geradezu luxuriös interessante Sache, weil die Probleme des Design nicht einfach zu lösen sind. In dem Sinne kommt es mir mehr darauf an, darzustellen, warum Design *interessant* ist, als darauf, zu demonstrieren, dass es ‚problematisch' wäre.

Die Schwierigkeiten mit Design-Problemen beginnen schon, damit, dass man 1. nie über eine definitive Problemformulierung verfügt, und dass 2. die Art und Weise, wie man ein Problem *formuliert*, darüber mitentscheidet, welche Lösungen in Betracht kommen. Je nachdem, wie eine Aufgabenstellung lautet, fällt auch die Lösung aus. Definiert man irgendein Problem beispielsweise als ökonomisches, wird die Lösung wahrscheinlich im Umkreis der Ökonomie gesucht werden, definiert man es als gesellschaftliches, ist eine soziale Lösung gesucht, definiert man es als kulturelles, wird auch die Lösung aus diesem Bereich kommen. Auf den Punkt gebracht: *Die Formulierung ist das Problem.*

Noch radikaler gesagt: Ich muss sogar genau genommen *die Lösung kennen*, um das Problem geeignet beschreiben zu können.

Das erklärt sich auch aus einem weiteren Klassiker des Design: Jedes Designproblem *ist* – oder kann gesehen werden als – *Symptom* eines anderen Problems.

Man kommt seriöserweise gar nicht umhin, Designaufgaben auch als Kontextprobleme zu sehen: ‚Wo mache ich was warum für wen?' ‚Wer hat welchen Nutzen davon?' Planen ist immer das Verteilen von Vor- und Nachteilen. Deshalb: Kein Design ohne Kontext. Jeder *Eierbecher* hat seinen Kontext – und wenn es nur das Service ist … In den Tropen muss man anders bauen als in Grönland, ergonomische Aspekte spielen in einem Flugzeug-Cockpit naturgemäss eine grössere Rolle als bei einem Eierbecher – und so weiter.

Daran ändert sich auch nichts dadurch, dass inzwischen jeder Fahrradlenkergriff ein ergonomisches Profil aufweist, dass man kaum mehr die Hände vom Griff lösen kann. Sieht man sich die unzähligen Griff-Ergonomien an zwischen Pfeffermühle und Sportpistolen-Schaft, scheint das Ergonomische unversehens zum Ornament geraten zu sein, einem Ornament freilich, das sich sinnvoll und funktionaler zu geben sucht als das klassisch überflüssige der verpönten Verzierung – und sich selbst entsprechend wichtig nimmt. Es macht jedoch einen Unterschied, ob es um einen Feuerlöscher geht oder um ein Einweg-Feuerzeug. Und manche Dinge leben geradezu von ihrer Anti-Ergonomie: Man versuche einmal, einen ‚ergonomischen Fussball' zu machen – wie sähe der aus und wie könnte man damit spielen? Wo wie welche Mittel einzusetzen sind, ist eine Frage des Kontexts. Doch kann das Kontext-Design, so unverzichtbar es sein mag, auch ganz eigene Probleme aufwerfen: Viele Designprobleme erweisen sich, wenn man ihnen ‚auf den Grund' geht, als *Symptome* anderer Probleme, und je ‚grundlegender' man diese lösen möchte, um so sicherer läuft man Gefahr, erst einmal eine Weltrevolution in die Wege zu leiten, bevor man – sagen wir wieder –: einen Eierbecher entwirft. Der Weg vom Eierbecher zum Globus ist kurz genug, und er wird immer kürzer, je mehr Probleme dabei berücksichtigt werden: Eier – Geflügel – Haltung – Futter – Getreide – Nitrofen – Agrarindustrie – Food Design, Life Sciences — Dritte Welt – Global Players – Globalisierung – Globus. Das Universum lassen wir einmal beiseite.

So gesehen sind Designprobleme *nie nur* ‚Designprobleme', sondern stets auch Probleme ganz anderer Provenienz. Gerade wenn man ein Designproblem ernstnimmt, läuft man Gefahr, dass es – *als Designproblem* – völlig marginalisiert wird.

Doch da gibt es ein probates Gegenmittel. Denn andererseits kann man auch ganz im Gegenteil sagen: Designprobleme sind doch auch fast immer nur: Designprobleme!

Ein Designproblem ergibt sich – nicht immer, aber immer öfter – aus irgendeinem Design, das einmal eine Designlösung war, nun aber ein Designproblem ist, das neu gelöst werden soll – ein Design, das renoviert werden soll. Jede Lösung wird (irgendwann wieder) zum Problem. Mit dem ersten Staubsauger war es vielleicht etwas anderes – heute werden Staubsauger entworfen, weil es Staubsauger *gibt*, und Kaffeeautomaten, weil es Kaffeeautomaten gibt. Gibt es also doch so etwas wie die ‚normative Kraft des Faktischen' – gemäß dem Slogan, den Jellinek erfand und der stets Lenin zugeschrieben wird –, und gibt es damit doch so etwas wie eine Automatik im Übergang vom Sein zum Sollen? Es gibt ohne Zweifel die Wirkung dessen, was der Fall ist, auf das, was der Fall sein soll. Nicht mehr, aber auch nicht weniger. Und das reicht auch völlig aus: Denn nichts anderes als solcherart evolutionäre Mechanismen – und schon gar nicht eine wie immer geartete ‚Notwendigkeit' –, die Bestehendes weiterführen, führt zu den vielen Dingen, die wir heute haben und nur bedingt auch ‚brauchen'. Wie Chris Jones schon 1970 diagnostizierte: „To design is no longer to increase the stability of the man-made world: it is to alter, for good or ill, things that determine the course of its development." Und Bryan Lawson fügt dem 1980 hinzu: „So it turns out to be the case that many of our contemporary design problems are themselves substantially the results of previous design activity." Deutsch und deutlich: Designlösungen werden zu Designproblemen, Designprobleme verlangen nach erneuten Designlösungen, erneute Designlösungen werden erneut zu Designproblemen – und so fort. ‚*Innovation*' ist im Design ein zwar vielbeschworener, aber doch auch mit grösster Vorsicht zu geniessender Begriff – und nur hin und wieder mehr als nur ‚Renovation'.

5. Design am Ende oder: Design ohne Ende

Die etwa fünf Millionen menschgemachten Dinge, die wir heute haben – die 12 Millionen spezifischen molekularen Verbindungen nicht mitgerechnet, denen derzeit jährlich eine halbe Million neuer Kreationen hinzugefügt wird –, Dinge vom Tesafilm bis zu Hängebrücke, von der Büroklammer bis zum Wolkenkratzer, vermehren sich beständig und offensichtlich über den blossen Bedarf hinaus und erst recht jenseits von so etwas wie ‚Grundbedürfnissen' oder ‚basic needs'.

Es gibt nicht nur die fatale Iterationstendenz bezüglich der Evolution der Artefakte, es gibt den Selbstläufer auch schon designintern. Iterative Tendenzen sind dem Planen und Entwerfen inhärent. Das Perpetuum mobile mag nirgendwo funktionieren – im Design ist es permanent präsent. Denn hinzu kommt: Alles Design hat nicht nur erwünschte, sondern stets auch unerwünschte Folgen. Letztere sind bereits zum Entstehungszeitpunkt wieder Designprobleme, gewissermassen ‚Designprobleme a priori' – obschon sie zunächst als Bestandteil der Design*lösung* ans Licht der Welt kommen.

Hinzu kommt ausserdem: Es gibt keine endliche Menge möglicher Designlösungen – sondern nur: eine Menge solcher Lösungen. Das gilt auch designintern für jeden individuellen Entwurfsprozess: Er hat keine wohldefinierte Stopregel. Es gibt kein Kriterium dafür, wann ein Entwurfsziel wirklich erreicht ist. Zeitbegrenzer kommen, wenn sie kommen, meist von aussen: Termine und Kostengründe sind die ausschlaggebendsten und häufigsten. Design ist genau genommen nie fertig – und deshalb auch nie ‚vollendet' –, denn es ist nie auszuschliessen, dass selbst ein zufriedenstellender Lösungsvorschlag nicht doch noch zu optimieren wäre. Freilich ist das Aufhören nie so ganz einfach. Es gibt eine Reihe von Faktoren, die einer Beendigung nach vorn offener Prozesse im Wege stehen. Man weiss ja, dass seit Menschengedenken noch nie ein angekündigter Planungszeitraum eingehalten wurde. Eines der klassischen Argumente gegen den Abbruch eines Planungsprozesses ist das Investitionsargument, das dafür sorgt, dass solche Prozesse selbst dann noch in Gang gehalten werden, wenn sich längst abzeichnet, dass es sich um eine Fehlplanung handelt, und das etwa sagt: ,Nun wurde bereits so viel investiert, das Projekt an dieser Stelle abzubrechen würde es unrentabel machen'. Also weiter wie gehabt und weiter im Text … doch halt!

Weiteres zu diesem Punkt entfällt an dieser Stelle, weil auch dieser Beitrag – mehr aus äußeren denn aus inneren Gründen – zum Ende kommen muss –, was wie gesagt kein Problem ist, weil Vollständigkeit ohnehin nicht erreichbar wäre, und wenn erreichbar, dann nicht darstellbar, und wenn doch darstellbar, dann jedenfalls nicht mehr erträglich darstellbar.

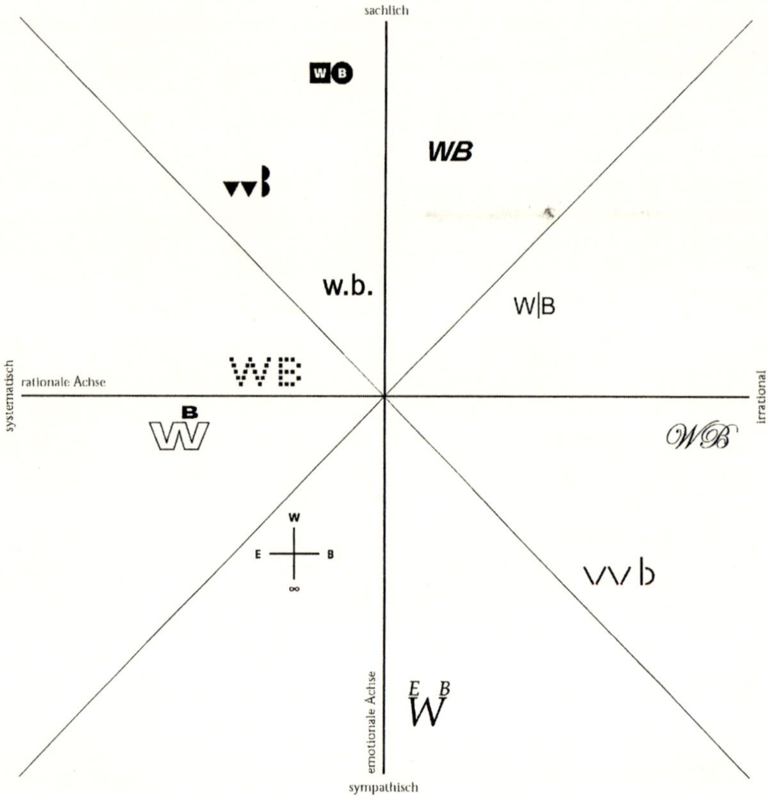

Funktionskoordinaten mit Entwürfen von
Buchstabenmarken „WB“ (Walther-Bense)

Karl Duschek

Buchstabenmarken – Eine wenig beachtete Kategorie Zeichen, Marken, Logo's, Signets usw.

Nachdem findige Strategen bemerkt haben, dass in der Wirtschaft die Marke zumSchlüssel des Erfolgs führt und die Markenführung Chefsache sein muss, geht es hier um *Corporate Branding.Branding* bezeichnet den visuellen Vorgang einem Produkt bzw. einer Dienstleistung eine Marke zuzuordnen. Hiermit wird dem Objekt der Stempel des Unternehmens aufgedrückt. *Branding* geht in der Vielfalt der Maßnahmen weit über die Markierung hinaus. Somit werden komplexe Strategien besonders im Marketingumfeld unter *CorporateBranding* geführt.

Historisch ist die Entwicklung der Vorläufer von Marken in Form wichtiger Objekte bekannt. Schon die Hochkulturen wie Mesopotamien, Ägypten, Griechenland, Rom etc., hatten das Prinzip der Markierung. Hier waren es Kurzformen, oft mit Siegelcharakter. Das Verfahren zielte auf das Urheberrecht, sollte aber auch die Echtheit und Qualität bezeugen. Im Mittelalter führten Herrscher das Monogramm ein. Besonders grafisch interessant ist die Form mit Bezug auf die Himmelsrichtungen von *Karl dem Großen.* Die frühen Schilder hatten einen elementaren Form- und Farbcode. Die Zünfte und Gilden führten Zunftembleme, Innungszeichen und erste Gewerbemarkierungen ein. In England hat man Händler zu Schildern gezwungen, die mitvisuellen Kennzeichnungen versehen waren. So hatte man eine Orientierung auch für Leseunkundige. Hervorzuheben sind die Steinmetzzeichen. Hier entwickelte sich ein eigenständiges grafisches Vokabular. Gotische Steinmetzzeichen sollen bis ins Jahr 1089 zurückgehen. Die Heraldik, also Wappenkunde führt schlüssige Entwicklungslinien bis in die Neuzeit. Leider führte die oft inflationäre Entwicklung und die Kombination bestehender Formen, Symbole und Bilder zur Dekadenz. Der falsche Ehrgeiz von Personen, Städten und Institutionen führte auch im 20. Jahrhundert zu Wappen- und Siegelformen, die die besondere Wappenkunst karikieren.

Mit der Industrialisierung entstand ein Produkt- und Markenbewusstsein, das vereinfacht an heutige Auffassungen erinnert. Das Konsumdenken der 20er Jahre des vergangenen Jahrhunderts stärkte das Bedürfnis nach Qualitätsmarken. Hier wurden Kunstmaler zu *Reklameinterpreten* umfunktioniert. Besonders Monogramme und Tiersymbole (Salamander, Erdal, Camel, Allianz etc.) wurden zur Idealisierung genutzt. Vorbildliche Institutionen und Schulen wie das Bauhaus,

Ring der neuen Werbegestalter (Kurt Schwitters, Max Burchartz etc.) wurden zu beispielhaften Orientierungspunkten. Die visuelle Form wurde hier kritisch analysiert und komprimiert gestaltet.

Erst nach dem zweiten Weltkrieg wurde der wirtschaftliche Aspekt der Konzentration auf elementare Formen erkannt. Markenbewusstsein als organisierte Strategie mit der Vereinheitlichung aller visuellen Maßnahmen, das visuelle Erscheinungsbild – *Corporate Design* – entstand. Die Gestalter der Hochschule für Gestaltung in Ulm (Künstler, Designer, Theoretiker), haben hier weltweit Pionierarbeit geleistet: Bense, Mols und Walther in der Semiotik; Maldonado, Aicher, Bill, Stankowski u.a. in der visuellen Marken- und Entwurfspraxis. Die Werber und Agenturen begannen in der Folge die wertvolle Basis des objektiven Bestands zu verwässern und durch Anbietprozesse eine Form des mittleren Niveaus zu etablieren.

Zeichen und Marken gewannen nun auch in den theoretischen Darlegung an Gewicht. Siegfried Maser unterscheidet zwischen zwei Zeichenarten: *„Künstliche* oder *eigentliche Zeichen sind solche, die ein bewusstes gesellschaftliches Produkt des Menschen sind, zu dem Zweck ins Leben gerufen, als Zeichen zu dienen,* d.h. sie sind vom Menschen bewusst produziert worden, zum Zwecke der Verständigung, zum Zwecke der Kommunikation. Beispiele: der Flor an der Fahne als Zeichen der Trauer; das Abschießen einer roten Leuchtkugel als Zeichen zum Angriffsbeginn; der Knoten im Taschentuch als Zeichen dafür, etwas nicht zu vergessen. Eine ausgezeichnete Rolle innerhalb der künstlichen Zeichnen spielen die Wortzeichen, und zwar sowohl als Lautzeichen, als auch als Schriftzeichen, sie bilden die Basis des menschlichen Kommunikationsprozesses“.[1]

Zum Thema existieren eine Reihe von visuellen Markenansammlungen, sowie im Ansatz einige Generalisierungen von Gliederungsstrukturen. Systematisch und empirisch fundierte Darlegungen sind besonders von Matthias Götz bekannt: „Die Marke ist ein künstliches Objekt, dessen Zeichencharakter darin besteht, dass es auf ein anderes Objekt verweist und dieses repräsentierend vorstellt und das als Zeichen kommunikativ fungiert, indem es von einem Sender kreiert, über einen Kanal vermittelt wird und einen Interpreten in Kenntnis setzen soll. Vorrangiges Zeichenkriterium der Marke ist die Unterscheidungsfunktion, das einzige, über dessen Stellenwert die Warenzeichenliteratur Einvernehmen herstellen konnte. Diese meint sowohl eine differenzierende Potenz gegenüber Waren oder Dienstleistungen derselben Gattung, als auch gegenüber konkurrierenden Zeichen. Die Unterscheidungs- oder diakritische Funktion bewegt sich in vorderster Front (genauer: auf syntaktischer Ebene oder auf der Ebene der Konjunktion von Zeichen untereinander) der marktpolitischen Auseinandersetzungen, wo sich die Zeichen abgrenzen und zugleich selbst definieren in der Identifikation mit ihrem Objekt Ware (semantisch), dadurch, dass sie in Gebrauch stehen (pragmatisch).“[2]

An anderer Stelle Götz: „Die ‚Marke' stellt als übergeordneter Terminus eine Zusammenfassung der Begriffe ‚Firmenzeichen', ‚Warenzeichen', ‚Handelszeichen', ‚Unternehmenszeichen' usw. dar. eine sprachliche Kontraktion von Zeichennamen für werbende Zeichen eines bestimmten Typs also. (Die der Rechtsprechung lange Zeit über relevant gewesene Unterscheidung solcher Zeichen gemäß ihren Objekten, Unternehmen oder Ware zum Beispiel, wird hier vernachlässigt werden zugunsten eines handlicheren Zeichenbegriffs, wie er im Englischen etwa durch ‚trade mark' bezeichnet ist.) Nicht zuletzt die etymologischen Implikationen, welche der Marke eignen, machen den Namen ‚Marke' als operationellen Term Bezeichnungen wie ‚Signet' o.ä. überlegen. Derartige Implikationen sind im Zusammenhang mit dem alten ‚Merkzeichen', den Begriffen ‚Markanz' und ‚Markierung', aber auch mit dem Ausdruck für Grenzbefestigungen: ‚Mark' zu sehen. Aber über die Etymologie hinaus legt die Marke, schon als Wort, einige der wichtigen Funktionen solcher Zeichen frei: Signalement, Dauer der Markanz, Individualität und Unverwechselbarkeit einer vehement ausgrenzenden Autonomiekonstitution eines Zeichens mit dem Anliegen maximaler Singularitätserzeugung. Dass das im Deutschen gebräuchliche ‚Markenzeichen' pleonastisch ist, ist weniger als sprachliche Fehlleistung, als im Hinblick darauf vermerkenswert, als jene ‚symphysische Verwachsung' (K. Bühler) zwischen dem Objekt und dem dieses indizierenden Zeichen dadurch offengelegt ist. Denn der Begriff ‚Marke' (bedeutet) seinem Ursprung nach ein auf einer Ware angebrachtes Zeichen (O. Angehrn).“[3]

Aus der Sicht des Entwurfspraktikers lassen sich Beurteilungskriterien darlegen, die einen anderen Stellenwert und eine differenzierte Sicht auf die Marken gibt: Marken sind Kulturobjekte aus dem Zeitabschnitt in dem sie entstanden sind. Sie stehen für die kulturelle Leistung der Generation wie Architektur, Literatur, Bildende Kunst, Musik etc. Wenn Marken einen größeren Zeitabschnitt überdauern und wegweisend für die Epoche sind, haben sie eine besondere Qualität. In der Regel sind die Konzentration auf das Wesentliche der Inhalte sowie die Grundlage elementarer geometrischer Formen Garant für die *zeitlose* Wirkung.

Marken, die dem Kriterium der zeitlosen Form nicht entsprechen, werden in bestimmten Zeitabschnitten einer Überarbeitung, dem sogenannten *Re-Design* unterzogen. Hier gibt es bekannte Vorbilder wie „Odol“ oder „Shell“: Vier bis fünf Stufen der Reduzierung auf die knappste Form sind zu erkennen. Fällt dieses *Re-Design* in die Richtung des Trends bzw. einer modischen Form aus, ist es oft das Ende der bekannten Qualitätsnorm. Das *Re-Design* ist bequem, da hier mit der Tradition nicht gebrochen wird.

Der Mut zu einer Veränderung oder Neuform ist nicht vorhanden. Die Entscheider in der Wirtschaft oder in Kommunen und Institutionen tun sich schwer mit Neuentwicklungen. Die Entscheidung ist eher emotional und subjektiv. Beurteilungskriterien fehlen. Berater, Marktforschungsinstitute oder letztlich der „Putzfrauentest" sollen die Entscheidung absichern. Eine Faustregel der Praxis sagt jedoch: „Das Bessere setzt sich durch!" So sind gute Neuentwicklungen schon in kürzester Zeit akzeptiert, die alte Form schnell vergessen.[4]

Die *Eigenständigkeit* bei Marken wird im internationalen Kontext angezweifelt. Unverwechselbar zu sein ist das Ziel und die Logik wichtiger Marken. Das Formenrepertoire lässt so ungeheuerlich viele Lösungen zu, dass das Vorurteil: „Es ist alles schon einmal da gewesen" widerlegt werden kann. Leider orientieren sich Auftraggeber wie auch Gestalter zu sehr an Vorbildern und Trends. So sind die „Diagonale" der Deutschen Bank, der „Federschwung" von Nike, Pfeilformen etc. Grundlage von vielen Nachahmungen der Markenentwicklung geworden. Die ernsthafte Neuentwicklung lässt nach, da die Ausbildung der Entwerfer und die Computerprogramme keine Impulse für interessante Neuschöpfungen bieten.

Der *Orientierungswert* zielt auf die Information des Tätigkeitsfeldes. Hier ist die optimale Gestaltungsmöglichkeit eingeschränkt. Die Abbildbarkeit oder die Umsetzung in Symbolhaftigkeit ist bei den meisten Themen nicht mehr gegeben. Durch die Entwicklung zur Mikroelektronik sind Differenzierungen kaum noch sichtbar. Dienstleistungen lassen sich in der Regel gar nicht visualisieren. Namen oder Buchstabenverbindungen sind oft oberflächlich oder austauschbar. Interpretierbare Visualisierungen sind somit selten schlüssig.

Der *Aufmerksamkeits-* oder *Signalwert* ist in erster Linie durch die starke ungewöhnliche Form gegeben. Die Gestalt der Marke ist zu erkennen und von anderen zu differenzieren. Die geometrischen Grund- formen Quadrat, Kreis, Dreieck, können Ausgangspunkt für eine Markenform sein; allein sind sie aber nicht schutzfähig und schließen als Allgemeingut nicht auf den Adressaten. Ausnahme ist der rote Punkt für Japan.

Der *Erinnerungs-* oder *Haftwert* ist durch eine besonders eigenständige Form oder eine Irritation gegeben.

Besonders die Ergänzungen einer Form beim Betrachter, auch neuartige visuelle Aspekte, geben einer Marke die Funktion der Erinnerung. Kann die Marke auf das Tätigkeitsfeld des Unternehmens oder der Institution verweisen, ist der *Informationswert* angezeigt. Eine Information ist die heute fast selten gewordene Leistung im Markenbereich. Komplexe technische Abläufe, Produktsortimente oder Dienstleistungen sind ohnehin nicht visuell erfassbar.

Knappe, klare Markenformen sind problemlos *variationsfähig.* Hier ist eine Form in Kontur, als Relief, auch plastisch und in seriellen Rasterflächen etc. zu realisieren. Weiterhin sind kompakte Marken in der Kennzeichnung mit einer guten *Integrationsfähigkeit* versehen.

Ob positiv, negativ, plastisch oder bei komplexen Umgebungen, die Marke muss immer prominent erkennbar für das Produkt oder Unternehmen stehen.

Die Marktforschung fragt fast ausschließlich nach dem *Sympathiewert.* Eine leicht erfassbare Form ohne Störungen (undeutbare, grafische Zusätze) auf der Basis einer souveränen, visuellen Form, beinhaltet explizit den Sympathiewert. Er ist nicht durch modischen Firlefanz, sondern mit einer problem- und zeitlosen Gestaltung gegeben. Es ist die zeitgemäße Ästhetik.

Marken entwickeln oder entwerfen ist eine Denkaufgabe, nicht nur ein „grafischer Prozess". Hier einige Kriterien: Die Gewichtung von Denken und Empfinden im Design orientiert sich am Wissen und Standard der jeweiligen Zeit. Die zeitlose Gestaltung gilt als Qualitätsmaßstab. Die funktionelle Wirkung hat gegenüber der emotionalen Empfindung einen deutlichen Vorrang in der Bewertung. Wichtige Resultate beinhalten oft neuartige visuelle Erfindungen. Häufig sind die Erfindungen mit Effekten belastet. Hier ist zu prüfen, ob diese Effekte an die Form gebunden sind oder ob die Wirkung beim Betrachter zur Geltung kommt. Letzteres ist dann minderwertig. Ohne eine ästhetische Basis ist die Markenentwicklung auf keinem besonderen Gestaltungsniveau. Gesellschaftliche, politische oder wissenschaftliche Aspekte lassen sich in der komprimierten Markentechnik nicht formulieren.

Logik, Geometrie und Ordnung sind in der Regel Garanten für eine Form mit Bestand. Auch Neuigkeitswerte benötigen eine inhaltliche bzw. funktionelle Qualität. Die formalen Elemente sind sichtbare Resultate dieser Denkaufgabe. Bestimmte visuelle Prinzipien wie Rasterstrukturen, elementare Geometrie oder die totale Symmetrie sind spannungslos und für eine neue Entwicklung uninteressant. Konzepte, die in Form eines komplexen Erscheinungsbildes funktionieren, müssen durch ständige Präsenz auf die Betrachter einwirken. Farben sind lediglich unterstützend wirksam. Sie beeinflussen den Sympathiewert und somit die Emotionen. Formen dagegen werden vom Betrachter als Objekt erfasst und geben den Anstoß zum visuellen Denken.

Bildnerisches Denken bei Marken kann nur funktionieren, wenn die Botschaft knapp und überschaubar ist.

Die Konzentration auf das Wesentliche ist erst mit einem Zeitfaktor an Entwurfserfahrung leistbar. Der Widerspruch „einfach und doch eigenartig" ist oft Garant für die besondere Leistung.

Neuartige Lösungen mit Reihen, Gruppen und anderen seriellen Prinzipien sind funktionell interessant. Sie erweitern das Prinzip der statischen Form, müssen aber die eigenständige, unverwechselbare Wirkung zeitigen. Räumliche

Wirkungsweisen müssen dem Inhalt ihres Themas optimal entsprechen, sonst sind sie die Variation eines Themas. Auch Konturen oder Strukturierungen einer Form können nur Varianten einer Markenform sein. Wissenschaftliche Erfahrungen, auch schlüssige, akademische Prinzipien, lassen sich in der visuellen Entwurfsarbeit nur begrenzt verwerten. Eine qualitative Beurteilung der Entwurfsarbeit ist trotz verschiedener Hilfsmittel subjektiv. Marktforschung und andere Befragungen tendieren zum mittleren Niveau und verhindern oft die Entwicklung zu Neufindungen. Querdenken und die Bereitschaft über das Thema hinauszuwirken, führt zu neuen Ergebnissen, die auch in anderem Kontext verwertbar sind. Ein Schritt der Zeit voraus in der visuellen Leistung kann zu anerkannt wichtigen Resultaten führen, mehrere Schritte werden kaum akzeptiert. Spontane Darlegungen können genauso wichtig sein, wie die Auswertung jahrelanger Erfahrungen.

Die Markenkategorien:

Formmarken werden in der Beurteilung wegen der klaren, starken Gestalt bevorzugt.

Bildmarken, mit der Tradition des Icons behaftet, sind mittlerweile als „historisch" disqualifiziert.

Funktionsmarken, die auf das Tätigkeitsfeld hinweisen, werden immer seltener, da ablesbare Prozesse kaum noch zu visualisieren sind.

Systemmarken, mit der Gabe Variabilität und Veränderung zu leisten, sind auf Grund der geringen Eigenständigkeit selten.

Wortmarken werden wegen der direkten Kommunikation des Namens gern realisiert, bleiben aber oftmals ohne charakteristischen Markenwert. Die Standardsatzschrift ist hier vorherrschend. Was bleibt – Elisabeth Walther-Bense gewidmet – ist die *Buchstabenmarke.*

Es ist zugegebenermaßen eine Kategorie, die nicht im Mittelpunkt des Interesses der visuellen Meinungsbildner steht, aber eine Markenkategorie, die leise, intellektuell und mit einer besonderen Tiefe wirkt. In der Wirtschaft ist sie die Folge zu langer Namen. Auch komplizierte Wörter und unschöne Phonetik zwingt den Gestalter zur Buchstabenmarke. Sie entsteht häufig aus Abkürzungen. Auch die Anfangsbuchstaben von Namen und Bezeichnungen werden gern verwendet. Allerdings ist die Merkbarkeit und die Aussprache über drei Buchstaben schwierig. Der Vorteil ist die knappe Darlegung von Buchstaben. Diese Buchstaben sind uns als Teil des Alphabetes geläufig, also ist keine Eigenart in der Grundlage zu erkennen. Der Nachteil ist die anfänglich ungenaue Information in Form eines Codes. Oft muss bei der Einführung der Buchstabenmarke der volle Name oder die Bezeichnung mitgeführt werden. Im visuellen Erscheinungsbild *(Corporate Design)* passt sich die Buchstabenmarke gut der Typografie und des

Gestaltungslayouts an. In der Regel braucht sie bei der Kennzeichnung von Produkten und Objekten wenig Platz und wirkt zeitlos. Garant für die Funktionsfähigkeit der Marken ist der Markenschutz. Beim deutschen oder europäischen Patentamt in München sowie dem Harmonisierungsamt (HABM) in Alicante/Spanien werden die Neuentwicklungen eingetragen.

Jahrzehntelang konnte beispielsweise „4711“ keinen Schutz erlangen, Ziffern waren nicht schützbar. Mittlerweile sind auch alle Kürzel schützbar, nur keine Einzelbuchstaben. Prominente Abkürzungen sind „S-Klasse“, „T-Call“, „VW“, Akronyme für die politischen Parteien oder DVA, FAZ, LTU. Die Informationshintergründe müssen schon offen liegen. So muss man wissen, dass GTI zu Golf bzw. VW gehört. „CeBit“ steht für Welt-Centrum, Büro, Information, Telekommunikation. „EBZ“ ist die Europäische Zentralbank. Mittlerweile entstehen Sprachcodes in Texten, besonders in der Wirtschaft. So schreibt die FAZ am 14. April 2002: „EMI zieht sich bei CD-Händler HMV zurück“. „EMI“ steht für Electric Musical Industries. „CD“ für Compactdisc. „HMV“ ist die Marke „His Master's Voice“. Hinter vielen Abkürzungen stehen auch interessante und witzige Codes. So steht „3M“ für Minnestole, Mining and Manufacturing Company.

Die Funktionen der Marken allgemein, lassen sich nicht eindeutig und rational belegen.[5] Marken stehen für ein Produkt, Objekt, ein Unternehmen oder eine Institution. Die Zweckmäßigkeit im Umgang und die Ästhetik werden als entscheidende Wirkungsweisen gesehen. Eine starke Marke muss Werte, Kultur und Persönlichkeit vermitteln. Sie muss stabil sein.[6] Beim Entwurfsprozess ist nicht die grafische Formentwicklung, sondern das Denken dafür entscheidend.

Anmerkungen

1 Siegfried Maser, *Grundlagen der allgemeinen Kommunikationstheorie*, Stuttgart 1971

2 Matthias Götz, *Marken – Semiotische Untersuchung und Klassifikation*, Stuttgart 1979

3 Matthias Götz, *Buridans Esel. Zur Semiotizität von Marken. Semiosis* 19/1980, Baden-Baden. Vgl. Matthias Götz, „Das grafische Zeichen – Kommunikation und Irritation“. In: Anton Stankowski und Karl Duschek (Hrsg.) *Visuelle Kommunikation*, Berlin 1989

4 Vgl. Karl Duschek, „Grafik, Design und Technik“. In: Dietmar Guderian (Hrsg.) *Zur visuellen Kommunikation der Industrieunternehmen in Technik und Kunst*, Düsseldorf 1992

5 Siehe die Funktionsgrafik am Anfang dieses Textes.

6 Vgl. Karl Duschek, „Alles ist Logo“. In: *designreport* 3/02, Stuttgart

Hans Brög

Ist Kunst disponibles Mittel?

Harald Szeemann begründete auf der *documenta 5* quasi einen Stil durch eine *Private Mythologie* benannte Abteilung. Damit zieht er Konsequenzen aus einer altbekannten *Art Brut*-Diskussion, hebt alte Romantizismen aufs Podest. „... jetzt gilt es, das Weltgefühl des Künstlers abzulesen und mitzufühlen.“ (Gorson 2001/2002: 128)

1. Wie/wodurch wird Kunst

Weder der Vergleich von Kunst mit Erscheinungsbildern der Natur, was über Jahrhunderte geübt wurde, liefert heutzutage Kriterien zur Beurteilung von Kunst, noch der Vergleich mit Inhalten, Programmen, in Manifesten niedergelegt, führt weiter, denn auch die Zeit, an der Kunst an Manifeste gebunden wurde, ist vorbei.

Anstatt von Urteilen mit verbindlichem, vereinbartem Bezug, hört und liest man, dass es doch bei diesem oder jenem Exponat evident sei, dass es sich um Kunst handle; oder: es sei doch evident, dass es sich um Authentisches und damit um Kunst handle. Das sind nicht selten die sogenannten Argumente und Rechtfertigungen. Der Rezipient hält Evidenz für wünschenswert, sehnt sie herbei oder entdeckt sie für sich und damit seine Werte von Kunst. Der feststellbare Zustand ist nicht Ergebnis der Umwertung von Werten, sondern der Durchsetzung von Wertfreiheit. Diesem Vorgang kann folgende Konstruktion zugrunde liegen: Werturteile „... hängen nach Lange-Eichbaum von einer Genußgröße ab, die das geniale Werk im Betrachter zu konstituieren vermag. Die wird dadurch ermöglicht, dass der dargebotene (pathologische) Bestand des Werkes die eigene Affektivität des Betrachters beim Nachvollzug des Kunstwerks mit erhöht“. (Brög 1973: 50)

Der Rezipient wird zum eigenen Ruhmesspender und spendet dem Kreator ebenfalls Ruhm, indem er ihn zum Künstler macht. Affektivität wird zum Kreativitätsfaktor der autonomen Kunstrezipienten. Dem Rezipienten bleibt gar nichts anderes übrig als das zu tun. Mit der Kunst nach der Moderne fällt es schwer anders zu verfahren, sind doch verbindliche Kriterien abhanden gekommen. Man muß sich das Recht herausnehmen so zu verfahren, wie das J.-Ch. Ammann allen Kuratoren empfiehlt: „Stelle nie ein Werk zur Diskussion, sondern glaube daran, weil du überzeugt bist.“ (Amman 2002: 2) (Die bleibende Alternative wäre, sich die Meinung des jeweiligen Künstlers zu Eigen zu machen.) Der Rezipient hat die Möglichkeit das zu erkennen, was er erkennen will (oder muß). In dieser Möglichkeit zeigt sich auch die therapeutische Potenz. (In erster Linie handelt es sich um intrapersonale Kommunikation.) Für Werke, die sich nicht erschließen, geben Bildtitel Assoziationshilfen, d.h. es werden Objektbezüge nahe gelegt. Der Rezipient gerät in eine Rolle, in der er quasi verstehen muß. Er fühlt sich gezwungen Sinn zu entnehmen, auch für den Fall, dass vom Sender nichts dergleichen intendiert ist.) Empathie sorgt dafür, dass Sinngebung unterstellt wird, dass der Versuch unternommen wird, sich in die Lage des anderen einzufühlen. Nicht selten aber gerät Einfühlung dazu, eigene Befindlichkeit in das materialiter gegebene Gegenüber hineinzuprojizieren. Theodor Lipps (1913) und insbesondere Wilhelm Worringer (1921) sind zu erwähnen. Peter Gorsen beruft sich auf Paul Fechter, wenn er konstatiert, dass es darum geht, „... das Weltgefühl des Künstlers ‘abzulesen und mitzufühlen’“. (Gorsen 2000/2001: 128) So wird der Rezipient zum Zeichensetzer, damit zum eigentlichen Künstler. Die Vorgabe zu machen bleibt die Restaufgabe des „Künstlers“. Dieser Aufgabe gerecht zu werden, diese Rolle zu spielen, zeugt von „praktischer Kreativität“, von „Erfolgsintelligenz“, wie dieser Umstand in einer Ausgabe des *Focus* im Frühjahr 1999 benannt wurde. Produkte der Erfolgsintelligenz nehmen den Charakter von Ware an. Je deutlicher dies geschieht, wird diese Kunst wie im Warengeschäft gemanagt. Je mehr wirtschaftlicher Druck auf dieser Ware liegt, wird auch für diese „Kunst“ Innovation gefragt sein; freilich in einem modifizierten Sinn. In diesem Fall verfällt Innovation modischen Gags, wechselt von Saison zu Saison und wiederholt sich von Zeit zu Zeit. Diesem Phänomen ist mittlerweile eine eigene Kunstausstellung gewidmet worden. (Gropp 2002: 41)

2. Vormals Kunst von Außenseitern – heute Kunst von Künstlern

Innovation, z.B. im Sinne der Moderne, lag tiefer. Innovation sollte und konnte Grundlage für Folgekünste sein, hatte generative Potenz. Das soll nicht heißen, dass nicht jegliche Art von Bildnerei auf Künstler einwirken würde, auch wenn Verweigerung vorliegen sollte. So wie modische Ware auch, ist Kunst als Ware an den Mann zu bringen. Es ist geradezu zwingend, dass Künstler, und wenn nicht diese, der Berufsstand der Destribuenten, im Prinzip für jeden einzelnen potentiellen Rezipienten (späteren Käufer) sein persönliches, ihm genehmes Angebot machen. Ohne es immer zu wissen, wird der Künstler zum Handlanger degradiert. Da es allen, die professionell mit Kunst befaßt sind, darum geht, den Nachweis zu erbringen, dass es sich um Kunst handelt, werden die mitgelieferten Kommentare der Rezensenten und sonstigen Schreiber so wichtig wie noch nie in der Geschichte der Kunst. Äußert sich der Künstler selbst, so wächst den goldenen Worten die Bedeutung einer Ikonographie zu: Wertschöpfung aus dem Beliebigen durch Kommentare, verstärkt durch den Wiederhall an der Phalanx der Claqueure. So werden selbst synkretistische, materiale Klumpen zu innovativen Werken befördert. Kunst als die Kunst der Rhetorisierung!

Ich rede nicht von der Anerkennung der Bildnereien von Außenseitern, von Schizophrenen z.B., was um die Jahrhundertwende ein großes Thema war, deren Kunst vor dem Kunstbegriff der Zeit auch deshalb so schwer zu verstehen war, als man an deren Kommunikationskanal nicht angeschlossen war, die Stimuli der jeweiligen „inneren Notwendigkeiten“ nicht einzuordnen verstand. Ich spreche hingegen von der „äußerlichen Willkür“. Mit der „Entdeckung“ der Außenseiter für die Kunst wurde deren Begriff erheblich erweitert. Nicht verwunderlich, dass auch die „Kunst“ der Kinder entdeckt wurde, der „Genius im Kinde“ (Gustav Hartlaub). Somit ist *Art Brut* in all ihren Varianten eingeführt. „Der Wahnsinn ist der tiefere und reichere Mensch, dessen Selbstverwirklichung die Gesellschaft unterbinden will.“ So wird Werner Hofmann zitiert. (Gorsen 2000/2001: 122, Anm. 20) Ronald D. Laing vertrat mir gegenüber die Ansicht: „Wenn man nach einem Tripp nicht mehr zurückkommt, was kann's Besseres geben?, dann ist man der Eigentliche“. Karl Rosenkranz bemerkt zu dieser Problematik bereits 1853, dass die Kunst „dem Wahnsinn nicht das letzte Wort lassen“ dürfe. (Gorsen 2000/2002: 121) Ausgehend von der Entdeckung der Kreativität von Außenseitern, deren Kräfte durch Abbau des Sozialisationschutts freiwerden, der bei Kindern noch nicht aufgehäuft war, konnte sich z. B. DADA durchsetzen. Man faßte Mut, um es zu ertragen verlacht zu werden, formal mit „nicht elaboriertem“ Inventar zu arbeiten und durch Anwendung unlogischer, jeglicher künstlerischen Erfahrung widersprechenden Inventionen zu verrückten Inventaten zu gelangen.[1]

Zeugnisse von heute, an die ich denke, haben weder mit „Krankheit“, noch mit DADA, auch nicht mit Dionysischem zu tun. Es gilt entweder, um mit Warhol zu sprechen: „everything goes“, möglicherweise, weil es sinnlos ist zu dieser, unserer Welt künstlerisch dezidiert Stellung zu beziehen. Das könnte die Meinung von Künstlern sein. Oder aber man handelt als Künstler eingedenk der Tatsache, dass jedes x-beliebige Etwas zur Kunst erklärt werden kann, was man letztlich Rezipienten, Rezensenten etc. überläßt. Natürlich gibt es auch in der Zeit nach der Moderne, oder wie es Danto formuliert: „... nach dem Ende der Kunst“, noch die Moderne im zeitgenössischen Kunstbetrieb. (Danto 2000: 45-66) Geht man aber davon aus, dass es daneben Modekunst, Kunst als Mode oder sagen wir es moderater, Kunst als Ware im Sinne von Luxusgütern gibt, dann kann man auch davon ausgehen, dass potentielle Käufer dieser Güter stilbildend eingreifen, indem deren Bedürfnisse zunächst geweckt, dann aufgegriffen und in verkaufbare Form gebracht werden. Es konnte nicht ausbleiben, dass sich auch Rezipientenstile herausbildeten. Neben Rezipientenstilen ist ein weiterer konstatierbar. Er kommt dadurch zustande, dass Kompensationsobjekte Konjunktur haben. Defizite, die der Alltag in unserer Gesellschaft mit sich bringt, gilt es zu kompensieren. Für diesen Zweck eignen sich in besonderem Maße Objekte, die vom jeweiligen Rezipienten, seinen Bedürfnissen entsprechend „besetzt" werden können. Die Allianz zwischen Künstlern und Rezipienten liegt auf der Hand: Die Kunst, entstanden aus Innovations druck, wovon die Rede war, eignet sich in besonderer Weise dafür, mit beliebigen individuellen, rezipientengerechten Bedeutungen belegt zu werden. Auf dieser Weise wird der Rezipient zum Zeichensetzer. Authentizität, authentisches Arbeiten, kann unter dem Aspekt der Kompensation jetzt auch als kompensatorische, künstlerische Arbeit gesehen werden: Der Künstler entäußert ein materiales Objekt als Ergebnis kompensatorischer Arbeit, der Rezipient eignet sich dieses Objekt aus kompensatorischen Gründen an. Die *materia actualis*, die das Werk für den Künstler ist, wird vom Rezipienten als *materia potentialis* aufgegriffen und in seiner Weise, für seine Zwecke aktualisiert.

„Rezipientenstile" bestimmen heute einen Teil der Kunst und damit der Ausstellungen. Man kommt Rezipienten entgegen; sie sind die Designer von Ausstellungen und werden andrerseits von der technischen Zivilisation, d.h. durch Defizite, die durch diese verursacht werden, designt. Einerseits haben wir es mit ästhetischen Objekten zu tun, die mit Erfolgsintelligenz dem Markt angepaßt werden, andrerseits werden die Objekte durch den Zwang zum Ausgleich gesellschaftlich bedingter Defizite bestimmt. Diese doppelte (Mit-)bestimmung von Kunst nach der Moderne ist freilich kaum erforscht. Rezipientenwünsche, propagandistisch geweckt wie modische Bedürfnisse, korrelieren mit willfährigen Dienstleistungen, mit dem Eifer der Künstler. Auf diese Weise bilden sich Stile, die auf Bekennerschaft beruhen, auf dem Bekenntnis des Primats der „inneren Notwendigkeit", die eine sublim von außen vermittelte sein dürfte.

3. Rezipienten – und andere Stile

Rezipientenstile durchsetzen zu können dürfte insbesondere dadurch begünstigt werden, dass objektive/objektivierbare Bedürfnisse vorhanden sind, gespeist durch Defizite, die in unserer Gesellschaft ihre Begründung haben. Zweifellos verdient die „kompakte Masse" der Bevölkerung ihren Lebensunterhalt durch entfremdete Arbeit, zweifellos werden die menschlichen Fähigkeiten der „kompakten Masse“ äußerst einseitig selektiv abgerufen, zweifellos führt beides zu Frustrationen und abnehmendem Selbstvertrauen. Die Folge, wenn auch wohl meist un-/ unterbewußte Suche nach Kompensationsmöglichkeiten, zeigt sich auch darin, dass man Fetischen aufsitzt. Fetische gewährleisten Teilhabe am verehrten „Künstler“, dessen Erfolg man selbst auch gerne hätte, dessen Souveränität man bestaunt. Zu bedenken aber ist: „Wer den Fetisch zur Kunst macht, stiftet Glauben“ und „dem, dem der Fetisch Kunst ist, verabschiedet die Kunst als intelligibles Substrat“. (Ist das in der nachmodernen Zeit nicht bereits so?) Für den Fall, dass man Kunst für ein Medium hält, dem auch inter- und nicht nur intrapersonale Kommunikation anzuvertrauen ist, kann man dem nur skeptisch gegenüberstehen. Aber „das hat zur Folge, dass man im Volke kein Gefolge hat. Längst ist die Kunst Folge des Gefolg(k)es“. (Brög 1992: 18)

Kunstinstitutionen, vor allem die Museen, wirken dem nicht entgegen. Ganz im Gegenteil. Die beschriebenen Tendenzen werden bestärkt. Sie werden dadurch bestärkt, dass jeder Künstler, jeder Galerist, jeder Consulter weiß, dass es eine Nobilierung von Werken und deren Meistern bedeutet, in Museen aufgenommen zu werden. Wertsteigerungen gehen damit einher, was für Künstler, Galeristen und Consulter größere Gewinne bedeutet. Dauerpräsenz in einem wichtigen Museum zieht Ausstellungen in weiteren wichtigen Museen nach sich. Das führt dazu, dass der Krefelder Galerist Christian Fochem konstatieren konnte: „... überall die gleichen Künstler ....“ (Fochem 1998). Schwäche, mangelnde Kompetenz der Museumsleiter spiegeln sich nirgendwo besser wider als in dieser Beobachtung. Es stellt sich nicht zuletzt deshalb die Frage, warum es die Regel ist, Kunsthistoriker zu Museumsleitern oder -direktoren von Kunstvereinen zu berufen. Es dürfte doch klar sein, dass Kunst historiker zwar etwas von der Geschichte der Kunst verstehen, aber nicht zwangsläufig auch von Kunst, schon gar nicht von postmoderner mit ihrer Beliebigkeit, ihrem Mangel an Verbindlichkeit.[2]

Dass die Wahrscheinlichkeit ins Museum aufgenommen zu werden nach wie vor steigt, wenn die Forderung nach Innovation bedient wird, ist sicher. Die vermeintliche Innovation besteht aber nicht selten „in einem Illusionismus des Neuen, an dem der Kunstbetrieb deshalb auch so verbissen festhält. Dem Eindruck der Stagnation, die eine Folge des Neuen in Permanenz ist, versucht die zeitgenössische Kunst durch ein Pensum von Scheininnovationen zu entgehen, denen die Qualität des Neuen und Überraschenden immer mehr allein durch die Rhetorik der Kommentare verliehen wird“. (Ritter 1998) Die Forderung nach falsch verstandener Innovation aber ist es, wodurch private Mythologien befördert werden. Während Innovation an Redundanz gebunden ist und deshalb im Prinzip auch aufgezeigt und eingesehen werden kann, bleibt Pseudoinnovation uneinsichtig.[3]

Pseudoinnovation ist Innovation der Behauptung, wodurch selbstverständlich Abhängigkeit von „Behauptungstheorien" - obwohl die Zeit der Manifeste vorüber ist - geschaffen wird.

Diese Theorien liefern nicht zuletzt die Abhängigkeit von Museen und Galeristen und somit die Legitimation für Ausstellungen und Ankäufe. Vor diesem Hintergrund nimmt es nicht wunder, auch wenn weitere Gründe hinzukommen, dass durch die Institutionen dem Treiben von (Groß-)Sammlern kein Einhalt geboten werden kann. Ganz im Gegenteil. Seit die Ressourcen, auf die die öffentliche Hand und damit die Museen angewiesen sind, versiegen, werden Sammler und Sponsoren geradezu poussiert. Längst bestimmen auch Sammlerstile die Szene. Wenn Grothe überall dort präsent sein darf, wo er will, wird er stilbestimmend sein. (Hierher gehört auch die Methode, mit der H. Bastian, eine Beuys-Sammlung im Rücken, W. Herzogenrath in Berlin zum Deppen machen wollte; Herzogenrath ging – Respekt!) „Aber ich glaube, dass es nicht Aufgabe der Wirtschaft sein kann und darf, die Kunst zu tragen. Ich unterstelle gar keine aktive Zensur, aber die Wirtschaft verfolgt mit dem Tausch von Geld gegen Prestige andere Zwecke als wir. Es muß der Auftrag der Öffentlichkeit bleiben, die Kunst zu fördern in all ihren Erscheinungsformen." (Vitali 1998) Ebensowenig dürfen es die Großsammler sein. Daraus sind Schlüsse zu ziehen. Die Museen sollten sich als Sammelstätten zeit genössischer Kunst verweigern. Manch hitziges Gefecht, dem sich Künstler und Museen ausgesetzt sehen, würde entschärft. „Mäzenen" würden erpresserische Methoden entzogen; für die Entwicklung der Kunst wäre es gut. Man sollte den Kunstvereinen und privaten Galerien dieses Feld überlassen. Museen sind keine Korrektive mehr. Die Endgültigkeit, mit der das einmal ins Museum Aufgenommene Kunst bleibt, ist irrational: die irrationale Aufnahme findet durch „ewigen" Verbleib irrationale Legitimation. Dies hat selbstverständlich zur Folge, dass jegliches Museums "gut" Maßstäbe setzt, an dem sich quasi alle mit Kunst Befaßten orientieren; ob man das wahr haben will oder nicht. Dass damit potentieller Kunst die Chancen, Kunst zu werden, eingeschränkt werden, liegt auf der Hand. Das Museum für zeitgenössische Kunst ist ein retardierendes Moment.

Eine Fatalität: Die Erfahrung lehrt ja in der Tat, dass sich Museumsgut, so umstritten es zunächst gewesen sein mag, als Kunst bestätigt. Da keine Veranlassung besteht danach zu fragen, weshalb das so ist, kommt man nicht einmal auf die Idee daran zu denken, dass es Gewohnheit oder in anderer Wendung: die Macht des Faktischen sein könnte. Die Psychologie lehrt, dass der Mensch so eingerichtet ist, Störendes so lange zu bearbeiten, bis es erträglich geworden ist. Man kann daraus folgern, dass sich jeder Ankauf letztlich durchsetzt. Die eigent-

lich künstlerische Tat ist somit der Ankauf. Innovatives, im eigentlichen Sinn, läßt sich an zeitgenössischer „Privatkunst“ kaum feststellen. Dem Rezipienten bleibt aber die Chance für Sinnstiftung, indem er diese „Kunst“ gar nicht als Kunst begreift, sondern als x-beliebiges Etwas (im Sinne von Peirce) und seinerseits zum Zeichen erklärt, d.h. mit dem Sinn betrachtet, der ihm gerade in den Sinn kommt. Das ist das Geheimnis des Konsumentenstils in einhelligem Zusammenspiel mit den Künstlern, die die Zeichenträger liefern. Jedem ist damit gedient: den Künstlern wie den Konsumenten. Jeder hat seinen Erfolg, der zudem die Langeweile verdeckt. Mit der Pop-Art war dieses Phänomen erstmals zu beobachten - „seit der Pop-Art spätestens ist Kunst plebiszistisch. Kunst ist Volkskunst geworden. Joseph hat recht: Kunst ist Leben“. (Brög 1992: 15) „Dieser Aufgabe (der Tendenz zur Gleichheit immer wieder Vielfalt und Seltenheit entgegenzustellen) wird die zeit
genössische Kunst dadurch gerecht, dass sie, obwohl elitär, eine elementare Sprache spricht, die ihr ein demokratisches Aussehen gibt und sich ebenso leicht vermarkten läßt wie Produkte der Unterhaltungsindustrie.“ (Ritter 1998)

4. Spaß und Bellevue

Baselitz' Kopfstand-Trick als künstlerische Innovation zu verkaufen war und ist ein Mißverständnis. Baselitz machte Spaß, die mit „Kunst Befaßten“ machten Ernst. Man kann Zweifel bekommen, ob es noch sinnvoll ist, die Zielsetzungen der Moderne, deren höchstes Richtziel Innovation hieß, weiter zu verfolgen. Gibt man die Forderungen der Moderne aus Enttäuschung auf, dann ist die Gefahr um so größer, dass man dem Markt der Unterhaltungsindustrie erliegt, der Kompensation gesellschaftlich generierter Defizite dient, Kunst als Erkenntnismittel weitestgehend aufgibt. Vieles spricht dafür, dass der Zustand, den wir eigentlich seit einiger Zeit haben, weiter bestehen bleibt. Die zeitgenössische Kunst besteht nach wie vor zum einen aus Kunst, die die Moderne ausmacht. Zum anderen aber haben die „Schwestern“ der künstlerischen Moderne, Wissenschaft und Technik, Produktionsmittel zur Verfügung gestellt, die auch für die Kunst nutzbar sind und deren innovatives Potential für die künstlerische Produktion bei weitem nicht ausgeschöpft ist. Kunstproduktion auf apparativer, elektronischer Basis zu betreiben vermehrt aber sowohl für die Produzenten als auch die Rezipienten genau die Defizite, die durch unsere technische Zivilisation hervorgerufen werden. Dagegen wird Kunst in „traditioneller“, artifizieller Machart therapeutisch eingesetzt. Ein positiver Aspekt ließe sich einer Kunst ohne das *essential* Innovation abgewinnen: es wären Konzepte denkbar, die Stammeskunst und Volkskunst,

Fetische und Talismane zusammenführen und einem gemeinsamen Fokus unterwerfbar machen. Die Erweiterung des Kunstbegriffs brachte Erscheinungsformen von Kunst und Umgangsformen mit Kunst hervor, die in die Nähe zur Volkskunst und deren Rezeptionsformen führten.

Die Gemeinsamkeiten ästhetischer Objekte im Spannungsfeld zwischen Facetten der Romantik und des Expressionismus lägen in dionysischer, wilder Orientierung, in elementaren, sehnsuchtsvollen Komponenten „künstlerischer" Motivation. Das Apollinische, das tragende Moment der Moderne, hat in dieser Kunst aber kaum noch Platz.

Anmerkungen

[1] Weitreichende Probleme stellen sich mit Duchamps Ready-mades bis heute. Worin besteht der Unterschied zwischen einem Ready-made und einer Appropriation? Worin besteht der Unterschied zwischen den Brillo-Boxes, die aus dem Handel mit Alltagswaren bekannt waren, und den Brillo-Boxes Warhols, die materialiter, in Größe, Form, Farbe keinerlei Unterschied erkennen lassen? So kann eine von vielen Fragen gestellt werden.

Der griechische Gott der Ekstase, Dionysos, wurde in der Romantik, insbesondere durch Schelling und Nietzsche für das Irrationale (das rational nicht Erkundbare) und Rauschhafte so präpariert um ihn für Vorstellungen romantischer Kunstproduktion, Inhaltlichkeit und Rezeption furchtbar zu machen. Seitdem ist das dionysische Korrelat der Kunst im Bewußtsein.

[2] Wenn heute die Frage nach Qualität bzw. nach Auswahlkriterien gestellt wird, wird man als Fallensteller verdächtigt: „Kriterien der Auswahl? Aber wo denken Sie hin. Das ist doch keine Frage. 'Es gibt', sagte Enwezor (HB: Chef der documenta 2002), '... keine Kriterien. Ich möchte eigentlich nicht in diese Falle tappen'." (Wagner, Thomas 2002: 47)

[3] Objekte des Dadaismus machen insofern eine Ausnahme, als es dieser Bewegung mit diesen Objekten zuvörderst um Protest ging, um demonstratives Bekenntnis zum „Irrsinn" und nicht um ästhetische Objekte.

Literatur

Amman, Christoph (2002). „Vademecum für Kuratoren." *Kunstzeitschrift* 68

Brög, Hans (1973). *Zum Geniebegriff*. Ratingen; Kastellaun; Düsseldorf: Henn

Brög, Hans (1992). *Mein Gott hat der Joseph viele Marien*. Universität Duisburg

Danto, Arthur (2000). *Das Fortleben der Kunst*. München: Wilhem Fink

Fochem, Christian (1998). „Überall die gleichen Künstler.“ *Rheinische Post* 12
Gorsen, Peter (2000/2001). „Die Karriere des Outsiders in der modernen Kunst.“ In: Stiftung Deutsches Hygiene-Museum und Deutsche Behindertenhilfe - Aktion Mensch e.V. (Hrsg.). *Der (im-)perfekte Mensch.* (Ausstellungskatalog Deutsches Hygiene-Museum Dresden). Stuttgart: Hatje Cantz
Gropp, Rose-Maria (2002). „Wer nichts wird, wird Model.“ *Frankfurter Allgemeine Zeitung* 57
Ritter, H. (1998). „Immergleiches Spiel der Überraschungen.“ *Frankfurter Allgemeine Zeitung* 14
Vitali, Christoph (1998). „Warum gehört manches Kunstwerk auf den Flur, Herr Vitali?“ *Frankfurter Allgemeine Zeitung-Magazin* H 933
Wagner, Thomas (2002). „118 für 11 - Die Documenta will vor allem transnational sein -.“ *Frankfurter Allgemeine Zeitung* 101

Rolf Garnich

Über das Fraktale in der Kunst

Zur Meta-Ästhetik des Kunstwerks als „Wissenschaft von den ersten Prinzipien und Ursachen" des Werdens.
Eine nichteuklidische fraktale autogenerative Raumzeit-Ästhetik

Präzise Vergnügen sind keine Gefallensästhetik (Max Bense 1964)

Absicht und Prolegomena
Über das Fraktale in Design und Kunst

Jede Sprache hat ihre *Grammatik.*
Grammatik ist *Struktur* von Sprachelementen.
Buchstaben sind *digitale* semiotische Sprachelemente.
Struktur ist komplexer Pfad von *Information.*
Information heisst digitale Übermittlung *Ästhetischer Botschaft.*
Mathematische Sprache existiert in Elementen
    abstrakter Strukturen.
Ästhetik künstlerischer Objekte drückt sich
    in *guter Gestaltung* aus.
Harmonische Struktur ist der Ausdruck
    Guter Gestalt.
Die Übermittlung ästhetischer Botschaft gelingt
    optimal auf Basis harmonischer ästhetischer Strukturen.
Ästhetisches Objekt und Empfänger empfinden dabei
    resonante Schwingungen zueinander.
Harmonien in der Akustik werden durch
    Intervalle optimal übermittelt.
Der *Goldene Schnitt* ist in stetigen Folgen
    linearen Intervalle strukturiert: Die Goldene Proportion.
Seit Jahrtausenden ist deren Goldene Zahl $\tau = 1{,}618...$
    der euklidische Algorithmus allen*kreativen Werdens.*
Dies ist Grundlage der musikalischen
    Harmonie- und Kompositionslehre (seit J.S.Bach)

Ästhetische Informationen der *Ebene* (und des topologischen
Raumes allgemein) werden analog durch Felder
(zweidimensional) definiert.
Das Goldene Feld ist eine Darstellung in
optimierten geometrischen Strukturen.
Das ist Algorithmus ästhetischer *Gestaltung* der Ebene
und deren *Informationsübermittlung*.
Das Verstehen vollzieht sich im höherdimensionalen Raum.
Naturprozesse funktionieren nach dem Prinzip
der extremalen Wirkung (seit W.R.Hamilton).
Ästhetische Prozesse werden nach dem *invarianten
Gesetz* der extremalen Wirkung gestaltet (Garnich 1968)
Ein mathematisches Programm entsprechend dem *Naturgesetz*
liefert dazu die Handhabe.
Topologische *Ästhetische Felder* bilden die
geometrische Grundstruktur zur Konstruktion
Ästhetischer Objekte.
Die Struktur dieser Felder ist als euklidische
Beschreibung eines *nichteuklidischen
Zustandsraumes* dargestellt.
Dieser Zustandsraum zeigt die inhärenle Bereitschaft,
mit Elementen als *Bausteinen fraktal-gebrochener
Dimensionen* zu operieren.
Diese *fraktalen Bausteine* sind der digitalen
Informationsübertragung fähig.
Fraktale allein sind geeignet, beim Empfänger
ästhetische Empfindungen auszulösen.
Fraktale sind der Pfad aus dem Chaos
in die Ordnung des Verstehens.
Mittels Fraktalen wird Ordnung aus dem Chaos gefiltert.
Fraktale autonome Zellen füngieren als Operatoren
auf dem topologischen Meta-Ästhetischen Feld.
Diese Operatoren gehorchen dem Prinzip der
extremalen ästhetischen Wirkung durch
maximale Ordnungsbildung.
Ästhetische Ordnung erzeugt ästhetischen Genuss
mit optimaler Variabilität.
Informationschaos erzeugt Disharmonie mit

minimaler Innovation.
Ästhetische Wirkung über Fraktale vollzieht sich
im nichteuklidischen topologischen Raum.
Dieser Raum ist unanschaulich.
Er wurde für das Überleben in der Evolution nicht
benötigt, im analogen Gebrauchsbewußtsein
unterentwickelt.
Sehr wohl funktioniert Information im nichteuklidischen
Raum mittels Fraktalen.
Durch Fraktale verschlüsselt, ist dieser topologische
Raum im Unbewußten lokalisiert.
Das Unterbewußtsein in seiner isomorphen Strukturierung
ist mittels ästhetischer Fraktale besonders
einfach und leicht zu programmieren.
Erst im euklidisch-antropischen Raum der Anschauung
zeigt sich das Ensemble von Fraktalen als
ästhetische Erscheinung.
Fraktale in der Wahrnehmung ist die Objektivierung
eines linearen Zustandes.
Hermeneutisches Verinhaltlichen ist vollzogen.
Ästhetik in Fraktalen ist optimierter Lebensprozess.
Dies gilt für Kreation und Apperzeption.
Die extremale Prozessdynamik dieser ästhetischen
Informationsprozesse ist widerstandsfrei und ein
rein mathematischer Fall.
Ihre gesetzhafte generative Steuerung erfolgt durch
reine Skaleninvarianz.
Reelle Eichinvarianzen erzeugen euklidische
meta-ästhetische Felder.
Komplexe Invarianzen erzeugen imaginäre Orte im
nichteuklidischen Zustandsraum. Dort werden
Bifurkationen polarer stehender Wellenpakete
durch Resonanzen erzeugt.
Bevorzugte Resonanzen im imaginären Raum sind die
Goldenen Ästhetischen Invarianzen.
Durch Bifurkation wird ständig Neues, d.h.
Ordnung aus dem Chaos erzeugt.
Die große vereinheitlichende ästhetische Invarianz

wird in der Feigenbaumzahl repräsentiert.
Diese Zahl ist transfinit, genauso wie die Kreiszahl
Allgemeine Informationsästhetik ist transfinit.
Goldene Ästhetik ist ein begrenzter Trivialfall.
Sein Algorithmus erhellt allgemeine Ästhetik.
Im kosmischen und hermeneutischen Raum kann der
ästhetische Trivialfall grundlegend angenommen werden.
Fraktale sind charakterisiert durch *Selbstähnlichkeit*
des automorphen generativen Werdens und des
gesetzmäßigen Wachsens.
Stilelemente der Selbstähnlichkeit sind von fraktalem
Charakter, Leitpfade der Ähnlichkeit.
Ästhetische Objekte sollen nach dem Prinzip der
Selbstähnlichkeit in Fraktalen gestaltet werden.
So wird gewährleistet, *ästhetische Gestalt* optimal
zu kommunizieren.
Ästhetische Ordnungen sind konstante Richtungsweiser für
Lebensqualität und -stil in einem Meer von
chaotisch Unbewußtem.
Das Schöne in Fraktalen zeigt sich im Übergang von Chaos
in ästhetische Ordnung.
Innovation ist ständige Bifurkation zu neuer
ästhetischer Ordnung.

Einführung

Die Zeit ist reif, über das Fraktale in der Kunst zu sprechen. Ganz im Sinne rationaler Erfassung von Strukturen, Formen und Farbgestaltung als Mittel künstlerischen Ausdrucks hatte Kandinsky schon 1910 das Manuskript „Über das Geistige in der Kunst“ fertiggestellt. Seine konstruktiven Bestrebungen in der Malerei erfolgten im Geiste zu Beginn des 20. Jahrhunderts. Zum einen im künstlerischen durch den deutschen Expressionismus (Herwarth Walden) und hier „das Erleben des Geistigen in „den materiellen und in den abstrakten Dingen zu wecken„(Max Bill). Zum anderen zweifellos aus dem Abschluss des linearen Denkens in Newtonschen Dimensionen: Im Mathematischen die Entdeckung des vierdimensionalen Weltbildes durch Riemann, Minkowsky und Einstein, die Erforschung der transfiniten Unendlichkeit durch Georg Cantor, die Aufgabe der Vorstellung von Stetigkeit bei physikalisch-generativen Prozessen durch Max

Planck (1900) und schliesslich die exakte Definition gebrochener (fraktaler) Dimensionen durch Felix Hausdorff (1898). Alle diese geistigen Strömungen und Erkenntnisse hatten die Vorstellungen von Ästhetik im künstlerischen Bereich natürlich nicht unbeeinflußt gelassen. Bauhaus Dessau, Schweizer Konkrete und Ulmer Hochschule für Gestaltung (hfg) waren in Kunst, Architektur, Grafik und Design das Leitbild für die rationale Ästhetik des mittleren zwanzigsten Jahrhunderts.

Zwei Entdeckungen des 20. Jahrhunderts bereiteten einen Umbruch im Denken zum 3. Jahrtausend vor. Zum einen trifft das Fundament der aufgeklärten wissenschaftlichen Welt die Relativitätstheorie Einsteins und die Quantenmechanik Heisenbergs. Raum und Zeit als transzendentale Formen des einheitlichen Universums von Denken und Sein, von Geist und Materie, von Seele und Körper, von Gewordenem und Gemachten, von Naturereignetem und ästhetisch Kreiertem werden relativiert.

In der Doppelnatur eines und desselben Seins physikalischer Urerscheinung, dort wo Messbarkeit zum Spiel von Wahrscheinlichkeit wird, im dualen Prinzip von Strahlung und Teilchen, von Geist und Materie, versagen unsere Anschauungen aus den Erfahrungen der Alltagswelt - in Physik gleichermaßen wie in Ästhetik. In dieser Urnatur werden unsere gewohnten Messeinheiten sinnlos. Im Zeugungsbereich des Kleinsten zeigen sich alle Möglichkeiten von Symmetrien am reinsten und auch deren weiterer Wachstumsprozess. Wenn auch die reinen mathematischen Grundlagen dieser Prozesse im Laufe der Wissenschaftsgeschichte immer schon da waren, so wurden die Interpretationen zeitabhängigen Denk- und Glaubenskategorien gedeutet. Erkenntnisprozess und kosmologische Prozesse sind morphologisch identisch. Ästhetik ist Erzeugung von je einer individuellen Ordnung, mathematisch erfaßbar und identischer Teil des Kosmos. So ist das „Ende der Metaphysik" (Hausdorff 1898) durch den Anfang der Meta-Ästhetik kompensiert.

Der kosmologische Konstrukt des Ästhetischen

Das Weltbild von Newton und Leibniz, die Kant'sche Erkenntnistheorie, der Descart'sche Dualismus von Geist und Materie beginnen, in Zweifel gezogen zu werden. Die dritte physikalisch-philosophische Revolution bahnt sich an!

Die Vorstellung einer kontinuierlich dahinfliessenden organischen Entwicklung wurde erstmals 1900 durch Max Planck revidiert mit der Entdeckung diskontinuierlicher Sprünge - er nannte sie *Wirkungsquantum* - beim Ablauf generativer Natur-Prozesse. Damit war der Weg frei zum spektakulären Wandel in den naturwissenschaftlichen Denkkategorien als Grundlage von Philosophie, Ästhetik und Psychologie.

Die Mathematik leistete das Übrige (Riemann) mit der Abstraktion des vierdimensionalen Raumes und der Festlegung der *Eins* als aktualer Denk-Mittelpunkt zwischen kleinstem und größtem Unendlichen (Cantor). Mit der Vorstellung von der Struktur des Kontinuums kann Heisenberg 1926 die Quantenmechanik für mikrokosmische Prozesse formulieren: „Stetigkeit" ist nicht vorstellbar und zwar auch nicht mit irrationalen und imaginären mathematischen Beschrei-bungsmethoden. Das Erkannte ist nicht das Objektive, es muss mit dem Erkennenden in Bezug gesetzt werden. Und überhaupt ist die Vorstellung vom Erkennen einer materiellen Realität in den „harten" euklidischen Dimensionen unhaltbar. Für die Generative Ästhetik hat dies Kopernikanische Folgen: Die Chaostheorie seit Mandelbrot (1977) hat generative Bewußtseinsprozesse als selbstorganisierende Systeme definiert.

Die Tür zu einer nicht linearen fraktalen autogenerativen Raumzeit-Ästhetik ist aufgestossen.

Ästhetische Apperzeption zeigt seine januskopfige Erscheinung im sowohl rational verstandesmässigen Begreifen, im denkerisch pragmatisch Erfassbaren, im abzählbar Strukturalen, als auch im gefühlsmässig einschwingend Harmonischen, die Seele zum Genüsse Erfüllenden. Genauso, wie es die Quantenfeldtheorie lehrt mit der Erzeugung und Vernichtung von Teilchen,d.h. Setzung und Verwerfung von Erkenntnisquanten durch die Wechselwirkung von Feldern. Hier beginnen, weitere Dimensionen zu wirken. Für den Kunst-Gebildeten ist das neue Welt-Bild unabdingbare Grundlage seines ethisch-ästhetischen Bewusstseins.

Eine Einheitlichkeit ist nur noch unter komplett anderen Voraussetzungen vorstellbar. Der Zweifel kommt von Seiten der Physik selbst und zwar in Bezug auf die Wahrheit der Erkenntnisse der messbaren wirklichen Welt, des wirklich realen Seins und des wahren Bleibenden. Ergebnis: die uns zugängliche Welt unserer sinnlichen Erfahrung ist eher "*Nichtsein*" als wirkliches Sein. Was aber ist das,was am Rand des Nichtseins ist? Vermutung: Jedes potentielle Nichtsein kann aus dem *Geist konstruiert* werden, sodass es nur in den Köpfen der Mathematiker als Konstrukt existiert. Kosmisches Sein muss sich dann als Spezialfall am Rand endlich möglicher Fälle darstellen. Nach der Periode der Analysen des Daseienden, des kosmisch Gewordenen (im 2.Jahrtausend), - was erstmal zum Verständnis des euklidischen linearen Kosmos beigetragen hat - , wird es naheliegend, den physikalischen Prozess in einen ästhetischen Prozess kongruent umzudrehen, damit das synthetisch Konstruierbare in Angriff zu nehmen, um neue überraschende Universen zu gestalten bzw. das Verständnis um unser vorhandenes Universum zu erweitern. Was hier der Fall sein wird.

Für den individuellen Zugang jedes einzelnen Gehirns zum Prinzip der Ästhetik (res extensa) lässt sich Lernen und Erk^e^nntnis als mathematisch-generativer Prozess in kosmologischer Einheitlichkeit be-greifen. Ästhetischer Prozess wird zur Methode und Schlüsselerlebnis der Welt-und Du-Erfahrung durch aktives Handeln.

Was hat Ästhetik mit Physik zu tun ?

Ist der ästhetische Prozess die Umkehrung des physikalischen - was durch die Vorstellung des negentropischen zum entropischen (Bense) begründet wird - so hat es erstens der Physiker viel einfacher: Er kann auf die bewährten Methoden der Labormessungen zurückgreifen und sich auf das gesicherte Gebäude der mathematischen Koinzidenzen berufen. Damit ist ihm die Welt - wenn auch in jedweder komplexen Form - zugänglich und teilweise Stück für Stück beschreibbar.

Der Auffassung eines Erkenntnisvorganges als ein logisch-ästhetischer bleibt als Operationsfeld nur das mathematische und die Aktion, Generatives in fundamentaler Form zu setzen und gestalten: Eine Urschöpfung nachzuvollziehen, die sich freilich am Vorbild des teleologisch Gewordenen spiegelt - und zwar quasisymmetrisch: Homomorph. Als Urzeugung wird also ein logisch-mathematischer Konstrukt angenommen, der wahrscheinlicher einem anthropischen Weltbild genügt als das die Physik leisten kann.

Am besten schlagen wir bei diesen grundsätzlichen Über-legungen wieder bei griechischen Philosophen wie Parmenidas und Heraklit nach: Von der Einheit des Seins., von der Unvergänglichkeit, der Zeitlosigkeit, der kontinuierlichen Bewegung, von der Identität von Denken und Sein und der Nichtexistenz von Nichtsein ist die Rede. Das Kosmiscne ist geprägt durch das Prinzip von *Werden und Vergehen*, und damit von Gegensätzen paarig gesteuert. Und dann die grosse moderne Befreiung aus dem Mystischen, die Formulierung des abstrakten Denkens: „Aus Allem wird Eins und aus Einem Alles."

Der eine Weg führt in den religiösen Monotheismus mit seinen bekannten Heilsversprechungen, den Verlagerungen der Eigenverantwortung ins Transzendente, der andere Weg konnte erst jetzt durch die Präzision der Messmethoden bestätigt werden, fundamentiert aus den Erkenntnissen der mathematisch formulierten Unendlichkeit: „So ist die Eins der Repräsentant für Alles, und das Nichts ist mit dem Unendlichen qualitativ identisch." So die Formulierung des Nikolaus von Kues (1440), Gott sei zugleich identisch im Maximum wie im Minimum, Zusammenfall der Gegensätze in der coincidentia oppositorum.

Die Eins ist Mittelpunkt, Einheit von Allem, Singularität und Einheitlichkeit. Ein weiterer notwendiger Konstrukt (Heraklit) ist der Faktor der Harmonie, der einen Wachstumsprozess erst ingang bringt und dann steuern muss.

Nach dieser klassischen fundamentalen Ausgangsbasis einer *Eins* als Singularität des Werdens setzen wir den homomorphen Punkt für physikalisch mess- und feststellbares wie auch für ästhetisch kreier- und konstruierbares, sodass beide Prozesse als reversibel identisch mit mathematischen Methoden zu beschreiben sein werden. Dabei beschränkt der Mathematiker sich weise auf begrenzte Bereiche seiner Operationen. Was der Ästhetik dienlich ist.

Vom Werden zum ästhetischen Sein

So wurde mit Beginndes 20.Jahrhunderts eben dieser Prozess mathematisch vorbereitet. Nach *Gauss*, Riemann und Minkowski lieferten *Cantor*, *Hausdorff* und *Hilbert* endgültig die Werkzeuge, um alte Heraklitische Fragen nach Grund, Sinn und Form des „Werdens“ zu formulieren und Basis für neue Konzepte zu schaffen: Ist das wirkliche Sein ein platonischer Illusionismus, dem anthropomorph-empirischen Denken entzogen, oder wendet die wahrheits-suchende Forschung sich dem „Werden und Vergehen“ zu. Das heißt nichts anderes als das Eindringen in die Struktur des *Unendlichen*, des unendlich Kleinen und des unendlich Großen. Sobald dort deren Struktur analysiert ist, „kann uns keiner mehr aus diesem Paradies vertreiben“ (Hilbert).

Platon hat schon hochmoderne Vorstellungen von „ungeformten Bestandteilen“ vor dem Werden und zwischen dem Sein, das „aufnehmende“ Dritte in der Prozesstriade, das „dechömenon“ als Wachstumsfaktor für einen garantiert harmonischen Ablauf.

In dieser virtuellen Welt sind dann auch die Bausteinebekannt und definiert, um in einer Hegel'schen Synthesejedes beliebige Universum aufzurüsten und darzustellen. Durch die klassische Fragestellung griechischer Philosophienach der Form des „Werdens“, durch die mittelalterliche Frage nach der Metaphsik des Entstandenen und durch die Frage nach dem vor Allem Vorhandenen, dem Transzendentalen in „Raum und Zeit“, konzentriert sich jetzt die Forschung auf den Prozess des „Werdens“ aus den Vakuumfluktuationen und nicht nur auf den des „Gewordenen“, der Elementarteilchen. Unser Universum, was „die beste aller Welten ist“ (Leibniz), wird als Anthropisches Prinzip (Brian Greene) nicht in Frage gestellt. Jedoch sind viele andere, uns interessant erscheinende Universen aktual konstruierbar durch das prozessuale Generieren, möglicher Anfangsbedingungen in mathematischen Modellen.

Mit den Methoden zur Erschaffung modellhafter Welten haben wir die Kompetenz der Fundamentalen Ästhetik - der *Meta-Ästhetik* - erlangt. So wie das aus dem latenten Erfahrungsbereich zwischen Seele und Geist vom Künstler intuitiv geschaffene Materielle zu einem mehr oder weniger nachvollziehbaren, durch mannigfache Gewöhnung zumindest akzeptabel Gewordenes, wenngleich nicht unbedingt zum erbaulichen Genüsse anregend Kommunizierbares gestaltet wird, so entwickelt sich kosmische Kunst aus dem Meta-Ästhetischen automorph mittels der *Bausteine*, dem *Konstruktionsplan* und der *Funktionsanweisung*. Das Resultat, als Modell eines Trivialkosmos, stellt schlechterdings ein theoretisch real vorhandenes Paradigma eines allgemein konstruierbaren Kosmos dar. und zwar bis in beliebig begrenzte Unendlichkeiten.

Da das Wort „Kosmos" aus dem Griechischen zunächst die strukturelle Anordnung und Bauart, dann allgemein Ordnung, Anstand und Manneszucht im Sozialen, in wissenschaftlicher Beschreibungsgewohnheit natürlich das „wohlgeordnete Weltall" (bis zum heutigen Tag), dann aber auch den Begriff für Schmuck ürad ..Zierrat bis zu Gestalt und Schönheit einschließt, und hier im folgenden ein „Kosmos" aus dem beinahe Nichts zu entwickeln und zu generieren ist, beginnen wir schlicht und einfach mit der Einheit der Mitte des Seienden: Der Eins!

Fundament des kreativen Aktes

Das Kontinuum ist das Medium des freien Werdens" (Brouwer). Hier versagt die normale, genetisch geprägte Anschauung. Aus der Stetigkeit des Kontinuums, diesem Medium, das imstande ist, durch den nirgends „dichten" Filter kompakter Punktemengen zu diffundieren, entsteht „Das Neue". Die „Elemente" des Kontinuums haben keine Existenz, sie sind virtuell, d.h. sie entstehen und vergehen fluktuierend in diskreten Quanten und zwar im Geist der erkennenden Akzeptanz. (So ähnlich drückte sich schon Anaxagoras aus, wenn er vom Kontinuum sagt, es sei „nichts, was wie mit dem Beil voneinander abgehauen" werde). So erhält „alles Werdende einen dynamischen konstruktiven Prozesscharakter, der zur geistigen Konstruktion" (Brouwer), zur aktiven Tätigkeit des Geistes und damit einer Methode ästhetischer Schöpfung und Kreativität dienlich ist. Mit Heisenberg interpretiert, wird der schöpferisch Tätige in ständige Relation gesetzt zu den Ergebnissen der Quantensprünge seines Schöpfungsaktes, d.h. das Werk selbst kann die Struktur seines Schöpfers oder Betrachters verändern: Werk und Werker sind in gegenseitiger Abhängigkeit aneinander gebunden, fähig zur grenzenlosen Veränderung und Weiterentwicklung.

Das Inkommensurable ganzzahliger Dimensionen für die ästhetische Akzeptanz

Ziel vorliegender Analyse ist - über die mengentheoretische These zur meta-ästhetischen Synthese - das zweidimensionale Feld äquivalent dem eindimensionalen (dreitausendjährigen) Harmonieprinzip zu definieren. Dies bereitet allerdings einige Schwierigkeiten, weshalb vor der Definition der Unendlichkeiten durch G. Cantor überhaupt nicht daran zu denken war, eine allgemeine meta-ästhetische Feldtheorie zu formulieren. Das war auch bis zum 13. 0ktober 1973 der Fall, wo diese Veröffentlichung stattfand. (Garnich 1976)

Ein weiterer folgenschwerer Irrtum für unsere ästhetische Anschauung und Empfindung ist, dass wir spätestens seit Euklids Geometrie meinen, auch eben jenen Erkenntnisprozessen, die dem Wahren und Schönen unseres Seelenlebens offenbar werden sollten, diese klassisch getrennten ganzzahligen „harten“ Dimensionsbegriffe zugrunde zu legen. Dem indessen ist so nicht! Ästhetisch betrachtet, leiden wir mehr unter dem Terror der euklidischen ganzzahligen Dimensionsgeometrie, die wohl alles für die technische Außenwelt, nichts aber für die seelische Innenwelt zugute gebracht hat. Für die ästhetisch-künstlerische Kreation und Interpretation eher das Gegenteil. Kandinskys „Punkt und Linie zu Fläche“ ist (1926) da der richtige Ansatz zur konstruktiven Ästhetik, von fast allen Nachfolgern unverstanden, aber als erkenntnistheoretischer Ansatz freilich weit entfernt von moderner strukturaler Mengentheorie.

Diese hingegen beschreibt eine unserer scheinbar evidenten Anschauung völlig wiedersprechende, aber mathematisch bewiesene Wahrheit: Die Menge der Elemente (Punkte) einer Geraden und die Menge der Elemente einer zweidimensionalen Fläche und die Menge der Elemente des dreidimensionalen Raumes sind gleichmächtig. Allein in unserem Geist konstruieren wir materialisierte Artefakte aus den Elementen des allgemeinen fluktuierenden Kontinuums $\mathbb{R}$. Dieses, was nicht existiert, über alle Dimensionen gleich „verteilt“ ist, aber erst im Bewusstsein zu Vorstellungen von Seiendem gerinnt. Damit wird auch die Vorstellung eines „gebrochen dimensionalen“, fraktalen Erkenntniskonstrukts, hervorgehend aus einem *fraktalen Zeichenprozess* hypostasiert.

Erkenntnis in deren wahrlich komplexen Prozessen verläuft nicht linear, wie es klassisch-newtonsche und technische Physik gerne hätten, was in unseren Schulen ungelehrt ist und Kunstkritiker im entferntesten unerreicht gelassen hat. Wenn das reelle $\mathbb{R}$ - und komplexe $\mathbb{C}$-Kontinuum das Medium freien Werdens unserer Denkfunktion ist, dann sind solch einfache Naturgesetze ungültig.

Auch wo ein (ästhetisches)System keine Regelmäßigkeit, sondern pures Chaos zeigt, gilt immer noch das Prinzip der *Selbstähnlichkeit*, denn beim Auftreten staubfeiner Wiederholungen derselben Struktur ist dieses Prinzip der sichere Weg zu innovativer Gestaltbildung. Nach einem Gedanken Nietzsches kann auf die „ewige Wiederkunft des Gleichen" zurückverwiesen werden, ein früher ontologischer Ansatz der Selbstähnlichkeit. Solche gestaltbildenden, nichtquantitativen Strukturen werden nach Mandelbrot *Fraktale* genannt. Und gestaltbildende Erkenntnisprozesse sind unabhängig von naturgesetzlichen Messdaten oder Skalenfaktoren. Vielmehr wird die Skaleninvarianz als messwertneutrale Konstante von Abzählbarkeit zur unabhängigen Einheit, zum Grundkonzept der fraktalen, gestaltbildenden Selbstähnlichkeit.

Der Zweifel an der Linearität des Kosmos

Die Verfeinerung der Meßmethoden der Physiker selbst waren es mit Beginn des 20. Jahrhunderts, welche die Auffassung von einer idealisierten linearen Gesetzmäßigkeit naturwissenschaftlicher Vorgänge ins Wanken brachte. Denn was sagten die Gesetze des biologischen Wachstums etwa oder gar die meteorologischen Prozesse aus ? In einem Ozean von kosmischem Chaos ragen als Orientierungs-Leuchtfeuer ganz wenige Invarianten heraus, die in naturbelassenen Prozessen rein auftauchen, wie etwa in Kristallen und Atomstrukturen.

Invarianten in evolutionär entstandenen Objekten sind schwierig messtechnisch herauszuschälen, physikalisch zu interpretieren, in einen mathematischen Algorithmus zu quetschen und endlich auch experimentell in einer Theorie zu bestätigen. Im theoretisch (künstlerisch) aufgerichteten Prozess werden in mathematischer Reinheit zunächst alle evolutionär bedingten Nebeneffekte - seien sie störend, bremsend, tradiert oder fördernd - vernachlässigt. Mittels messwertneutraler Invarianten werden die idealen Strukturen durch jeweils paarige Strings erregt, erzeugt, dann generiert und endlich als ästhetischer Prozess fundamental formuliert; in einer Form, die nur die intrinsischen Relationen des Systems berücksichtigt. Das meta-ästhetische Feld wird axiomatisch erzeugt. Ästhetische Objekte generieren sich mit einem speziellen Algorithmus auf diesem Feld selb-ständig. Damit wird auch der Prozess der Erkenntnis von reiner Ästhetik verständlich. Analog verlaufen die Prozesse der aktuellen Metamathematik, die andererseits zur Formulierung physikalischer Gesetze hinzugezogen werden; hier allerdings unter dem erheblichen Einfluss von Naturkonstanten.

Heute ist man in der Auslegung physikalischer Gesetze sehr viel vorsichtiger, denn es gibt keine dynamische widerstandsfreie Bewegung. So gibt es, je länger zurück wir uns in der evolutionären Entwicklung bewegen, keine absoluten Gesetze mehr, sondern nur noch statistische. Das absolute, reine Gesetz ist ein idealisierter platonischer Grenzfall ohne die Hemmungswiderstände selbsterzeugender, selbststeuernder Naturvorgänge. Diese Widerstände sind dafür zuständig, die Linearität der Natur aufzuheben.

Jeder Organismus ist eine Individualität, so wie jedes Wetter spezifisch ist. Die winzigste Schwankung einer Naturkonstanten kann ein ganzes Ökosystem zum Einsturz bringen, so wie der Flügelschlag eines Schmetterlings einen Orkan auf der anderen Seite der Erde verursachen kann. „Newtonsche Physik ist zur Beschreibung dieser Phänomene nur sehr begrenzt anwendbar" (F. Cramer). Denn physikalische Gesetze sind nur Vereinfachungen, also idealisierte nichtexistente Grenzfälle. Genauso wie z.B. die (rechtwinkligen) orthogonalen Koordinatensysteme ein idealisierter Konstrukt (auch in der Kunst) sind, der wohl zur arithmetisch euklidischen Gestaltung von Gesetzen beschränkt brauchbare Darstellungen liefert, den Kern der evolutionär genetischen Strukturen aber nicht beschreiben kann.

So wird die Struktur des reinen Gesetzes allein von *Invarianten* gebildet und gesteuert, die in ihrem Charakter selbst von transfiniter Natur sind, was nichts anderes heißt: Sie stammen direkt aus der Stetigkeit des Kontinuums, dem Urstoff allen Werdens: „Mathematik als Wissenschaft vom Werden und Entstehen im Unendlichen" (Cusanus und Weyl).

Aus dem fraktal dimensionierten Cantor-Staub von Null-Elementen die Struktur der generierfähigen Invarianten selbst zu entdecken, ist Aufgabe des Meta-Ästhetikers. Nur so werden Invariantenstrukturen zu Leitlinien, Meta-Ästhetischen Feldern und schließlich topologischen ästhetischen Räumen, auf und in denen materialisierte Objekte entstehen bzw. gestaltet werden können.

Als Naturmaterialisierungen bezeichnen wir solche Objekte, die mittels fremdstrukturierender Einflüsse (wie z.B. *nichtharmonischer* Resonanzen) evolutionär entstanden sind und zwar vorzugsweise auf fraktalen Tochterzellenstrukturen, die dem individuellen Invarianten-Urkern entsprungen sind, dann aber vornehmlich dissonant verändert und fortentwickelt werden.

Als ästhetische Materialisierungen bezeichnen wir solche Objekte, die auf der speziellen reinen mathematischen Invariantenstruktur autogenerativ entstanden sind und zwar (mit dem Unterschied) ausschließlich unter dem Einfluss von Trägern harmonischer Fraktalen in Resonanz zum Invarianten-Strukturfeld.

Ein beliebtes Resonanzfeld reiner Harmonie ist etwa das Farbfeld mit den triadischen Grundfarben und seinen unzähligen Fraktalen. Dies wird im folgenden Gegenstand intensiver Untersuchungen sein.

Naturobjekte beruhen auf invarianten topologischen Grundstrukturen und erproben ihre Varianten in Versuchen disharmonischer Resonanzen. So hat sich jetzt erwiesen, dass der genetische Code aller Lebewesen auf einer idealen invarianten Grundstruktur beruht. Der genetische Fortschritt von der Amöbe bis zum Säugetier ist in einer kombinatorischen, nach oben offenen Zusammenstellung genetischer Elemente aufgebaut und zwar oft in fragilen, dissonanten Zuständen.

Unbelebte Naturobjekte wie Atome und Kristalle sind von solcher Stabilität, dass ihre topologische Invarianten-struktur nicht nur mathematisch rein, sondern auch - dynamisch gesehen - durch harmonische Resonanz (F. Cramer) ihrer schwingenden Elemente in reiner, d.h. ästhetischer Form dargestellt erscheint. Solche materialisierten Objekte sind eine „letzte Bastion der Ordnung im Chaos“ (nach Peter H. Richter) also reinste Meta-Ästhetik. Das Biologische verabschiedet sich vom Meta-Ästhetischen. Aber nur insofern, als das Bau- und Ordnungsprinzip jener Evolutionsprozesse auch das Konstruktionsprinzip dieser meta-ästhetischen Generierungen bestimmt und zwar in fraktalen Morphemen oder Quanten.

Die Absicht ist klar: Was die Naturwissenschaft kann, ist vom Intellekt des theoretischen Ästhetikers homomorph ebenso machbar.

Weniger die Befriedigung des Physikers über den Erkenntnis-gewinn bei der Erforschung der Realität, als vielmehr die Erforschung von Koinzidenz zwischen reiner Realität, Ästhetik und aktiver Interpretation: Eben das *Fraktale in der Kunst*. Ist wahres Dabeisein!

Fraktale, die Träger ästhetischer Information

Alle anschaulich tradierte Vorstellung versagt, wenn von Fraktalen die Rede ist.

Nichtsdestotrotz ist der gesamte Kosmos von Fraktalen bestimmt und in fraktalen Dimensionen zu beschreiben.

Die Beschreibung gilt vom Schwarzen-Null-Punkt bis zum Unendlich-Begrenzten,

In diesen Grenzbereichen zeigen sich fraktale Strukturen besonders rein.

Im euklidisch anthropischen Raum erscheinen Fraktale zumeist nicht in unverfälschter Reinheit. Reine Fraktale sind im topologischen imaginären Raum komplexer Strukturen definiert.

Das Koordinatenfeld reiner Fraktale ist ein Attraktorfeld.

Dieses Operationsfeld ist fähig, mittels Fraktalen reine generative Prozesse zu dynamisieren:

Ein typischer reiner Prozess ist ein Ästhetisch-Generativer, Er ist produktions- und informationstheoretisch, also semiotisch beschreibbar. Das Attraktionsfeld ästhetischer Prozesse nennt sich Meta-Ästhetisches Feld MAeF.

Die Darstellung eines MAeF ist eine euklidische in einem nichteuklidischen Raum.

Fraktale sind im wahrnehmbaren Raum darstellbar als Objekti-vierung eines nichtlinearen Zustands.

Es gibt von Natur entwickelte oder ästhetisch produzierte objektivierte Fraktale.

Das Ensemble reiner Fraktale in Objektform nennt sich Design- oder Kunstwerk.

Fraktale sind weiterhin charakterisiert:

- durch *Skaleninvarianz*. Das garantiert die widerstandsfreie, reine Prozess-dynamik,
- durch die *Selbstähnlichkeit* , d.h. die Fähigkeit der automorphen Vergröße-rung mittels der Invarianten des Attraktorfeldes,
- durch ihre inhärente *Dynamik*, die vom Neutralpunkt des imaginären topologischen Raumes ausgelöst wird,
- durch die *Fluchtbewegung* vom Neutralpunkt der komplexen topologischen Struktur des Attraktorfeldes.,
- durch die Hausdorff-Dimension, die für Informations-semiotische Prozesse eine verschmiert-variable, gebrochene Dimension ist.

Fraktale gehorchen den Gesetzen der komplexen Gauss'schen Zahlenebene.

Deshalb sind Fraktalprozesse in einem Algorithmus zu fassen.

Fraktale sind die Ordnungsmittler einer ästhetischen Information aus einem Imaginären kosmischen Chaos.

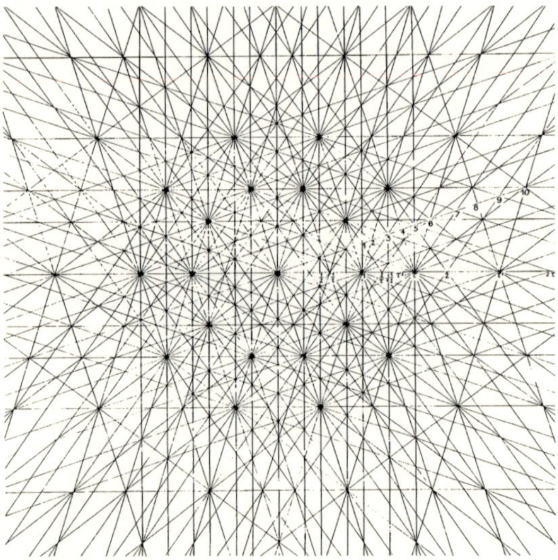

Generatives Meta-Ästhetisches τ_n-Feld. Attraktor τ_1: Supersymmetrie d_s=2

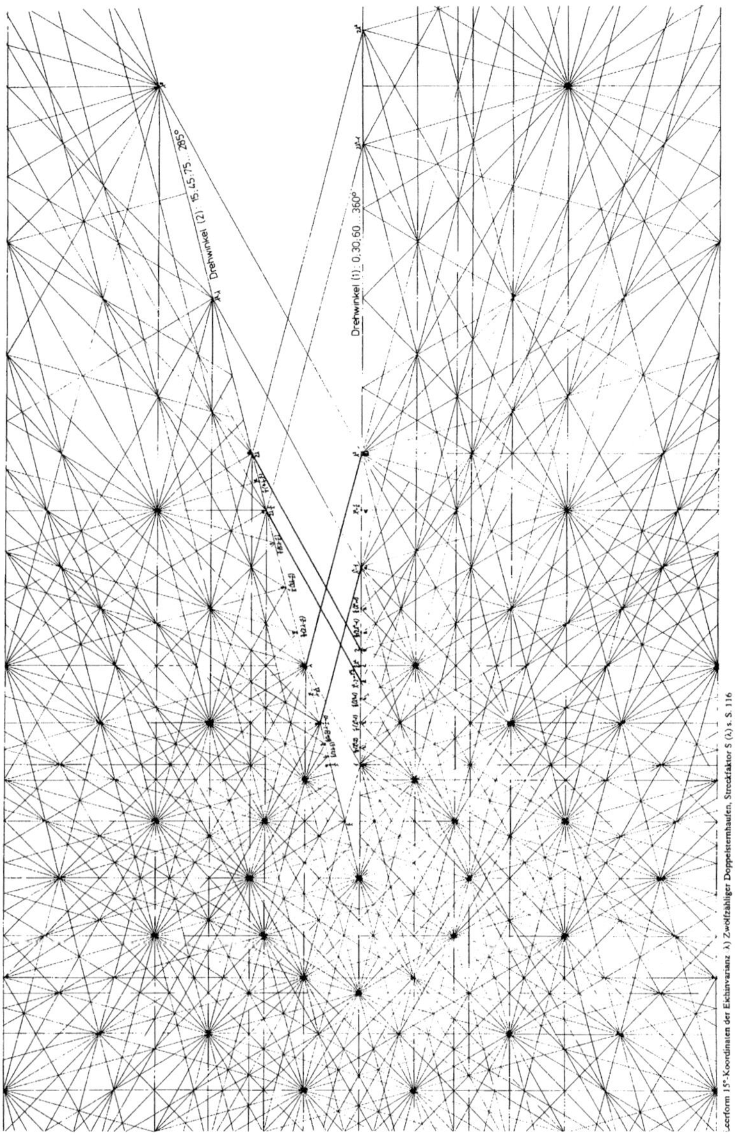

Generatives Meta-Ästhetisches τ_n-Feld. Attraktor τ_2: Supersymmetrie $d_s=2$

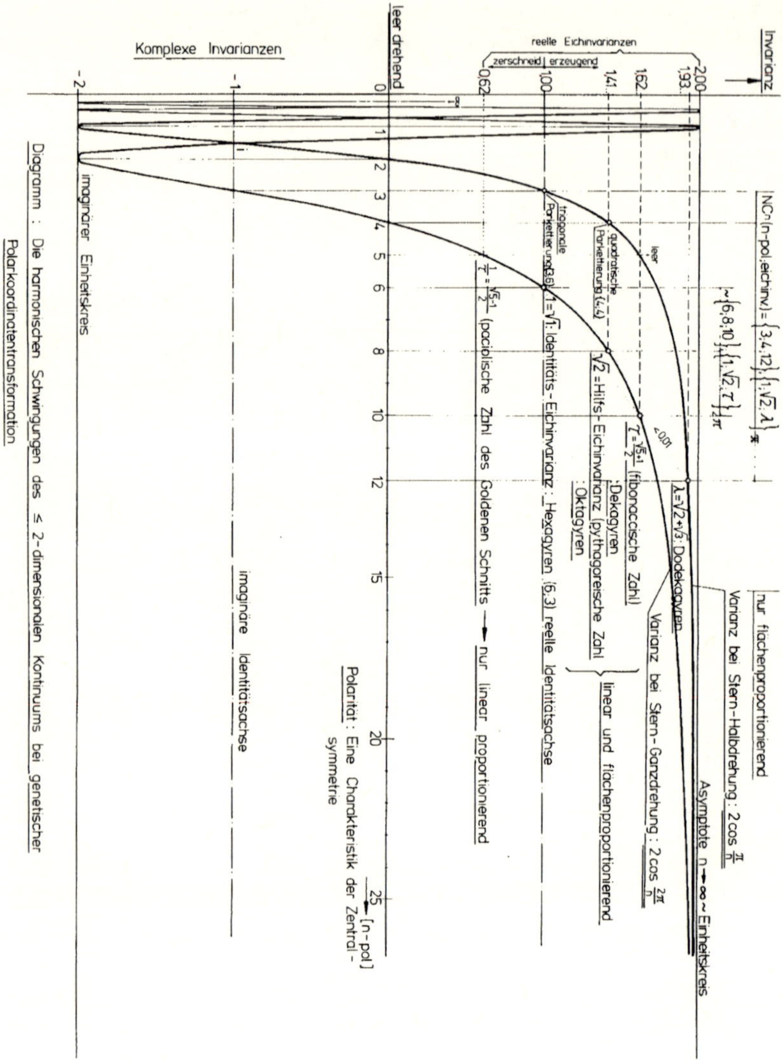
Invarianz
reelle Eichinvarianzen
zerschneid
erzeugend
Komplexe Invarianzen
leer drehend
nur flächenproportionierend
Varianz bei Stern-Halbdrehung: 2 cos π/n
Asymptote n→∞ ~ Einheitskreis
Varianz bei Stern-Ganzdrehung: 2 cos 2π/n
linear und flächenproportionierend
λ=√2+√3: Dodekagyren
τ = (√5-1)/2 (fibonaccische Zahl) : Dekagyren
√2 = Hilfs-Eichinvarianz (pythagoreische Zahl) : Oktagyren
1=√1: Identitäts-Eichinvarianz: Hexagyren (6,3) reelle Identitätsachse
1/τ = (√5-1)/2 (paciolische Zahl des Goldenen Schnitts → nur linear proportionierend
quadratische Parkettierung (4,4)
trigonale Parkettierung (3,6)
imaginäre Identitätsachse
imaginärer Einheitskreis
Polarität: Eine Charakteristik der Zentral-symmetrie
[n-pol]
Diagramm: Die harmonischen Schwingungen des ≤ 2-dimensionalen Kontinuums bei genetischer Polarkoordinatentransformation

Fraktales Leerfeld des Attraktors τ_2

Tochter Fraktal-Zelle des Attraktors τ_2

Literatur

Max Bense, *Ausgewählte Schriften*, Band 3, Teil I, Einführung in die informationstheoretische Ästhetik, Verlag J.B.Metzler 1998

A.Beutelspacher, B.Petri, *Der Goldene Schnitt,* Spektrum A.V. Heidelberg 1996

Georg David Birkhoff, *Aesthetik measure,* Cambridge 1933

G.D.Birkhoff, *Einige mathematische Elemente der Kunst,* rot 37, edition rot, Stuttgart 1968

John H.Conway, Richard K.Guy, *Zahlenzauber. Von natürlichen, imaginären und anderen Zahlen*, Birkhäuser Verlag 1997

Friedrich Gramer, *Chaos und Ordnung - Die komplexe Struktur des Lebendigen,* Insel Verlag 1993

Albert Einstein (Hrsg.Abraham Pais), „*Raffiniert ist der Herrgott. . .*", Vieweg Braunschweig 1986

Brian Greene, *Das elegante Universum,* Siedler Verlag Berlin 2000

Hermann Haken, *Erfolgsgeheimnisse der Natur, Synergetik: Die Lehre vom Zusammenwirken,* DVA 1981

Felix Hausdorff, *Zwischen Chaos und Kosmos,* Agis Verlag Baden-Baden 1976

G.W.F. Hegel, *Ästhetik* I/II, Philipp Reclam Stuttgart 2000

Werner Heisenberg, *Physikalische Prinzipien der Quantentheorie,* BJ-Hochschultaschenbücher, Mannheim 1958

Werner Heisenberg, *Ordnung der Wirklichkeit,* Piper München 1989

Werner Heisenberg, *Der Teil und das Ganze*, Piper München 1969

Stephan Hawking, *Das Universum in der Nußschale,* Hoffmann und Campe Verlag 2001

Peter Herford, Arnd Klotz, *Ornamente und Fraktale Visualisierung von Symmetrie und Selbstähnlichkeit,* Vieweg Braunschweig 1997

Kandinsky (Hrsg. Max Bill), *Über das Geistige in der Kunst Beuteli,* Verlag Bern 1952

Benoit B.Mandelbrot, *Die fraktale Geometrie der Natur,* Birkhäuser Basel 1987

Nicolai de Cusa, *De docta ignorantia*, Buch 1-3, Felix Meiner Verlag Hamburg 1994

Heinz Otto Peitgen, Hartmut Jürgens, Dietmar Saupe Chaos, *Bausteine der Ordnung,* Klett-Cotta/Springer Verlag 1994

C.S.Peirce, *Über Zeichen* (Hrsg. Elisabeth Walther), rot 20, edition rot, Stuttgart 1965

C.S.Peirce (Hrsg. Elisabeth Walther), *Die Festigung der Überzeugung,* Agis Baden-Baden 1967

C.S.Peirce, (Hrsg. F. Roth), *Graphen und Zeichen,* rot 44, edition rot, Stuttgart 1971

C.S.Peirce, *Zur semiotischen Grundlegung von Logik und Mathematik,* rot 52, edition rot, Stuttgart 1976

Roger Penrose, *Schatten des Geistes. Wege zu einer neuen Physik des Bewußtseins,* Spektrum Verlag Heidelberg

Peter H. Richter *Der Goldene Schnitt - letzte Bastion der Ordnung im Chaos,* Sparkasse Bremen, Universität Bremen

Manfred Schroeder, *Fraktale, Chaos und Selbstähnlichkeit Notizen aus dem Paradies der Unendlichkeit,* Spektrum Verlag Heidelberg 1994

Hermann Weyl, *Symmetrie,* Birkhäuser Basel 1955

Hermann Weyl, *Philosophie der Mathematik und Naturwissenschaft,* R. Oldenburg München 1966

Hans Waiser, *Der Goldene Schnitt,* Teubner Stuttgart Leipzig 1996

Herbert Zeitler, Dusan Pagon, *Fraktale Geometrie. Eine Einführung,* Vieweg Braunschweig 2000

Weitere 259 Bücher zu diesem Themenbereich finden sich bei Rolf Garnich, *Ästhetik, Konstruktion und Design. Eine strukturale Ästhetik*, Otto Maier Verlag Ravensburg 1976

Manfred Zippel

Zwei Tetraden in der Tetraktys. Ein Essay zu den Alphabeten der Genetik

Für Elisabeth Walther-Bense zum 80.Geburtstag

Ein Geburtstag, Jubiläum, Anlass zum Feiern, auch Gelegenheit an die Entstehung der Menschen zu denken und ihre Einbindung in die unermessliche Vielfalt der Natur.

Einleitung

Die vor kurzem dokumentierte Sequenzierung des menschlichen Genoms ist Anlass zu Auseinandersetzungen, Spekulationen und Utopien über die Auswirkungen technischer Anwendung auf die Zukunft der Medizin, der Menschen und aller Lebewesen.. Dabei fehlt nicht nur die Möglichkeit der Abschätzung der Folgen, sondern es ist noch eine Menge zu tun für die Intensivierung der eigentlichen Grundkenntnisse und deren Verbreitung.

Elisabeth Walther hat 1949 in ihrer ersten Buchveröffentlichung: *Kleiner Abriss der Mathematischen Logik* (Walther 1949) geschrieben, „ *es scheine notwendig zu sein, weite Kreise mit der modernen Logik bekannt zu machen, der symbolischen Logik, die für die Philosophie,... Mathematik und Physik aber auch schon für die Biologie von großer Bedeutung geworden ist „.*

Zur gleichen Zeit wurden von Erwin Chargaff (1950 in Brown 1999: 36) und seiner Gruppe an der Columbia-University die Mengenverhältnisse der Nuklein-Basen in der DNA bestimmt, die eine wesentliche Voraussetzung für das Doppelhelix-Modell von Watson und Crick (1953) bildeten (Watson 1968, 1997: 121 ff). Dies war der entscheidende Schritt, weil aus den Mengenverhältnissen (heute als Chargaff-Regeln bezeichnet) auf die Struktur der Bindungen zwischen den Nuklein-Basen geschlossen werden konnte.

Erwin Chargaff hielt 1969 an der Universität Basel einen Vortrag *Vorwort zu einer Grammatik der Biologie, Hundert Jahre Nukleinsäureforschung.*

Dieser Vortrag wurde in der Zeitschrift Experientia (Chargaff 1970) und später auch in Science (Chargaff 1971) veröffentlicht.

Der nun folgende Essay soll einen Beitrag zum Trivium (Logik, Grammatik und Rhetorik)(Anm.1) der Biologie geben, zur Betrachtung der Alphabete der

Genetik. Es wird gezeigt, dass zu dem Alphabet der Nukleinbasen A, C, G, T ein zweites duales Alphabet der Struktureigenschaften M, O, R, Y existiert. Die logisch-grammatischen Zusammenhänge innerhalb der beiden Alphabete und zwischen ihnen werden in verschiedener Form als Gleichungen, Tabellen und Graphen dargestellt.

Als „trivial" wird man diese Zusammenhänge ansehen können, wenn sie einmal zur selbstverständlichen Grundbildung gehören.

Aufbau der DNA und ihre Bedeutung als Text für die Lebewesen.

Die DNA (Desoxyribonukleinsäure) besteht aus drei Komponenten: Zucker (Desoxyribose) und Phosphorsäure (P) und Nukleinbasen. Das gesamte Molekül der DNA ist wie eine Leiter aufgebaut: die beiden Wangen der Leiter werden durch Zucker-Phosphat-Ketten gebildet, Sprossen aus Basenpaaren verbinden die beiden Wangen.

Die vier Nukleinbasen Adenin, Cytosin, Guanin, und Thymin werden als „Alphabet" A, C, G, T eines Textes, bezeichnet. Drei auf der DNA aufeinanderfolgende Basen (Basentriplett-Sequenz) bilden ein „Wort", das Codon, das eine Aminosäure definiert, die in den Vorgängen der Transkription und Translation gebildet wird. Größere Abschnitte des Textes auf der DNA, die Strukturen und Funktionen der Lebewesen bestimmen, werden als Gene bezeichnet.

Die Sequenzierung des menschlichen Genoms und dessen Ablage in einer Datenbank bedeutet, dass die Folge der Buchstaben bekannt ist. Auch die Weitergabe genetischer Information bis zur Stufe der jeweils durch ein Dreibuchstabenwort definierten insgesamt 20 Aminosäuren und deren Folge in den Polypeptidketten des Organismus ist bekannt. Über den Zusammenhang vieler Textabschnitte (Gene) mit den durch sie bestimmten Eigenschaften eines Organismus bestehen Kenntnisse, sodass von einem Teilverständnis der „Bedeutung" des Textes gesprochen werden kann.

Für das Leben eines Organismus und für Veränderungen der DNA, die sich in Form von Mutationen äußern, sind Vorgänge maßgebend, zu deren Verständnis die chemischen Eigenschaften der Nukleinbasen wesentlich sind. Zur Beschreibung werden dann die Struktur-Bezeichnungen verwendet, wie „Purin, Pyrimidin, Aminoform, Ketoform" etc.

Als Beispiel sei die Aussage herangezogen, dass infolge von Wärme die Bindungen zwischen Purinbasen und ihren Zuckern gespalten werden, sodass in jeder menschlichen Zelle pro Tag bis zu 10 000 depurinierte Stellen entstehen (Brown 1999: 218).

Die 4 Nukleinbasen ACGT und ihr struktureller Aufbau Darstellung in Tafel 1 a

Der Zusammenhang zwischen den Basen und ihren strukturellen Eigenschaften ist:

Adenin (A) und Guanin (G) sind Purinbasen (R) mit zwei Ringen
Cytosin (C) und Thymin (T) sind Pyrimidinbasen (Y) mit einem Ring
Adenin (A) und Cytosin (C) besitzen eine Aminogruppe (M)
Guanin (G) und Thymin (T) besitzen eine Ketogruppe (O)

Diese strukturlogische Konstellation wird noch deutlicher sichtbar, wenn nicht nur eine systematische Anordnung der Beschreibung gewählt, sondern auch eine entsprechende Tafel gebildet wird.

Hierzu soll nun zusätzlich der formale Begriff Struktur (Stru) mit den Unterbegriffen Peripherstruktur (P) und Zentralstruktur (Z) eingeführt werden.

Damit lässt sich die Tafel 1a bilden, die von innen nach außen gelesen den strukturellen Aufbau der Nukleinbasen zeigt: Die fett gedruckten Buchstaben sind die in der Fachliteratur verwendeten Symbole. (In dieser Arbeit steht jedoch O anstelle von K für die Ketogruppe.)

Anteile der 4 Basen ACGT an der DNA: Chargaff-Regeln

Erwin Chargaff und seine Arbeitsgruppe an der Columbia University in New York führten genaue und zahlreiche Messungen der Mengen der Basen in vielen Beispielen von DNA durch (Chargaff 1950 in Brown 1999: 38) Diese Ergebnisse werden als Chargaff-Regeln bezeichnet:

(1) A / T = 1 und damit : A = T
(2) G / C = 1 und damit : G = C

Daraus folgt für die Gesamtmengen:

(3) Purine	(A + G)	ist gleich	Pyrimidine	(C + T)
(4) Amino-Basen	(A + C)	ist gleich	Keto-Basen	(G + T)

(Die Buchstaben A, C, G, T stehen hier für die prozentualen Anteile der Basen an allen Basen DNA.)

Wesentlich ist, dass A + T nicht gleich G + C ist und auch der Anteil der beiden Typen von Basenkoppelungen an der DNA eines Organismus von einer Art zur anderen variiert.

Beim Menschen ist der G-C-Anteil ca. 40 % der Gesamtbasenanzahl. (Brown 1999: 37-38). Dieses Beispiel wird in den nachfolgend gezeigten Graphen 1 und 2 verwendet. Die einzelnen Anteile sind: G 20 und C 20 bzw. A 30 und T 30.

Doppelhelix-Modell von Watson und Crick

In einem als epochal anzusehenden Schritt wurde 1953 die DNA als helikoidale Doppelstruktur erkannt. Mit Wasserstoffbrücken-Bindungen zwischen den Basen an den beiden Längssträngen. Wesentliche Vorausetzungen waren Röntgenaufnahmen von Rosalind Franklin (vgl. Brown 1999: 39) und die Mengenverhältnisse von Erwin Chargaff und seiner Gruppe (vgl. Brown 1999: 36). Von diesem Modell geht der topologische Zusammenhang der Basen in die nachfolgend entwickelte Darstellung (Tafel 2 und Graph 2) der Bindungen ein.

Zwei duale logische Tafeln für die Nukleinbasen, ihre Struktur und ihre Bindungen

Werden die Chargaff-Regeln strukturiert geschrieben und um einige Begriffe erweitert, so ergeben sich hieraus die logischen Strukturen von Tafel 1 und Tafel 2. Die hier zusätzlich eingeführten formalen Begriffe sind: Bindungen (Bind) als Oberbegriff für die Bindungen Weak (W) und Strong (S), sowie Strukturen (Struk) mit den Unterbegriffen Zentralstruktur (Z) und Peripherstruktur (P).

Die in Tafel 1a gebildeten Strukturverknüpfungen entsprechen Regel 3 und Regel 4 und sind zum besseren Vergleich noch einmal in Tafel 1 dargestellt. Die in Tafel 2 dargestellten Bindungsverknüpfungen entsprechen Regel 1 und Regel 2.

A.) **Stru**kturen: Tafel 1
Zentral: Regel (3)
Pu**R**ine (**A**denin und **G**uanin) = P**Y**rimidine (**C**ytosin und**T**hymin)
Peripher: Regel (4)
A**M**ino (**A**denin und **C**ytosin) = Ket**O** (**G**uanin und **T**hymin)

B.) **Bind**ungen: Tafel 2
Weak : Regel (1)
Adenin (Pu**R**in mit a**M**ino) = **T**hymin (P**Y**rimidin mit Ket**O**)
Strong: Regel (2)
Guanin (Pu**R**in mit Ket**O**) = **C**ytosin (P**Y**rimidin mit a**M**ino)

Die strukturierte Darstellung in logischen Tafeln zeigt die logische Äquivalenz des Alphabets A C G T der Nukleinbasen mit dem hierzu dualen Alphabet der Teilstrukturen M O R Y. Ebenso die Dualität der Oberbegriffe Bind gegenüber Stru, sowie der Begriffe W gegenüber P wie auch S gegennüber Z. *Es existieren also* zwei duale 4er-Alphabete: A C G T und M O R Y

Erweitertes Alphabet der Molekularbiologie auf der Basis A C G T und seine Formulierung mit M O R Y

Für die Verarbeitung der komplexen Zusammenhänge bei der Analyse der Nukleinsequenzen in der DNA wurde international ein umfassenderes Alphabet vereinbart, das jeder der 16 möglichen Kombinationen des Alphabets A C G T einen Buchstaben zuordnet.

Tabelle 1 enthält diese Buchstaben, die Formulierung auf der Basis A C G T und ihre Bedeutung (Spalten 1, 2, 3).

Die in der Literatur übliche Darstellung wurde zur Präzisierung mit den logischen Zeichen ergänzt: or : (v) und and: (^)

In den Spalten 4 und 5 wurde die in dieser Arbeit entwickelte Codierung mit dem 4er-Repertoire M O R Y hinzugefügt.

	1	2	3	4	5
	Alphabet ACGT mit Bindungseigenschaften W und S			Alphabet MORY mit Struktureigenschaften P und Z	
	Zeichen	Basen		Strukturen	Analogon
1	A	A	**A**denin	R ^ M	
2	B	CvGvT	nicht A	Nicht R^M	
3	C	C	**C**ytosin	Y ^ M	
4	D	AvGvT	nicht C	Nicht Y^M	
5	G	G	**G**uanin	R ^ O	
6	H	AvCvT	nicht G	Nicht R^ O	
7	O	GvT	Ket**O**, **O**xo	O	
8	M	AvC	a**M**ino	M	
9	N	AvCvGvT	Alle **N** Zeichen	M^O^R^Y	
10	R	A v G	Pu**R**in	R	
11	S	G ^ C	**S**trong	(R^O) ^(Y^M)	Z = R v Y
12	T	T	**T**hymin	Y ^ O	
13	V	AvCvG	nicht T	Nicht Y^O	
14	W	A ^ T	**W**eak	(R^M) ^(Y^O)	P = M v O
15	X		Nicht AvCvGvT	Nicht M,O,R,Y	
16	Y	C v T	p**Y**rimidin	Y	

Tabelle 1: 16er-Alphabet der Molekularbiologie. Zusätzlich mit den Spalten 4 und 5 sowie mit logischen Verknüpfungen (*und* ^ und *oder* v) erweitert

Komplementarität und Dualität der Strukturen und Bindungen sowie Dualität der logischen Verknüpfungen

Von allen Eigenschaften der DNA ist die Basenpaarung die bedeutungsvollste. Die Regel besagt, dass A mit T (Weak) oder G mit C (Strong)sich verbinden. Chargaff sprach aufgrund seiner Ergebnisse von *Komplementarität* (Chargaff 1970: 813) und (Brown 1999: 42-43.)

Die formallogische Verknüpfung der beiden Basenpaarungen W *oder* S zusammen mit dem zusätzlich eingeführten Oberbegriff der Bindung

Bindung = **W**eak (A ^ T) v **S**trong (G ^ C)

findet eine duale Verknüpfung in der logischen Formulierung für die Struktureigenschaften P *und* Z im Oberbegriff Struktur:

Struktur = **P**eripher (M v O) ^ **Z**entral (R v Y)

Diese beiden Begriffsrelationen sind analog im Auf bau und dual in den verwendeten Grundelementen. Der Komplementarität der Basen A *und* T bzw. G *und* C entspricht die Alternativität von M *oder* O bzw. R *oder* Y.

Es gelten weiterhin:

Bindung: Strong **S** = G ^ C = (R ^ O) ^ (Y ^ M)
Struktur :Zentral **Z** = R v Y = (A v G) v (C v T)

Bindung: Weak **W** = A ^ T = (R ^ M) ^ (Y ^ O)
Struktur: Peripher **P** = M v O = (A v C) v (G v T)

den Struktureigenschaften M,O,R,Y entsprechen die Basen A,C,G,T.
den Teilstrukturen P, Z entsprechen die Bindungsarten W, S,
dem Oberbegriff Struktur entpricht der Oberbegriff Bindung
der logischen Verknüpfung „und“ (^) entspricht logisches „oder“ (v)
Die gesamten Begriffsstrukturen bilden zwei duale Verbände.

<table>
<tr><td>1</td><td>2</td><td>3</td><td>4</td><td>5</td><td>6</td></tr>
<tr><td rowspan="8">Bindungs-
alternative

W oder S</td><td rowspan="4">Weak</td><td rowspan="4">und</td><td rowspan="2">A</td><td rowspan="2">und</td><td>R</td></tr>
<tr><td>M</td></tr>
<tr><td rowspan="2">T</td><td rowspan="2">und</td><td>Y</td></tr>
<tr><td>O</td></tr>
<tr><td rowspan="4">Strong</td><td rowspan="4">und</td><td rowspan="2">C</td><td rowspan="2">und</td><td>Y</td></tr>
<tr><td>M</td></tr>
<tr><td rowspan="2">G</td><td rowspan="2">und</td><td>R</td></tr>
<tr><td>O</td></tr>
<tr><td colspan="6"></td></tr>
<tr><td colspan="6"></td></tr>
<tr><td rowspan="8">Struktur-
Kombination

P und Z</td><td rowspan="4">„Peripher“</td><td rowspan="4">oder</td><td rowspan="2">M</td><td rowspan="2">oder</td><td>A</td></tr>
<tr><td>C</td></tr>
<tr><td rowspan="2">O</td><td rowspan="2">oder</td><td>G</td></tr>
<tr><td>T</td></tr>
<tr><td rowspan="4">„Zentral“</td><td rowspan="4">oder</td><td rowspan="2">R</td><td rowspan="2">oder</td><td>A</td></tr>
<tr><td>G</td></tr>
<tr><td rowspan="2">Y</td><td rowspan="2">oder</td><td>C</td></tr>
<tr><td>T</td></tr>
</table>

Tabelle 2 Komplementarität und Dualität der Strukturen und Bindungen sowie Dualität der logischen Verknüpfungen

Darstellung der Alphabete in ihren logischen Zusammenhängen als Graphen in Form einer Tetraktys

Die Tetraktys als Anordnung von 10 Zeichen im gleichseitigen Dreieck findet sich in der Überlieferung der Pythagoreer. Ebenso die Interpretation der vier Zahlen 6, 8, 9, 12 als Basis für die Beschreibung musikalischer Harmonie durch die Verhältnisse dieser Zahlen (van der Waerden 1979).

Raffael hat beide Formen auf seinem Gemälde „Schule von Athen“ (1509-10) auf einer Tafel dargestellt, die er der Gestalt des Pythagoras zuordnete (Naredi-Rainer 1982: 34 bzw. 157). Die Intervalle Ganzton, obere und untere Quarte, obere und untere Quinte sowie Oktave bilden 6 bogenförmige Relationen zwischen den vier Zahlen.

Graph 1: Strukturen als Grundlinie

Die Strukturen M,Y,R,O bilden die Grundlinie, die Basen C,A,T,G sind bogenförmige Relationen zwischen der sie jeweils bildenden Zentral- und Peripher- Struktur.

Zum Beispiel ist **C**ytosin ein P**Y**rimidin mit A**m**ino-Gruppe und **G**uanin ein **P**urin mit Ket**O**-Gruppe.

Die Zahlen sind die prozentualen Anteile der Basen und Strukturen an der Gesamtmenge in der DNA. Die Chargaff-Regeln sind daraus wie folgt abzulesen:

1.) A=T, 2.) C=G, 3.) R(A+G)=Y(C+T), 4.) M(A+C)= O(G+T),
und als weitere Relationen : 5.) P = M+O, 6.) Z= Y + R

Graph 2: Basen als Grundlinie

Die Basen A, G, C, T bilden die Grundlinie, die Strukturen M,Y,R,O sind bogenförmige Relationen zwischen den sie jeweils besitzenden Zentral- und Peripher-Struktur.

Zum Beispiel ist Pu**R**in Bestandteil von **G**uanin und **A**denin und P**Y**rimidin Bestandteil von **C**ytosin und **T**hymin.

Die Zahlen sind die prozentualen Anteile der Basen und Strukturen an der Gesamtmenge in der DNA. Die Chargaff-Regeln sind daraus abzulesen:

1.) A=T, 2.) C=G, 3.) R(A+G)=Y(C+T), 4.) M(A+C)=O(G+T),
und als weitere Relationen: 5.) W= A+T, 6.) S=G+C

Semiotische Betrachtung des Themas

In einem Beitrag „Der Text des genetischen Codes aus semiotischer Sicht" (Karger und Herbig 1981) wurden die genetischen Vorgänge als Zeichenprozesse im Sinne der Semiotik beschrieben. Vom Repertoire A,T,G,C ausgehend wurden den verschiedenen Stadien von der DNA über die Transkription und der Translation bis zur Erzeugung einer Aminosäuresequenz entsprechende Zeichenklassen zugeordnet.

Die jetzt vorgelegte Betrachtung geht in die entgegengesetzte Richtung des Informationsflusses. Sie bezieht sich im semiotischen Sinne auf die Elemente des Repertoires. Sie erweitert und vertieft den Umfang des Repertoires. Man kann von einer *logisch-grammatischen Struktur* sprechen. Die Stabilität der genetischen Information gegen Störungen ist auf diese komplex-duale Struktur des Repertoires und die dadurch möglichen informationserhaltenden Reparaturmöglichkeiten zurückzuführen.

Zusammenfassung

In den dualen Repertoires A,C,G,T und M,O,R,Y zeigt sich ein in sich gekoppeltes zweistufiges Repertoire. Zusammen mit den relationalen Begriffen der Bindungsalternativen W und S sowie der Strukturkomponenten P und Z erkennt man einen Verband von 12 Elementen unter den beiden dualen Hauptaspekten der Bindung und der Struktur. Je nach Zugang und Fragestellung können die gezeigten Tafeln und Graphen als analytisch oder synthetisch interpretiert werden. Ein Zeichen eines Repertoires ist Superzeichen von zwei Zeichen des anderen Repertoires. Wenn es um die Betrachtung des genetischen Codes geht, ist A,C,G,T in den mit ihm gebildeten Basentripletts für die Aminosäuren natürlich die geeignete Wahl. M,O,R,Y ist das tieferliegende und könnte bei der Beschreibung von Mutationen aber auch zur räumlichen Analyse von Elementaranordnungen wie auch bei Sekundär- und Tertiär-Strukturen der DNA eine Rolle spielen.

Anmerkung

Artes liberales (lat. freie Künste), in der römischen Antike die Wissenschaften, die von „freien" Bürgern gepflegt wurden. (Meyers 1987)
Die grammatisch literarischen Fächer im *Trivium* (Dreiweg) zusammengefasst: (Dialektik, Grammatik, Rhetorik). Der Hauptakzent lag auf der Rhetorik.
Die mathematischen Disziplinen im *Quadrivium* (Vierweg): (Arithmetik, Geometrie, Astronomie, Musik).

Literatur

Brown, T.A. (^{2}1999). *Moderne Genetik.* Heidelberg; Berlin: Spektrum, Akad. Verl.
Chargaff, E. (1950). „Chemical Specificity of Nucleic Acids and Mechanism of Their Enzymatic Degradation". *Experientia* 6: 201-209
Chargaff, E. (1970) „Vorwort zu einer Grammatik der Biologie. Hundert Jahre Nukleinsäureforschung"; *Experientia* 26: 810-816
Karger, A. und Herbig, H. (1981). „Der Text des genetischen Codes aus semiotischer Sicht". *Semiosis* 21: 40-48
Meyers *Grosses Taschenlexikon* (1987). In 24 Bänden, Mannheim
Naredi-Rainer, Paul von (1982). *Architektur und Harmonie: Zahl, Maß und Proportion in der abendländischen Baukunst.* Köln
van der Waerden (1979). *Die Pythagoreer.* Zürich: Artemis
Walther, Elisabeth (1949). *Kleiner Abriß der Mathematischen Logik.* Kevelaer: Butzon und Bercker

a) Polynucleotide treten über Wasserstoffbrücken in Wechselwirkung

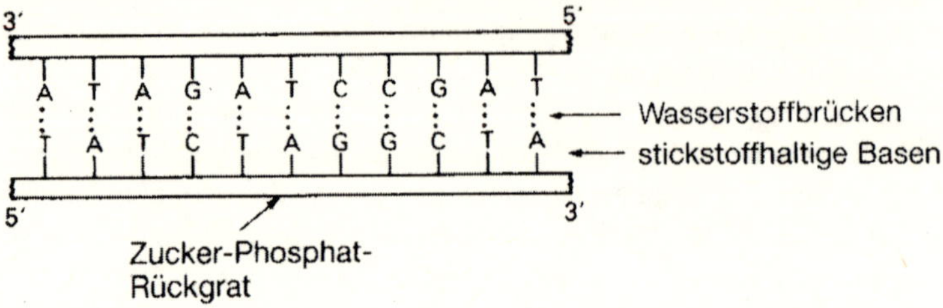

b) Einzelheiten der Wechselwirkung

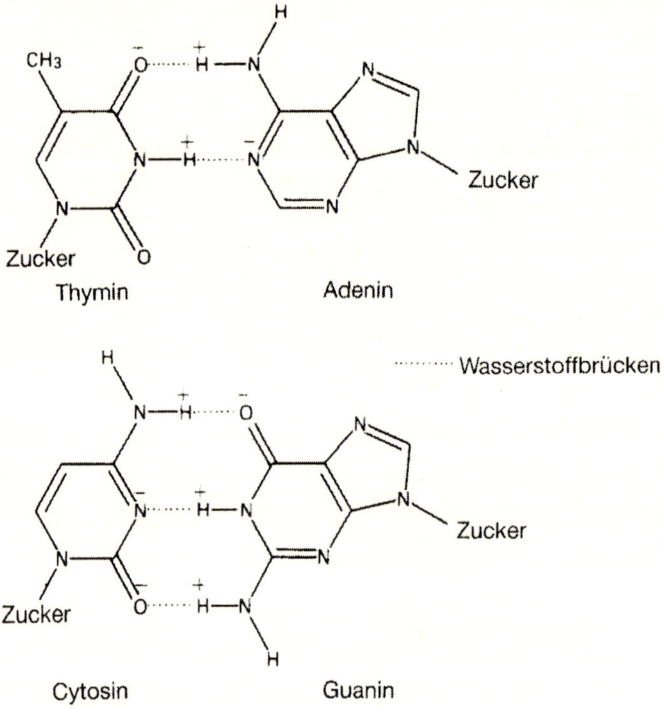

Bild 1: a) Aufbau der DNA , Prinzip ohne Helixstruktur
b) Struktur der Nukleinbasen mit Bindung über Wasserstoffbrücken (Basenpaarung): 2 –fach: Weak, 3 -fach: Strong

Struktur Peripher / Zentral	a**M**ino-gruppe NH_2	Ket**O**-Gruppe O-Doppel
P**Y**rimidin (ein Ring)	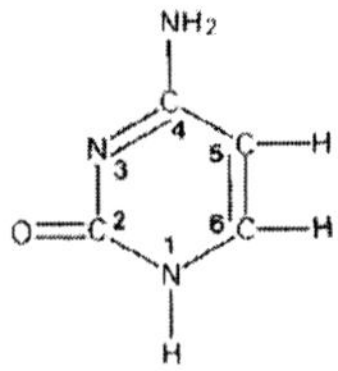 Cytosin	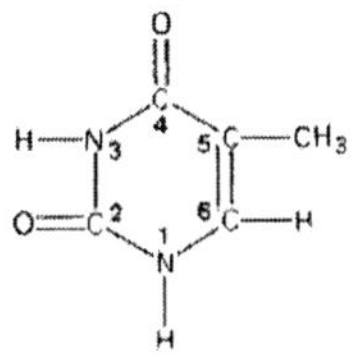 Thymin
Pu**R**in (zwei Ringe)	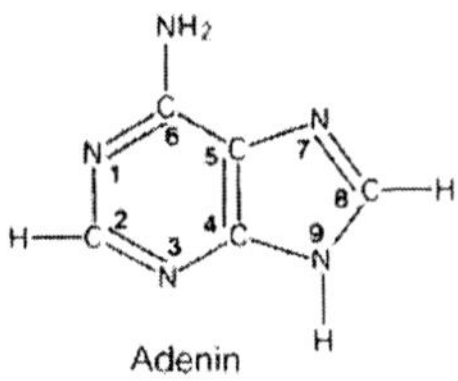 Adenin	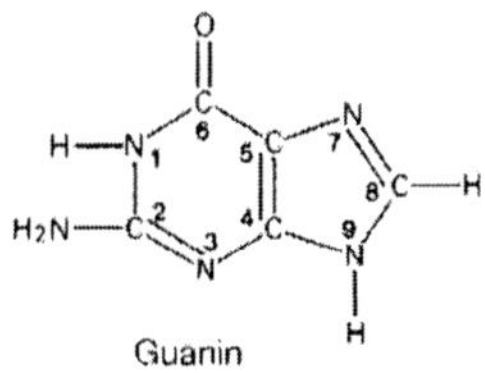 Guanin

Bild 2: Tafel 1a Die 4 Nukleinbasen ACGT und ihr Aufbau

Stru **P**eripher / **Z**entral	a**M**ino	Ket**O**
p**Y**rimidin	**C**ytosin	**T**hymin
Pu**R**in	**A**denin	**G**uanin

Tafel 1 : Strukturen als Koordinaten

Bind **W**eak / **S**trong	**A**denin	**T**hymin
Guanin	Pu**R**in	Ket**O**
Cytosin	a**M**ino	p**Y**rimidin

Tafel 2 : Bindungen als Koordinaten

Bild 3: Duale logische Tafeln für die Nukleinbasen, ihre Struktur und Bindungen

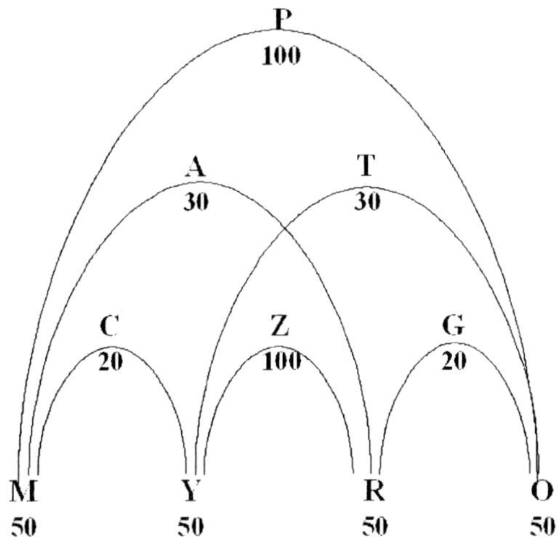

Graph 1 : Struktureigenschaften MYRO als Grundlinie

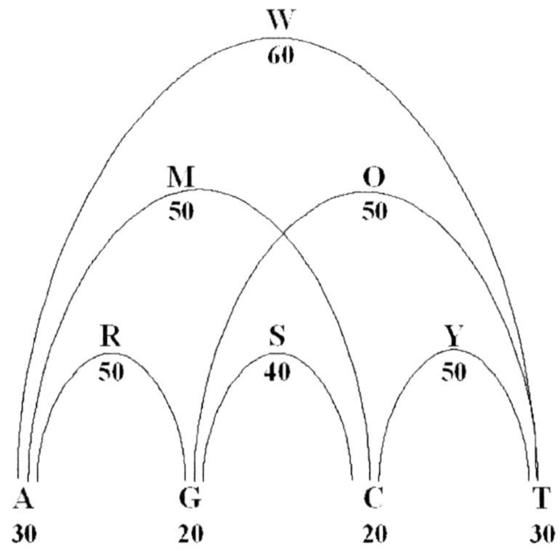

Graph 2 : Basen AGCT als Grundlinie

Bild 4: Darstellung der Logik der dualen Alphabete in Graphen Anteile der Basen, Strukturen und ihrer Verknüpfungen an der gesamten DNA

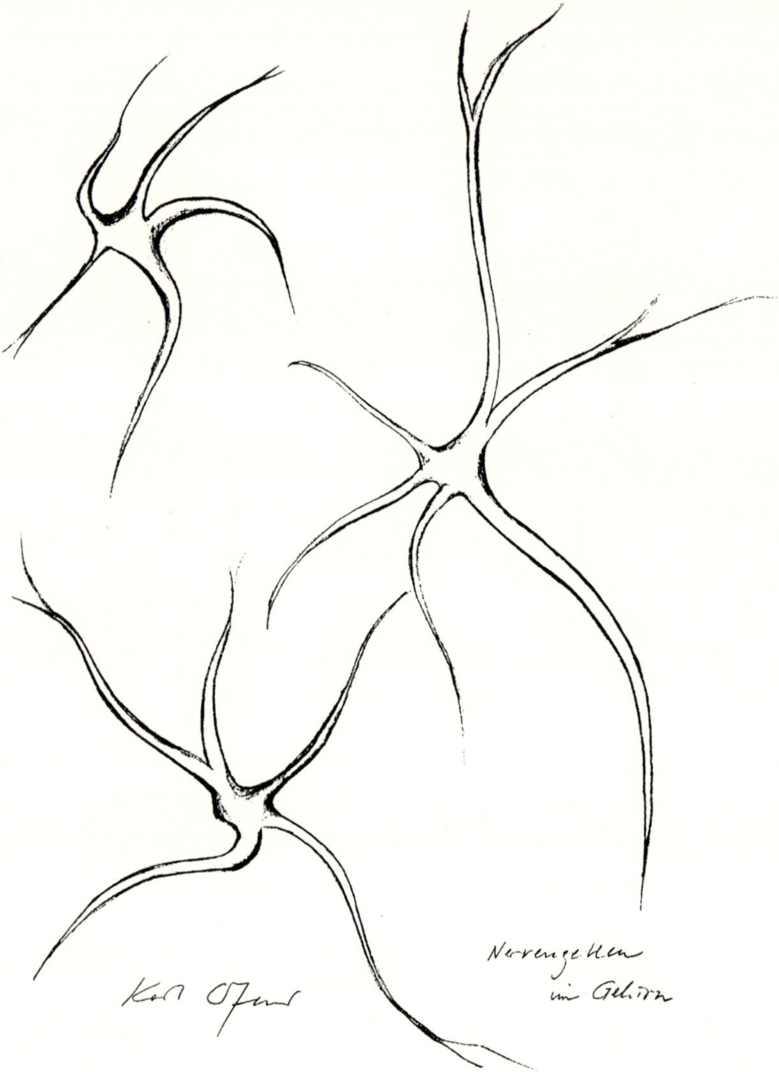
Nervenzellen
im Gehirn

Karl Gfesser

Die Genese der Semiose – Zu einer Neurosemiotik

1. Nehmen wir an, es sei so, wie es ist – anderes ist schwerlich vorstellbar -, so geht Geist aus Materie hervor und wirkt, nicht autonom zwar, aber spontan auf diese zurück, mittels seiner eigenen materiell-energetischen Basis, jenes Organs, dem er entspringt, unmittelbar vermittelt gleichsam; ist es doch ein und dieselbe neuronale Interaktion: Geist, indem er emergiert und agiert, sich realisiert.

Weder ist Geist eine schiere Summation neuronaler Aktivität, noch eine dieser völlig enthobene Wirkkraft. Eher superveniert er nicht-mereologisch über dem zerebralen System als eine neuartige systemische Potenz, die allein physiologisch nicht zu erklären ist. Vielleicht ist er eine Emergenz von Reafferenz, der nervösen Rückmeldung affizierter Organe und Muskelgruppen an das Zentralnervensystem zwecks Steuerung des umweltadaptiven Verhaltens.

Sicherlich ist Geist genetisch prädisponiert, wenngleich seine Genese ihm selbst verborgen bleibt, da er wohl auf die Erkenntnis empirisch fassbarer Sachverhalte ausgerichtet, an einen Mesokosmos angepasst ist, dessen (*Er-*)kenntnis arterhaltende Funktion hat, nicht um seiner selbst und der Erkenntnis seiner selbst willen entstanden ist, - welche zu erlangen er doch nicht lassen kann.

Unleugbar ist er sich seiner Umwelt und seiner selbst bewusst. Doch das Bewusstsein, auch das Selbstbewusstein, ist keine *causa finalis*, keine Ursache letzter Ziele, die ohnehin prinzipiell unbeweisbar ist, sondern eine *causa efficiens*, eine bewirkende Ursache prozessual sich ergebender Optimierung, wachsender Lernfähigkeit, insofern größerer Flexibilität menschlicher Lebenspraxis.

Teleonomisch dient er der Erhaltung und der Melioration des Phylums von den Anfängen der Hominisation bis, vorläufig, zum *homo sapiens*, und nicht, aller naturalen Einschränkungen ledig, teleologisch universaler, auch selbstbezüglicher Erkenntnisfähigkeit, nicht rationalistischem Selbstzweck, – nichtsdestoweniger rationalen Überzeugungen in Wissenschaft und Gesellschaft.

Irgendwann in der Evolution zum Menschen hat es einen genetischen Sprung, ganz besondere Mutationen gegeben und seitdem übertragen aus Nukleotidpaaren bestehende Sequenzen der Desoxyribonukleinsäure-Doppelhelix (DNS) auch Geist hervorrufende Information zunächst auf die Boten-RNS, welche die Synthese von Proteinsequenzen anregt, deren Charakter wiederum von den Aminosäureseketten der Polypeptide bestimmt ist. Sowohl diachron als auch synchron ist das Geheimnis des Geistes in der DNS-Formation des Genoms beschlossen, doch vielleicht liegt der Schlüssel nicht nur darin, sondern auch in anderen, nachgeordneten Gesamtheiten, dem Proteom eben und dem daraus erwachsenden Physiom.

Geist, Bewusstsein, Verstand, Vernunft – schwer unterscheidbare Begriffe über unleugbaren, leidlich einsehbaren Realitäten: Geist, der, versucht man, ihm auf die Spur zu kommen, sich allzu leicht verflüchtigt; Bewusstsein, das niemals ganz bei sich ist und im Unwissen schwelgt; Verstand, der sich vieles einfach so zurecht legt; Vernunft, die sich selbst nicht vernimmt. All dies vermittelt sich uns nicht allein schon, indem wir es objektivierend bezeichnen, ohne es real definieren und interpretieren zu können.

Sollte, versteht man sie mit Max Bense (1976) als eine Theorie der Vermittlung der Realitäten, die Semiotik hier greifen und erklären können, wie Geist vermittelt ist? Dass seine Existenz als das denkende Ich oder bewusste Selbst unzweifelhaft ist, hat René Descartes: *cogito, ergo sum* – so heißt es in der Übersetzung seines Discours ins Lateinische, was dem französischen Original je *pense, donc je suis* (1637: IV, 1) angemessener lautete: *cogitans sum* - methodisch dargelegt. Wie Denkendes *(res cogitans)* und räumlich Ausgedehntes *(res extensa)* zusammenhängen, brauchte den Rationalisten nicht weiter zu beschäftigen, da letzteres zweifelhaft bleibe, und insoweit war der sogenannte Dualist eher ein Monist, anderer Art allerdings als jene, denen chemoelektrische Gehirnprozesse und was daraus erwächst, eins sind.

Es ist es nicht. Vielmehr ist die objektive Welt des räumlich Ausgedehnten vom Bewusstsein ontologisch unabhängig, und während der Körper sich immer nur in der Gegenwart bewegt, dehnt sich der Geist in Vergangenheit und Zukunft aus. Aber Geist oder etwas weniger metaphysisch: personales Bewusstsein, sind doch von dieser Welt, und das Bewusstsein und der es bergende Leib sind eine organische Einheit, obgleich die Psyche nicht in der Physis aufgeht. Psyche transzendiert über physische Sinne – und allererst angeregt durch diese – ihre Binnenwelt und konstituiert auf Grund deren Daten ihre Modelle der Außenwelt, transformiert Präsentation in Repräsentation, Wahrnehmung über Erfahrung in Erkenntnis, gemäß den Unversalkategorien, von Charles Sanders Peirce (1960: 8.328) Firstness, Secondness, Thirdness genannt, und von Bense auch numerisch notiert (Bense/Walther 1973: 23, 69).

2. Bewusstsein ist semiotisch-kategorial eine Drittheit (vgl. Bense 1981: 17) und setzt qualitativ (1.1) singulär (1.2) fundiert schon in der Drittheit des erstheitlichen Mittelbezugs (1.3) des Zeichens ein. Es ist in zerebraler Manifestation Weltobjekt und scheint gleichzeitig ein Zeichen seiner selbst zu sein, – in jeweils internem

Mittel-, Objekt- und Interpretantenbezug; und ist es doch nicht, insofern als es sich nicht bezüglich seiner selbst, sondern in sich selbst interpretiert, weshalb auch der Begriff Selbstreflektivität in die Irre führt, da er eine Gegenüberstellung von Selbigem insinuiert.

Wahrnehmung ist simultane, rezeptiv-sinnliche und doch auch schon geistig geprägte Vermittlung von unterschiedlich Gegebenem in Natur und Kultur als der Lebenswirklichkeit des Menschen. Aber die Verschiedenheit der Realitäten ist nicht zuletzt durch die Verschiedenheit ihrer Vermittlung, durch die Prozesse gesetzter Zeichen: die Semiosen, bestimmt, wenn auch der qualitativ-materiale Mittelbezug des Zeichens, als ein Transpräsentamen gleichsam, die universale Interrelation in der Vermittlung ausmacht.

Das Zeichen präsentiert im Mittelbezug, thematisiert im Objektbezug, repräsentiert im Interpretantenbezug Realiät, denn es ist material, objektal und mental zugleich (vgl. Walther 1979: 56-57). In einer semiosischen Schleife von Wahrnehmung und Intuition (.1.), Beobachtung und Erfahrung (.2.), Begreifen und Erkennen (.3.) und retrosemiosischer Vergewisserung erweitert sich unser Bewusstsein, wiewohl es seinen Ursprung nicht einholen kann. Zwar lassen sich durch computergestützte Positronemissionstomographie (cPET) neurofunktionale Korrelate sensorischer und kognitiver Strukturen aufweisen, doch ist uns das Bewusstsein derart gar nicht, geisteswissenschaftlich und introspektiv kaum zugängig.

Zugängig ist uns das phänomenale Selbst im Bewusstsein unseres subjektiven Erlebens und Denkens, das wir als Ich ansprechen. Sein phänomenales Selbst kann das Bewusstsein nicht unterschreiten; viele mentale Prozesse bleiben unbewusst, und eine Introspektion ins Gehirn gibt es nicht, immer nur die Einsicht ins Bewusstsein. Auf dem cPET-Bildschirm wiederum bildet sich weder Bewusstsein noch Unterbewusstsein ab. Wir können zwar verstehen, wie aus optischen und akustischen Signalen visuelle und auditive Sinnesdaten werden, aber nicht, wie das Gehirn über elektrische Pulse und chemische Transmissionen in einer unermesslichen Interaktion von rund 100 Milliarden Neuronen, die über rund 100 Billionen Synapsen miteinander verknüpft sind, zu Bedeutungen gelangt.

Auch wenn wir weiter zurückgehen in den naturalen Gegebenheiten, zu den Nukleotidsequenzen des Genoms, also der 30 bis 40 000 menschlichen Gene, als den Agenzien der Ontogenese und somit auch des kognitiven Organs, erhellt der Ursprung des Bewusstseins nicht. Dem Genom allerdings ist, wie Colin McGinn (2001: 252) vermutet, was uns ein Geheimnis ist, im zweifachen Sinn des Wortes *selbst*verständlich: „Gene müssen Bewusstsein aus Materie, aus zunächst empfindungslosem, biologischem Gewebe erschaffen. [...] Das aber bedeutet, das Gene

Informationen enthalten, die notwendig und hinreichend sind, um dieses zu bewerkstelligen“, und die uns, „wenn wir sie kennen würden, die Lösung des Körper-Geist-Problems vermitteln würden“.

McGinn (2001: 249) definiert das Gen als ein „symbolisches System mit semantischen Eigenschaften“, dessen Elemente sich auf etwas „beziehen und aneinander gereiht Folgen ergeben, die richtig oder falsch sein können“, welche Informationen aber keineswegs bewusst sein müssen. Das System veranlasst über seine vielerlei Sequenzen die Bildung des Proteoms, verschiedener Eiweißketten, die sich zum Physiom, dem Organismus samt seinem Bewusstsein, entwickeln. Es handelt sich um ein interpretiertes System mit Objekt- und Mittelbezug und ist doch kein gesetztes semiotisches System, sondern eben ein gegebenes biologisches System, das in seinem triadischen Bezug nicht beliebig verändert werden kann, im stofflichen Mittelbezug streng limitiert ist, im Objektbezug wohl Mutationen unterliegt und auch gentechnischen Eingriffen unterworfen werden kann, im Interpretantenbezug systemisch weiter evolviert.

Genom, Proteom und Physiom schaffen eine physiopsychische Realität. Geist vermittelt semiosisch verschiedene Realitäten, durch Zeichen, die er sich selber setzt, die sich ontogenetisch in einem ersten kogniomorphen Denken herausbilden, vom Wahrnehmen gegenwärtiger Phänomene schon fortgeschritten zum Gewahrwerden vorgestellter Sachverhalte. Kogniomorphes Denken begleitet ständig computationales Denken, in dem die un- und vorbewussten sensomotorischen und sensorischen Leistungen koordiniert werden.

Sind wir über Sinnesdaten und – sit venia verbo – (puls-)verrechnendes Denken zu Ratio, zu Vernunft gekommen? Vernunft wiederum leitet sich von vernehmen her, was dem Sinnen und Nachdenken gelegentlich förderlicher ist als das Betrachten, – Einsicht verdankt sich sicherlich beidem. Jedenfalls muss es sowohl phylo- als auch ontogenetisch eine sensorisch und cortical mediierte Präformation von Bewußtsein geben; ontogenetisch kogniomorphes Denken ist die Entsprechung von phylogenetisch „ratiomorpher Verrechnung“ (Riedl 1984: 69). Schon Sinneswahrnehmungen sind nicht unmittelbar. „Sie sind schon verständig gemacht.“ (Breidbach 2000: 37) So zeigen die auf dem cPET-Schirm sichtbaren Stoffwechselaktivitäten des Hirns nicht etwa die Muster sinnlicher Erregung, z. B. Lichtmuster auf der Retina, sondern schon eine Reaktion darauf (37).

Mc Ginn nimmt an, dass das Gehirn neben Informationen „rein neuraler Art“ (1996: 224) wie „semantisch vermittelte Rückkoppelungsschleifen“ zur Selbststeuerung (227) „auch psychophysische Informationen enthält, denn es muss Veränderungen des geistigen Zustands unter den geeigneten Bedingungen herbeiführen, indem es zum Beispiel den Organismus dazu veranlasst, einzuschlafen oder Schmerzen zu empfinden". Aus dieser „Theorie des Gehirns über sich selbst" ließe sich das „Geheimnis der Entstehung des Bewusstseins" beantworten (224).

3. Nichtsdestoweniger ist der Übergang von der Physis zur Psyche weder unnatürlich noch unvermittelt; sie trennt kein ontologischer Hiatus. Aber „das Bewusstsein ist von der Anlage her vermutlich vor allem dazu bestimmt, nicht als Gegenstand der geistigen Repräsentation, sondern als deren Vehikel zu dienen. Das Bewusstsein hat in erster Linie die Aufgabe, als Mittel des Denkens und der Wahrnehmung zu fungieren, und dies insbesondere im Hinblick auf die Außenwelt." (McGinn 1996: 72) So ist das Gehirn ein Organ der *Außen*welt, das *außen*-induziert seinen *Außen*bezug *innerlich* konstituiert.

Die „Strukturierung des Wahrnehmungsraums nach inneren Vorgaben beginnt schon [...] in den ersten Instanzen einer neuronalen Verrechnung". Was die visuelle Wahrnehmung z. B. anbelangt, gibt es im Sehnerv des Menschen „mehr Fasern, die Erregungsmuster vom Hirn ins Auge vermitteln, als solche, die Erregungsmuster aus dem Auge ins Hirn leiten. Erfahrung erweist sich insoweit schon auf der sensorischen Ebene als durch die Innenwelt des Hirns strukturiert." (Breidbach 2000: 30) Die Erregungsmuster im Hirn, als die pulsierend elektrochenisch manifeste Anschauung ist schon begriffsschematisch geformt (Kant 1787: B 177); Räumliches und Nicht-Räumliches sind immer schon miteinander verquickt.

„Nur im Prozess einer Erregungsgewichtung nach Maßgabe der internen Verrechnungseinheiten [...] repräsentiert sich das Außen." (Breidbach 2000: 44) „Welt ist Außenwelt nach Maßgabe der Innenwelt." (22) Ist doch schon „im Signal, das im Nervengewebe weitergeleitet wird, [...] die Spezifität des Primärereignisses verloren, das die Erregung induzierte" (82). „Farb-, Ton- und Geschmacksqualität reduzieren sich hirnintern auf einen physiologischen Kode, der vom Einzelsignal her nicht mehr erkennen lässt, welche Qualität abgebildet wurde. [...] Keines der Momente, die in dieser physiologischen Rekonstruktion zu finden sind, trägt an sich Bedeutung." (Breidbach 2001: 21) Das reizverarbeitende System „muss nach internen Kennungen suchen" (28), d. h. sich einem Attraktor zuordnen.

Diese Zuordnung ist bestimmend dafür, ob und wie eine reizinduzierte neurale Ereignisfolge im corticalen System zu werten ist. Passt sie „in einen schon vorhandenen Attraktor", erweitert sie „den Raum der Systemreaktionen" nicht. „Generiert sich" über sie „ein neuer Attraktor, gewinnt das System eine erweiterte Kennung. [...] Die Beschreibung auf der Ebene eines Attraktors erlaubt es, eine Bestimmung des reizinduzierten Erregungstransfers im Hirn zu beschreiben, ohne auf einen Begriff von Bedeutung zurückgreifen zu müssen." (Breidbach 2001:

78). Diese Attraktoren sind, wie Breidbach betont, „nun nicht feste Größen, sondern in ihren Einzelzuständen variable Zustandsfigurationen, die durch die dynamischen Relationen der sie konstituierenden Elemente bestimmt sind." (109)

Hier ist die Genese neuronaler Semantik situiert, in einem assoziativ-interaktiv arbeitenden System, das subliminal instantan seine Kennungen *er*mittelt, die zu Bedeutungen transformiert im Bewusstsein auftauchen und dort symbolisch fungieren, indem sie interne Objekte aufzeigen und bewusster Interpretation aussetzen. Hier ist der Ursprung der Zeichen, die das Bewusstsein setzt und lingual äußert, um alles zu benennen, was es zu erkennen vermag. Was sich plausibel hier ausnimmt, ist ätiologisch irrelevant, semiotisch interessant.

Wir glauben nur soviel zu wissen, dass das Bewusstsein nicht aus den ihm „zugrundeliegenden neuronalen Einheiten (also aus Zellen und deren Erregungszuständen) Zusammengesetztes zu begreifen" ist (McGinn 1996: 68). „Das Bewusstsein ist [...] im Verhältnis zu den konstitutiven Gehirnmerkmalen keine kombinatorische Emergenzerscheinung" (207), als bestehe es - nach der Theorie des „kombinatorischen Atomismus mit gesetzesartigen Abbildungen" (39) - „aus Urelementen, die sich in Übereinstimmung mit angebbaren Gesetzen und Regeln so miteinander verbinden, dass komplexe Resultate daraus hervorgehen", wie „neue materielle Gebilde organischer wie inorganischer Art, die aus neuen Zusammenstellungen der Materie hervorgehen." (206, 207)

Auch das bewusste Selbst, das Ich - weshalb man auch besser von einem Ich- statt von einem Selbstbewusstsein sprechen sollte - „besitzt nicht die Teil-Ganzes-Struktur wie der Körper, und es lässt sich auch nicht in der gleichen Weise zergliedern wie der Körper." (McGinn 1996: 95) Ihm gilt auch nicht die Kausalität der Physik. Zwar muss der Geist, soll er auf die physikalische Welt einwirken können, auch Naturkraft sein (vgl. McGinn 2001: 40), doch ist er keine kausale Wirkkraft mit Notwendigkeit. Wünsche, Ansichten, Überzeugungen verursachen willentlich Handlungen, - der Wille ist frei, sie zu unterlassen.

Literatur

Bense, Max und Elisabeth Walther (Hrsg.) (1973). *Wörterbuch der Semiotik*. Köln: Kiepenheuer & Witsch

Bense, Max (1976). *Vermittlung der Realitäten. Semiotische Erkenntnistheorie*. Baden-Baden: Agis

Bense, Max (1981). „Ergänzungen zu semiotischen Konzeptionen und den Grundlagen der Mathematik". *Semiosis* 23: 13-20

Breidbach, Olaf (2000). *Das Anschauliche oder über die Anschauung von Welt. Ein Beitrag zur Neuronalen Ästhetik.* Wien: Springer

Breidbach, Olaf (2001). *Deutungen. Zur philosophischen Diskussion der internen Repräsentation.* Weilerswist: Velbrück

Descartes, René [1637] (2001). *Discours de la Méthode – Bericht über die Methode.* (Französisch-Deutsch) Stuttgart: Reclam

Kant, Immanuel [1787] (1973). *Kritik der reinen Vernunft.* Stuttgart: Reclam

McGinn, Colin (1996). *Die Grenzen vernünftigen Fragens. Grundprobleme der Philosophie.* Stuttgart: Klett-Cotta. Original (1993). *Problems in Philosophy. The Limits of Inquiry.* Oxford/Cambridge, USA: Blackwell

McGinn, Colin (2001). *Wie kommt des Geist in die Materie? Das Rätsel des Bewusstseins.* München: Beck. Original (1999): *The Mysterious Flame. Conscious Minds in a Material World.* Basic Books: USA

Peirce, Charles Sanders (1960). *Collected Papers.* Volume VIII. Cambridge, MA: Harvard University Press

Riedl, Rupert (1984). *Die Strategie der Genesis. Naturgeschichte der realen Welt.* München: Piper

Walther, Elisabeth ([2]1979). *Allgemeine Zeichenlehre. Einführung in die Grundlagen der Semiotik.* Stuttgart: Deutsche Verlags-Anstalt

Helmut Kreuzer

Von Feldstetten nach Stuttgart

Ein schwäbischer Bildungsweg – aus großer Entfernung skizziert

Ich wurde 1927 geboren, als Bauernenkel und Soldatenkind, in dem Dorf Feldstetten bei Münsingen, einem Städtchen mit Truppenübungsplatz auf der Schwäbischen Alb. Ein frühes Foto zeigt mich im Hof zwischen der „Ahnin" und ihren Hühnern. Ein paar Jahre später ging ich in der tausendjährigen Kleinstadt Pfullingen in die Schule. Da ich zu dieser Zeit schon lesen konnte, begann ich, die Leihbücherei, die meine Eltern (mittlerweile ‚kleine' Kaufleute) ‚nebenbei' betrieben, mitzubenutzen und bald auch mitzubetreuen. Die Bücher, die ich Tag und Nacht las, entfremdeten mich allmählich der schwäbischen Bauern- wie auch der reichsdeutschen Soldatentradition. Noch eine dritte Familientradition war davon betroffen: die Krankenpflege, die meine Mutter und meine drei Schwestern in ihrer Jugend ‚nebenher' auf sich nahmen, die verhutzelte ledige Schwester meiner Mutter - Angelika Jakob I. -hauptberuflich und lebenslang. Wäre ich nicht so früh ein Büchernarr geworden, hätte mich die Medizin gereizt.

In der Leihbücherei gab es Bücher aller Art und für alle Leserschichten: neben speziellen Leihbüchereiromanen und typischen Schülerbücherei-Titeln Sachbücher über viele Dinge zwischen Atlantik und Zugspitze oder zwischen Bethlehem und dem Weltkrieg. Es gab Belletristisches von Andersen und Wilhelm Busch, von der Courths-Mahler und der Christie, vom „Lederstrumpf"-Cooper und Felix Dahn - und so weiter in alphabetischer Folge bis zu Mark Twain und Richard Voss, Edgar Wallace und Ernst Wiechert, Ernst Zahn und Emile Zola.

Ich kannte das alles bald in- und auswendig und begann schon als Schüler, auch die Leser auszuforschen: junge Hausfrauen und Arbeiter, Polizisten und Pensionäre, Verlagsvertreter und Lehrerwitwen. So kam der Leihbüchereiknabe z.B. zu der Erkenntnis, dass es ‚die' Trivialliteratur (als objektiv gegebene, feste Titelmasse, eine Art von Genre, im Singular) gar nicht gibt (im Unterschied zu echten Gattungen wie Drama, Roman, Novelle), wohl aber differierende ‚Trivialliteraturen' (im Plural), die jeweils bestimmten Lesern oder Lesertypen mit bestimmbaren Geschmacksrichtungen und Ansprüchen als ‚zu leicht', ‚zu flach' oder ‚zu schlecht‘ erschienen: statt der Trivialliteratur an sich sah ich die Trivialliteraturen ihrer ungleichen Verächter. Diese Pfullinger Erfahrung als ‚Rezeptionsforscher‘ ging noch 1965 in meinen Stuttgarter Habilitationsvortrag mit ein und fand bei den akademischen Hörern keine ungeteilte Zustimmung. Als der Vortrag 1967 in der „Deutschen Vierteljahrsschrift für Literaturwissenschaft und Geistesgeschichte“ erschien, empörten sich damals anerkannte Definitoren der ‚objektiven‘ Trivalliteratur (im Singular). Leo Löwenthal, einer von ihnen, nutzte sogar noch seine Dankesrede in Siegen, nach der Verleihung des Ehrendoktortitels an den verdienten Emigranten, zu einer Polemik gegen jene Thesen seines Siegener ‚Ehrendoktorvaters‘ (der erst mit diesem Sätzchen darauf reagiert).

Der Pfullinger Schüler Kreuzer wurde ‚Pimpf; nach einem Jahr sollte er ‚Jungenschaftsfuhrer‘ werden, konnte aber unter Berufung auf seine Leihbüchereipflichten ablehnen. Mit vierzehn nahm er das unbeliebte Amt des ‚Fähnleingeldverwalters‘ auf sich, um im ‚Jungvolk‘ bleiben zu können und nicht in die HJ (die ‚Hitler-Jugend‘ der Älteren) überwiesen zu werden. Damals wechselte er von der Pfullinger Realschule in die Oberrealschule der Kreisstadt Reutlingen; er musste mit sechzehn als Flakhelfer nach Rheinfelden an die Schweizer Grenze, mit siebzehn als Rekrut in die Kaserne nach Tübingen. Im Frühjahr 1945 trippelte er in Zivilkleidern, die er für seine Uniform eingetauscht hatte, nach Pfullingen zurück und stellte alsbald in Reutlingen den Antrag, zur ersten Nachkriegsreifeprüfung zugelassen zu werden. Er war der einzige seiner Flakhelferklasse, der sich traute. Ich bewarb mich gleichzeitig an vielen Universitäten (mit Numerus clausus) und wurde von fast allen als ‚zu jung‘ abgelehnt, von allen außer Freiburg im Breisgau, wo ich die Fürsprache des Altphilologen Karl Büchner fand, dem eine befreundete Pfarrerstochter mich zugeführt hatte. (Sie ist immer noch mit mir befreundet.) Er bereute seine Fürsprache nicht (obwohl ich Germanist wure und nicht Altphilologe). Denn am Semesterende stellte sich heraus, dass kein anderer Erstsemesterstudent so viele ‚Scheine‘ wie ich gemacht hatte. Ich wurde deshalb von der Universität einer Studentengruppe zugeschlagen, die auf Einladung der Universität Basel ein Semester lang jenseits der Grenze studieren durfte und von Schweizer Familien verköstigt wurde, die weder auf meine Reichsmark noch auf meine Lebensmittelkarte angewiesen waren. In Freiburg hatte ich den Neugermanisten Walther Rehm aus der Distanz bewundert; in Basel hörte und bewunderte ich den Neugermanisten Walter Muschg. In ihre Hauptseminare wurde ich nicht zugelassen, weil ich ein ‚zu junges Semester‘ war. Am Semesterende flüchtete ich nach Norden, indem ich mit einem Göttinger Studenten den Studienplatz tauschte. (Kompetenz in Tauschgeschäften war für die

‚Lebensqualität' in den Nachkriegsjahren von einiger Bedeutung.) An der Schweizer Grenze schien das Damoklesschwert einer frühen Heirat - mit der Verpflichtung, möglichst rasch Lehrer zu werden - über mir zu schweben. Es gab aber so viele aufregende Fächer und Bücher, Vorlesungen und Seminare, Professoren und Studierende, die ich unbedingt noch näher kennen lernen wollte, bevor ich mich für einen Lebensberuf spezialisierte. Mich ergriff eine große Passion für die akademische Freiheit, den Bildungskosmos und ein unbürgerliches Theaterleben. Ich wechselte nach Göttingen, weil es dort eine Theaterwissenschaft gab, gelehrt von ‚Väterchen' Niedecken-Gebhardt, einem Theatermann des ‚Dritten Reiches' (bekannt geworden als Händelexperte und durch seine Lichtregie bei der Olympiade), der sich nunmehr an die Universität zurückgezogen hatte. Die jungen Göttinger ‚Theaterwissenschaftler' studierten nicht nur die Theatergeschichte, sondern spielten auch selber Theater (Regie: Niedecken-Gebhardt) und traten öffentlich auf, in den Semesterferien z.B. im Plettenberger Garten des Staatsrechtlers Carl Schmitt, dessen Tochter Anima mit von der Partie war. In „Lanzelot und Sanderein" spielte eine Studentin der Kunstgeschichte die Rolle der Sanderein (während ich nur der ‚Alte im Wald' war). Sie stand im Ruf, niemals heiraten zu wollen. Aber es gab noch mehr, was für sie sprach, und so umwarb ich sie mit dem Ergebnis, dass wir noch heute miteinander verheiratet sind.

Die Neugermanistik wurde in Göttingen durch Kurt May und Klaus Ziegler vertreten. Da die jungen ‚Theaterwissenschaftler' in der Regel auch treue Gefolgsleute Zieglers waren, der sich zur ‚existentiellen Literaturwissenschaft' bekannte, hielt ich mich - dank meiner Neigung zu abweichendem Verhalten - eher an May, einen milden Christenmenschen, der mich aber nicht genug ‚forderte', so dass ich noch Orientalistik studierte, bei Adam Falkenstein Arabisch lernte, den Historiker Heimpel hörte und alle Philosophen frequentierte: Liebrucks, Wein und vor allem Nicolai Hartmann, der ein Seminar über Spinoza, eine meiner Kultfiguren, abhielt und mich ohne Zögern in alle Veranstaltungen aufnahm. Hartmanns Vorlesungen fanden in einem großen, vollbesetzten Hörsaal statt, der noch brodelte, wenn er pünktlich zu reden begann. Ich weiß bis heute nicht, was mir dadurch entgangen ist - oder ob er bloß stumm die Lippen bewegte, um sich Stille zu erzwingen.

Im zweiten Göttinger Semester brach die Währungsreform aus, die mich arm machte; auch starb meine Mutter, was mich tief deprimierte. Ich war gezwungen, mich in die Pfullinger Leihbücherei zurückzuziehen. Mein Vater heiratete rasch wieder, was mir die Chance gab, vorsichtige Fühler nach Tübingen auszustrecken, wo ich plötzlich keine Zulassungsschwierigkeiten mehr hatte und wo nun auch die Göttinger „Sanderein" Kunstgeschichte, Archäologie und Germanistik studierte, während bei mir in Tübingen an die Stelle Hartmanns Eduard Spranger, an die Stelle der Theaterwissenschaft die Bibliothekswissenschaft trat, die eine pensionierte Bibliothekskoryphäe sachkundig lehrte: der alte Georg Leyh, den ich bald näher kennen lernte.

Irgendwann gelang es mir, dank ‚meiner' Bibliothekswissenschaft, eine Hilfskraftstelle bei den Juristen zu ergattern: in der Bibliothek des Max-Planck-Instituts für ausländisches und internationales Privatrecht. Ich konnte nun nach Tübingen umziehen und mich auch wieder in die Germanistik stürzen. Es war bekannt, dass die ‚Elite' der Germanistikstudenten zu Friedrich Beißner ging (Studierende wie Martin Walser, Siegfried Unseld, Hellmuth Karasek, Johannes Poethen gehörten dazu). Da Beißners Vorlesungs- und Seminarstunden aber regelmäßig in meine unverlegbare Arbeitszeit bei den Juristen fielen, frönte ich nolens volens meiner Neigung zum gegenmodischen Verhalten und ging zu Paul Kluckhohn, der mir als verdienter Herausgeber der „Deutschen Vierteljahrsschrift für Literaturwissenschaft und Geistesgeschichte" und als Romantikforscher ein Begriff war und von dem erzählt wurde, dass er in den 20er Jahren in Münster, Danzig und Wien mit glänzenden Kollegs die Studierenden begeistert habe. Diese Zeit lag lange zurück. Jetzt wirkte er müde und abgekämpft. Beißner vertrat den neuen Formalismus, Kluckhohn die nun schon ‚alte' Geistesgeschichte. Meine Seminarrolle als vorlauter und schon nicht mehr ganz unkundiger Zweifler und respektvoller Opponent schien Kluckhohn nachsichtig-altersweise zu goutieren. So traute ich mich zu ihm mit der Frage nach einem Dissertationsthema. Aber mit meinen Vorschlägen zu Bertolt Brecht oder Thomas Mann stieß ich auf Granit. Das politisch bedingte Nein zu diesen Autoren klang lebhafter und dezidierter als jeder seiner Vorlesungssätze. Diskussion ausgeschlossen. Ich müsse schon ein ‚Kluckhohn-Thema' bearbeiten; am besten wäre ein Beitrag zur Biedermeier-Forschung der ‚Kluckhohn-Schule'. Ich entschloss mich, die biedermeierlichen Züge im Werk der Droste aufzuspüren, erkannte aber bald, dass alle Züge dieser Art schon irgendwo (wenn auch verstreut) registriert waren. Halb erfreut und halb enttäuscht gab er mir nun den Auftrag, die Hebbel-Interpretationen von Klaus Ziegler und Benno von Wiese aus den dreißiger und vierziger Jahren anhand der Tragödien zu überprüfen und etwaige zeitlich bedingte Fehlinterpretationen möglichst zu korrigieren. Als Methode für diese Analyse ließ er die ‚immanente Interpretation' gelten.

Als ich die Dissertation zu diesem Thema - nach quälender Fleißarbeit - 1955 endlich einreichte, war ich bereits verheiratet (seit 1953); Kluckhohn war bereits emeritiert und Klaus Ziegler als sein Nachfolger berufen. Er wurde (als Hebbelforscher) von der Fakultät als zweiter Gutachter bestellt und ließ Gnade walten. Sein Gutachten beschränkte sich auf den einzigen handschriftlichen Satz, dass er sich der hohen Note seines Vorgängers anschließe.

Mit Ziegler kamen zwei Göttinger Freunde aus dem Kreis der ‚Theaterwissenschaftler' nach Tübingen, um ihre Dissertation und Promotion bei ihm abzuschließen. Der eine - Joachim Kaiser - hatte schon ein Auto und eine Stelle in München; er war für ein Jahr beurlaubt, promovierte in dieser Zeit und suchte sich ‚nebenher' auch gleich seine künftige Ehefrau unter den schönen Töchtern in Tübingen. Der andere - Gert Rabanus - liebte eine türkische Germanistin und wurde wiedergeliebt; sie wechseln bis heute Briefe und Besuche, aber zur Hochzeit kam es nie. Mehr Glück hatte auch er bei einer Schwäbin: Die Schauspielerin Ilse Künkele wurde seine Frau. Er fand eine Stelle in großen Münchner Verlagen und danach bei Leo Kirch, den er so sehr verabscheute, dass er ihm rasch wieder den Rücken kehrte - während Joachim Kaiser an seiner Münchner Stelle wie an seiner Tübinger Frau (der Autorin Susanne Kaiser) bis heute festgehalten hat.

Weil keiner meiner Prüfer (Kluckhohn, Spranger, Leyh) noch im Amt war und Stellen zu vergeben hatte, bewarb ich mich (sogar mit Erfolg) bei der Deutschen Buchgemeinschaft und beantragte gleichzeitig und selbständig (aber doch mit Unterstützung Kluckhohns, der wenig später starb) bei der Deutschen Forschungsgemeinschaft (DFG) um ein Stipendium für eine Publikation über die literarische Boheme. Als Gutachter fungierten Benno von Wiese und Richard Alewyn. Wie ich hörte, bejahte der erste das Thema, fragte sich aber (mit Recht), ob eine konventionelle Dissertation über Hebbel die Gewähr dafür biete, dass der Autor ein unkonventionelles Thema wie die Boheme zu meistern vermöge; der zweite (sagte man mir) lobte die Dissertation, fand aber das Thema bedenklich, da es kaum im Rahmen eines befristeten Stipendiums zu behandeln sei. (Er selber forsche schon seit vielen Jahren über die Boheme und sehe noch kein Ende ab.) Zum Glück fragte der Referent (Dr. Treue) noch einen dritten Gutachter: Fritz Martini, der sich so nachdrücklich für mich einsetzte, dass ich das Stipendium erhielt und nun das weit lukrativere Angebot der Deutschen Buchgemeinschaft ablehnen konnte. Leichtfertig zogen wir in eine andere Wohnung ein, die große Zimmer mit großen Fenstern hatte und in einem der schönsten Häuser Tübingens (mit großem Park) gelegen war. Ich schickte der DFG laufend Berichte, die auch an Martini gelangten; und eines Tages kam ein Brief von ihm, der mich einlud, in einem Seminar bei ihm über meine Arbeit zu referieren und zu diskutieren. Kaum war das geschehen, bot er mir (1958) an, im Stuttgarter Studium generale die aktuellen Literaturkurse zu übernehmen. 1960 wurde ihm eine Assistentenstelle bewilligt; er bot mir auch diese an; mit ihr verbanden sich die Korrekturen seines großen

Epochenbandes zum Bürgerlichen Realismus, die Verantwortung für das germanistische Studium generale (in dem ich bereits involviert war), der „Deutschunterricht für Ausländer“ (in Kooperation mit dem Stuttgarter Kleist-Forscher Helmut Sembdner) und nicht zuletzt der Abschluß des Boheme-Projekts als Stuttgarter Habilitationsschrift. Wir zogen nun (mit gemischten Gefühlen) aus der Tübinger Jugendstil-Villa in eine kleine Bergwohnung, die zwei alten schwäbischen Damen gehörte und die wir über Treppchen-Strassen oder Sträßchen-Treppen erreichen konnten. (Ein Auto hatten wir noch nicht.)

Die Germanistik gehörte in die Fakultät für Natur- und Geisteswissenschaften der Technischen Hochschule. Die historiographisch orientierten Geisteswissenschaften hatten in Martini ihren großen Namen; er war bekannt in aller Welt, so dass es an ausländischen Gästen nicht fehlte. Wohl jeder Studierende des Faches kannte seine Literaturgeschichte. Die Stuttgarter Philosophie - damals repräsentiert durch Max Bense und Elisabeth Walther - stand zwischen den Natur- und den Geisteswissenschaften. Bense sprach und schrieb von Geistesgeschichte wie Kluckhohn, aber von der „Geistesgeschichte der Mathematik“; er schrieb und sprach von der „Existenz“ wie Jaspers und Ziegler, aber von der „Technischen Existenz“. Er sprach vom Experiment wie die Naturwissenschaftler, aber zur Begründung einer neuen Ästhetik und mit dem Ziel einer „experimentellen“ Produktion von Literatur (wie von Texten überhaupt). Er war offenbar ein Brückenpfeiler zwischen den Stuttgarter Fächern und Fakultäten (und darüber hinaus: zwischen der Technischen Hochschule und der Kunstakademie). Bense hatte nach dem Krieg in Jena über Hegel und Kierkegaard geschrieben und gesprochen; für ihn trennten sich die Wege von Religion, Idealismus und progressive Philosophie in der ‚Moderne‘, aber nicht dank ihrer ‚Überwindung‘ durch den Materialismus von Marx. Er konnte wie Hegel alles mit allem verbinden; aber er versöhnte nicht alles mit allem, schon gar nicht Philosophie und Religion.

Er hatte in Jena Anstoß erregt und war deshalb in Stuttgart willkommen gewesen. Aber er erregte auch in Stuttgart Anstoß (zumal bei der CDU), weil er - eine Attraktion für Studierende - sich öffentlich zum Atheismus bekannte. Das Kultusministerium schenkte daher der Fakultät (ein für Schwaben ganz außergewöhnlicher Fall) eine zweite Philosophieprofessur und besetzte sie mit Robert Spaemann, einem renommierten jungen Philosophen, der in der Öffentlichkeit nicht als Atheist ‚berüchtigt‘ war und ein Gegengewicht zu Bense bilden sollte. Ihn beauftragte die Fakultät mit dem zweiten Gutachten über meine Boheme-Arbeit, und wenn ich es auch bis heute nicht kenne, habe ich doch Grund, dafür dankbar zu sein. Die Fakultät hätte die Arbeit - trotz Martinis Gewicht - nicht ohne Zögern und ohne Einwände als Habilitationsschrift akzeptiert, wenn

Spaemann kritisch reagiert oder Auflagen verlangt oder gar ein negatives Votum abgegeben hätte. Ich habe ihn persönlich nie kennen gelernt; er erhielt rasch einen weiteren Ruf und folgte ihm; Stuttgart blieb ein „Ort seiner Füße" (mit Bense zu sprechen), während der Geist Benses dort noch immer Jünger hat (und dank Elisabeth Walther noch Jünger findet).

Einer dieser Jünger wurde Reinhard Döhl, ein auch literarisch begabter Germanistikstudent, der in Göttingen durch ein Gedicht in einen Gotteslästerungsprozess verwickelt wurde, bei Martini Unterstützung fand und als Hilfskraft nach Stuttgart ‚gerettet' wurde. Er promovierte und habilitierte sich bei Martini, und er eignete sich bei Bense die Techniken der experimentellen Poesie so virtuos an, dass er nicht nur als Historiker der Literatur, sondern auch als Produzierender ins öffentliche literarische Bewußtsein einging. Döhl war natürlich nicht der einzige Autor in den Kreisen um Martini und Bense. Aber die einen - wie Hermann Kasack oder Hermann Hermann Lenz oder der Redakteur Siegfried Melchinger - hielten sich eher an Martini, andere - wie Helmut Heißenbüttel - eher an Bense, der auch zu bildenden Künstlern Kontakt hielt. Doch überschnitten sich die Gruppen und Beziehungsgeflechte, zumal bei den Jüngeren, so daß man Autoren, Redakteure und Lektoren (wie Karl Schwedhelm, Helmut Mader, Eckehard Rudolph oder Gero von Wilpert) im Umfeld von beiden begegnen konnte.

Keine Jüngerin Benses oder Martinis, sondern ein Brückenpfeiler eigener Art zwischen Literaturwissenschaft und Philosophie war in Stuttgart Kate Hamburger. Martini hatte sie auf einer seiner Vortragsreisen im schwedischen Exil entdeckt und für Stuttgart gewonnen. Die historisch-interpretatorische Literaturwissenschaft war ihr nicht fremd; sie hatte über Thomas Mann geschrieben, was ihr im Exil niemand verwehrte. Aber sie hatte auch ein Manuskript verfasst: ihr Hauptwerk, das sie berühmt gemacht hat und das schon mit seinem Titel „Die Logik der Dichtung" seine Doppelbeziehung anzeigt - als Werk der Poetik und Ästhetik, der Literaturwissenschaft und Philosophie. Mit ihm habilitierte sie sich in Stuttgart; so wurde sie Privatdozentin der TH und nach der festgesetzten Frist „außerplanmäßige Professorin". Sie publizierte nun in rascher Folge; aber für einen Ruf nach auswärts (bzw. für das Beamtenverhältnis mit Pensionsanspruch) war sie zu alt. Doch wurde sie die erste Siegener Ehrendoktorin, erhielt auf Vorschlag Martinis das Bundesverdienstkreuz und avancierte international zur anerkannten Repräsentantin der deutschen Literaturwissenschaft in der zweiten Hälfte des 20. Jahrhunderts.

Ein Brückenpfeiler zwischen Philosophie und Literatur war und ist auch Max Benses ehemalige Doktorandin und Habilitandin Elisabeth Walther. Sie war mit ihm aus Jena nach Stuttgart gekommen. Hier stellte sie 1982 eine Bibliographie ihrer Publikationen zusammen, die damals bereits über 150 Titel erfasste. Die erste Seite gibt schon eine Vorstellung vom Spielraum der sogenannten „Stuttgarter Schule“ (um Bense und Walther): Einem „Abriss der mathematischen Logik“ folgt eine „Geschichte der Philosophie in Tabellen“ (1949), eine Pascal-Übersetzung („Abhandlung über die Leidenschaften der Liebe“), ein Aufsatz „Ich war Student in Jena“, ein Essay über Sartre in einer Zeitschrift mit dem bezeichnenden Titel „Aufklärung“, die ungedruckte Dissertation über „Port-Royal“ (Pascal) und eine Diderot-Übersetzung für eine Schweizer Zeitung. Schlagen wir - ganz willkürlich - nun die achte Seite auf, stoßen wir auf literarische Übersetzungen von Texten Michaux“ und Ponges, auf Beiträge über Ponge, Queneau, Giono und Genet, die u.a. in der damaligen Zeitschrift der „Stuttgarter Schule“, im „Augenblick“, erschienen sind, d.h. in einer Zeitschrift, die Literaten nicht weniger interessierte als Philosophen. Neben den Medien Buch, Zeitschrift und Zeitung nutzte Elisabeth Walther auch das Radio. Auf S. 25 jener Bibliographie finden sich Radioessays über eine Begegnung mit Nathalie Sarraute oder über bedeutende Semiotiker wie Charles Sanders Peirce, Umberto Eco und Charles Morris. Damit sind wir bei den zentralen Themen ihrer gewichtigen späteren Bücher: ihrer Darstellung von „Leben und Werk“ des amerikanischen Pragmatikers Peirce (1989, 462 S.) und ihrer „Einführung in die Grundlagen der Semiotik“: „Allgemeine Zeichentheorie“ (1974 und 1979). E. Walther ist *die* deutsche ‚Fachfrau‘ für die Peirce-Forschung, sie ist eine kompetente Vermittlerin französischer Literatur und die maßgebende Verwalterin des Bense-Erbes, das sie editorisch betreut.

Ich habe nie - nicht in Freiburg oder Basel, nicht in Göttingen oder Tübingen - im Fach Philosophie als Student etwas über Peirce erfahren; ich habe nie etwas über Semiotik lesen oder wissen müssen, sei es in der Philosophie, sei es in der Literaturwissenschaft. Ich habe Philosophen nie so nah in ihrem Alltag erlebt wie in Stuttgart, nie ein Philosophenpaar persönlich gekannt, das so positiv kooperieren konnte wie Bense und Walther, nie einen Rationalismus zu sehen bekommen, der so von Lebens- und Liebeslust, von Neugier, Lesefreuden und Versuchsverlangen strotzte wie der Rationalismus Benses, der durch Elisabeth Walther seither gegenwärtig geblieben ist.

Dank Martini wurde die Stuttgarter Stelle für mich zum ersten Ort der eigenen Lehre; dank der Stuttgarter Philosophen und Theoretikerinnen wurde sie zum Ort der fortgesetzten Lernprozesse. Ein Sammelband jener Jahre über Hebbel wurde ein Zeugnis des Rückblicks, ein Sammelband wie der über „Mathematik und Dichtung“ (hrsg. in Verbindung mit Rul Gunzenhäuser, einem Bense-Schüler) wurde ein Zeugnis des Vorblicks. 1965 verließen meine Frau und ich Stuttgart für immer und begaben uns auf eine Lehr- und Lebensreise, die nach Saarbrücken,

Bonn und Siegen führte, aber auch auf Lehr- und Bildungsreisen in alle Welt: in Länder und Städte zwischen New York und Stanford, Kairo und Oslo, Szeged und Amsterdam, St. Louis und Irvine, Melbourne und Osaka. Überall auf diesen großen Reisen, in allen ihren Stationen, war uns bewusst, dass sie nicht eigentlich in Pfullingen oder Tübingen begonnen hatten, wohl aber in Stuttgart zwischen 1960 und 1965. Davor lagen die Plagen der Zeit und Krisen der Jugend; nach der Emeritierung (1993) beginnt die Krankheit des Alters. Dazwischen liegt die Mitte des Lebens, anhebend mit Stuttgarter Erfahrungen, die unvergessen, und Stuttgarter Impulsen, die noch nicht erschöpft sind.

Ich erwähne nur einiges (Altes und Neues mischende): In New York und Houston ließen sich die neuen Medien nicht länger ignorieren; die Fernsehforschung wurde danach in Deutschland eines meiner Arbeitsfelder. Für viele Schülerarbeiten wurden neue Buchreihen geschaffen, manche zusammen mit Karl Riha, dem Siegener Brückenpfeiler zwischen Literaturwissenschaft und humoristischer wie auch experimenteller Literatur. Ingrid Kreuzer schlug als Angelika Jakob (II.) den Weg in die Belletristik ein, nachdem sie sich zuvor in der Literaturgeschichte zwischen Winckelmann und Martin Waiser umgesehen und 1959, 1972, 1983 und 1989 vier Bücher darüber herausgebracht hatte. In Bezug auf das Boheme-Thema wurde Alewyn nicht nur widerlegt, sondern auch bestätigt: der geplante zweite Band wurde durch immer neue Aufgaben, Pflichten und Verlockungen immer wieder verdrängt. Politische Entwicklungen hatten germanistische Folgen („Dramaturgie in der DDR"). Herz und Augen begannen zu streiken. An die Stelle der Literatur trat die Literaturkritik (mit ihren kurzen Texten) als neuer Gegenstand der Verarbeitung, an die Stelle der Bildmedien (des Siegener Sonderforschungsbereichs) der Hörfunk als Medium der Rezeption (und das Hörspiel vor 1933 als Gegenstand der Interpretation). An allem, was wir treiben, nimmt Elisabeth Walther noch teil, und alles, was wir noch tun und tun können, wird nicht nur in Gedanken an die Jüngeren getan, die vielleicht damit umgehen werden, sondern ebenso in Gedanken an die Älteren der Stuttgarter Zeit und an dic Maßstäbe, die sie gesetzt haben.

Immer aktiv, innovativ und im Mittelpunkt des Geschehens.
Freunde aus aller Welt und der semiotische Arbeitskreis
gratulieren der Jubilarin zum 80. Geburtstag
und wünschen weiterhin Gesundheit,
erfolgreiche wissenschaftliche Arbeit und familiäre Freude.

10. August 2002

Ottomar Hartwig

Das semiotische Dreieck als Instrument des Planens und Gestaltens

Auf welchem Fundament steht ein Designer, um bei seiner Arbeit richtig denken, handeln und argumentieren zu können, wenn ihm z.B. die Aufgabe übertragen wird, für die Mobilität der Einwohner einer Großstadt und der umliegenden Region Orientierungssysteme und Verkehrslinienpläne zu entwickeln und weitere Planungsaufgaben zu übernehmen, die in unserer technischen Umwelt von jedermann verstanden werden müssen und auch mit Neugierde und Freude benutzt werden können? Denn ein wichtiger Aspekt der modernen Designauffassung ist, dass nicht nur die Funktion ausschlaggebend ist, sondern auch eine zeitgemäße ästhetische Visualisierung. Der Designer steht u.a. auf dem Fundament der Semiotik. Die aus der Theorie der Zeichen gewonnene Klarheit des folgerichtigen Denkens und Handelns kann Gestaltungsprozesse zielsicher zum Ergebnis führen.

Aus verschiedenen Repertoires müssen Zeichen ausgewählt und in eine neue interpretierbare Qualität, in ein sogenanntes Superzeichen überführt werden. Besonders die schmale Schnittstelle zwischen dem Planer einerseits und dem Benutzer andererseits, wo der Transport von Zeichenprozessen stattfindet, erfordert eine fundierte Theorie, die hier als hilfreiches Instrument dem Mensche im Alltag dient: Das abstrakte Regelwerk der Semiotik.

Ein gegebenes Repertoire besteht z.B. aus geografischen und topologischen Strukturen, deren Elemente und Interrelationen bei der Bearbeitung analysiert und klassifiziert werden müssen.

Aufgrund der drei Fundamentalkategorien Erstheit (.1.), Zweitheit (.2.) und Drittheit (.3.) wird am Zeichen der Mittelbezug, der Objektbezug und der Interpretantenbezug unterschieden, das Planungsfeld danach unterteilt und mit Hilfe der Subzeichen Qualizeichen (1.1), Sinzeichen (1.2) und Legizeichen (1.3) im Mittelbezug; Icon (2.1), Index (2.2) und Symbol (2.3) im Objektbezug; Rhema (3.1), Dicent (3.2) und Argument (3.3) im Interpretantenbezug weiter differenziert und effizient zugänglich gemacht.

Das zu erreichende Ziel einer einwandfreien Interpretation muss ein vollständiger Objektbezug gemäß der dual identischen dicentisch-indexikalischen-Sinzeichenklasse sein:

3.2 2.2 1.2 x 2.1 2.2 2.3 (Zeichenthematik x Realitätsthematik).

Das Subzeichen 3.2 bedeutet im Interpretantenbezug: eindeutige Aussagefähigkeit und Zuverlässigkeit.

Das Subzeichen 2.2 bedeutet im Objektbezug: genaue, zureichende Hinweise.

Das Subzeichen 1.2 bedeutet im Mittelbezug: nicht verwechselbare Farben und Formen.

Das Subzeichen 2.1 bedeutet im Objektbezug: hat abbildenden Charakter und Wiedererkennbarkeit des Gebietes.

Das Subzeichen 2.2 bedeutet im Objektbezug: indexikalische Informationen.

Das Subzeichen 2.3 bedeutet im Objektbezug: symbolische Verweise.

Kehren wir zum Aufgabengebiet zurück:

Das im Großraum Stuttgart gelegene Gebiet des Verkehrs- und Tarifverbundes umfasst ca. 3000 Quadratkilometer und beherbergt ca. 2,3 Millionen Menschen.

Pro Tag werden ca. 1 Million Fahrten angetreten. Das sind ca. 365 Millionen Fahrten pro Jahr. Den Fahrgästen habe ich in 25 Jahren das Erreichen ihrer Ziele ermöglicht durch die Gestaltung von Haltestelleninformationen und von gedruckten Verkehrslinienplänen im Groß- und Kleinformat.

Der Fahrgast muss z.B. auf einem Netzplan sein Ziel schnell ausfindig machen, den Weg dorthin tatsächlich vorwegnehmen können und sich in einer Haltestelle sicher und zuverlässig orientieren können.

Unterschiedliche Projekte erfordern unterschiedliche Repertoires und sie zeigen, wie die Semiotik den Bedürfnissen der Menschen erfolgreich dienen kann:

Bei einem Pilotprojekt für Stuttgart wurde erstmals ein Streckennetzplan für die gesamte Region und eine unterirdische Haltestelle mit einem völlig neuen Zeichenrepertoire zum Tasten für Blinde und Sehbehinderte entwickelt.

Hierbei war die Zusammenarbeit mit einem speziellen Pädagogen für Blinde und mit Blinden erforderlich.

Bei Projekten für die Autobahngestaltung in Baden-Württemberg wurde wiederum ein anderes Zeichenrepertoire eingesetzt, weil hierbei architektonische Bauelemente, Farbgebung und auch Bepflanzungen erst über große Distanzen wahrnehmbar werden und ästhetisch interpretierbar sind.

Ich möchte nicht unerwähnt lassen, dass die Tätigkeit eines Urbandesigners selbstverständlich auf die Vorleistungen von staatlichen und kommunalen Geldgebern, Verkehrsexperten, Statikern und weiteren Planern sowie auf Leistungen der Baufirmen basiert, bevor Orientierungspläne und andere komplexe Zeichensysteme für die Öffentlichkeit in Auftrag gegeben werden können und der Designer zum Einsatz kommt.

Der Designer ist der Vermittler zwischen der Semiotik als Grundlagentheorie, dem jeweiligen Auftraggeber und den Menschen als Benutzer.

Die Zeichentheorie, die Einflüsse, Anregungen und Wissensvermittlung von Max Bense und der Jubilarin Elisabeth Walther-Bense und der Arbeitskreis der Stuttgarter Forschungsgruppe für Semiotik als Forum für semiotische Analysen und für die Diskussionen von Projekten haben wesentlich zum Erfolg meiner Tätigkeit beigetragen.

Theorie und Praxis haben sich in meiner Arbeit erfolgreich ergänzt.

Literatur

Max Bense, Elisabeth Walther (1972): *Wörterbuch der Semiotik,* Kiepenheuer & Witsch: Köln

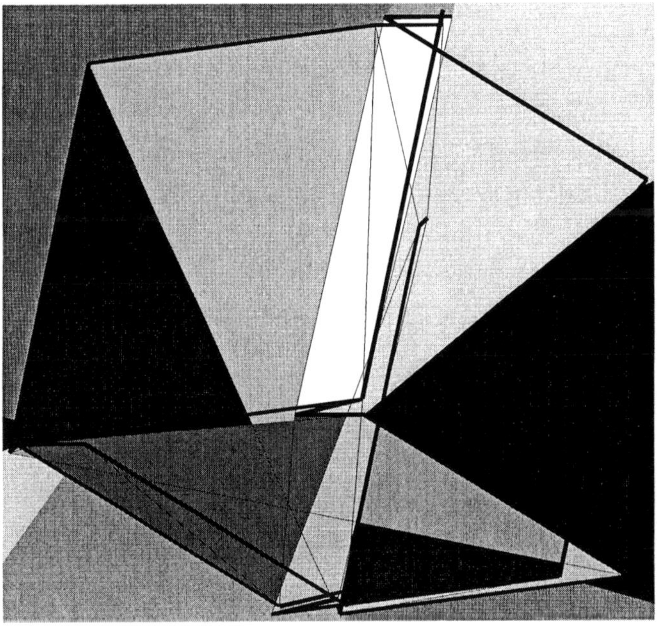

Elisabeth Walther-Bense gewidmet von Manfred Mohr